Immanuel Kant

康德式后果主义伦理学

张会永　著

商务印书馆
The Commercial Press

商務印書館（上海）有限公司　出品
The Commercial Press (Shanghai) Co. Ltd.

作者简介

　　张会永，河南开封人，复旦大学哲学博士、北京大学哲学系博士后、美国亚利桑那大学哲学系访问学者。现任教于厦门大学哲学系，教授，博士生导师，兼任中国人民大学伦理学与道德建设研究中心研究员。主要研究领域为伦理学、政治哲学和德国古典哲学。主持包括国家社科基金在内的研究课题多项，出版学术专著和教材多部，发表学术论文30余篇，获各级奖励多次。

本书为国家社会科学基金项目
"康德与后果主义伦理学研究"
（项目批准号：15BZX098）的优秀结项成果

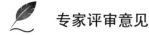 **专家评审意见**

该成果的突出特色在于：在批判性地研究了已有各种版本的康德式后果主义的基础上，不仅发现它们以各种方式偏离了康德本人的立场，而且通过对康德把至善看作"理想世界"和"终极目的"的重新解读，发现存在一种理想后果（或者"事态"）的后果主义价值论的可能性，从而形成了一种真正康德式的至善论后果主义伦理学。

——匿名专家意见一

该成果除了讨论学界已有的各种版本的康德式后果主义以外，一个重要的工作就是以康德的"至善"概念为核心，力图发展一种新的将康德伦理学解释为后果主义的可能性。这样的进入康德伦理学与后果主义之关系的视角，在国内外学术界都不多见。另外，从成果的论证来看，从"至善"概念来解读康德伦理学与后果主义的关系，确实能够避免现有的各种版本的康德式后果主义的问题和困境，为理解康德伦理学和后果主义都提供了更多的空间。就此而言，课题成果的研究结论是比较有新意的。

——匿名专家意见二

该成果对于近30年来讨论这一问题的主要成果做了较好的梳理和总结，主要涉及英美的康德式后果主义理论，比如黑尔、海萨尼、帕菲特、卡米斯基、里奇以及卡根的相关学说。这部分的梳理和分析较为清晰，对于上述学者的观点的把握准确。该成果主要的努力，是尝试建立一种新的"康德式至善后果主义"，主要从康德的至善目的论入手，强调至善本身的后果主义特征，并由此出发，建构可能促进至善实现的现实性根据。这一努力值得肯定……

——匿名专家意见三

目　录

上　　编

下　编

1.导　论

在现代道德哲学中，一个被普遍接受的教条就是，康德伦理学和后果主义站在道德哲学对立的两极。其中，前者是义务论的典型代表，强调行为的道德价值在于其是否出于对道德义务的尊重，它是先验的、形式性的和普遍主义的；而后者强调行为的道德价值在于其是否促进乃至最大化了善的后果，它是经验的、质料的和具体的。据著名伦理学家黑尔（R. M. Hare）考证，这种对立可以追溯到直觉主义义务论者普理查德（H. A. Prichard）和罗斯（D. Ross）那里，他们较早地把康德刻画为与功利主义者相对立的义务论者。而当代自封为康德传人的罗尔斯（J. Rawls）等人通过援引康德来强调"正当"对"善"的优先性，又强化了这一对立。①

然而，自从黑尔在 1993 年发表论文称康德应当是一个功利主义者之后②，越来越多的康德研究者开始关注康德伦理学与后果主义伦理学是否相容的问题，甚至更有学者提出各种各样的康德式后果主义理论，如海萨尼

---

① 有关后果主义和义务论的关系，还可以参考我在 4.2 的一个注释中所详细讨论的另一种探索。据索伦森（A. Sorensen）考证，"义务论"这个概念最早被边沁提出，并且只是被作为功利主义理论的实践部分来理解的；它作为一种实践的或规范的理论，从属于功利主义的基础理论。然而，在英语世界伦理学的发展过程中，经过诺维尔-史密斯（P. H. Nowell-Smith）和威廉姆·弗兰克纳（W. K. Frankena）等人的教科书的改造，义务论逐渐被看作一种与功利主义或后果主义相对立的理论而被确立起来。人们甚至把康德看作义务论的标准代表，而与功利主义者相对立。以罗尔斯为例，他可以在这种被改变了的意义上被看作义务论者；而如果是在边沁所理解的框架内，那么罗尔斯就如索伦森所说，不能自称是义务论者了。参见索伦森：《义务论——功利主义的宠儿与奴仆》，肖妹译，载《哲学分析》2010 年第 2 期，第 8—9 页。

② 参见 Hare, "Could Kant Have Been a Utilitarian?", *Utilitas* 1993, 5, pp. 1-16。

（J. Harsanyi）的康德式规则后果主义、帕菲特（D. Parfit）的康德式契约论后果主义、卡米斯基（D. Cummiskey）的康德式义务论后果主义、里奇（M. Ridge）的后果主义的康德主义和卡根（S. Kagan）的无约束的康德式后果主义等。同时，这些倡导康德式后果主义的理论家与另一派新康德主义者如赫尔曼（B. Herman）、伍德（A. Wood）、科斯嘉德（C. Korsgaard）、奥尼尔（O. O'Neill）和希尔（T. Hill）等人就康德伦理学的"善良意志""普遍法则""人是目的"和"经验幸福"等理论及其能否导向后果主义展开了激烈争论。这种持续的探讨和争论，构成了近四分之一世纪的英美康德伦理学研究的新领域和新热点。

1.1 从功利主义到后果主义

人们通常认为，后果主义作为一种伦理学理论，是从传统的功利主义发展而来的，二者都是把后果（或效用）看作评价行为的道德价值的唯一根据的理论[①]；以至于许多人认为，在讨论现代后果主义和功利主义时，可以不对二者进行严格区分。[②]

[①] 参见 Hooker, "Consequentialism", in Skorupski ed., *The Routledge Companion to Ethics*, Routledge, 2010, p. 444; Hurley, *Beyond Consequentialism*, Oxford University Press, 2009, p. 1; Timmons, *Moral Theory: An Introduction*, Rowman & Littlefield, 2013, p. 112; Parfit, *On What Matters, I, II*, Oxford University Press, 2011, 2013；徐向东编：《后果主义与义务论》，浙江大学出版社，2011 年，第 7 页。

[②] 当然，由于后果主义和功利主义各自所具有的多样性，二者之间也有很多差异，并非不能做出区分。例如，仅仅从后果评价的角度来看，后果主义既包括功利主义，也包括伦理利己主义。但是，如果强调"不偏不倚"的观点，那么伦理利己主义就需要被排除在后果主义之外。此外，也有学者指出，坚持功利主义也未必就是坚持后果主义。例如，雅各布森认为，由于密尔并不坚持后果主义的"不偏不倚性"和"普遍性"，而是强调功利满足的"主观性"和"情感性"，因此他可以是一个功利主义者而非后果主义者。参见 Jacobson, "Utilitarianism without Consequentialism: The Case of John Stuart Mill", *The Philosophical Review* 2008, 117(2), pp. 159–191。但是，尽管有这些差异，但是多数研究者仍然认为，功利主义和后果主义在基本结构和核心承诺上具有一致性，二者在笼统的意义上仍然可以是互指的。参见徐向东编：《后果主义与义务论》，第 2、110、148 页；葛四友：《分配正义新论：人道与公平》，中国人民大学出版社，2019 年，第 191—192 页。

1.1.1 功利主义

作为一种传统的规范伦理学理论，功利主义具有悠久的历史，人们甚至可以把这种思想追溯到伊壁鸠鲁和墨子那里。不过，人们通常把近代以来的功利主义划分为古典功利主义和现代功利主义，其中古典功利主义的主要代表人物包括休谟、边沁、密尔和西季威克等人。由于他们都强调幸福或快乐是唯一的终极善，所以他们所代表的古典功利主义又被称为快乐（享乐）主义的功利主义。与古典功利主义不同，现代功利主义呈现出多样化倾向，大致可以划分为行为功利主义（代表人物有斯马特［J. J. C. Smart］和弗雷［R. G. Frey］等）、规则功利主义（代表人物有布兰特［R. B. Brandt］、海萨尼和胡克［B. Hooker］等）和双层功利主义（代表人物是黑尔）等。总体来看，无论是古典功利主义还是现代功利主义，二者都具有目的论和最大化的加总排序这两个显著特征。

所谓"目的论"，是指功利主义者认为，存在着某种应当被促进的目的或价值，人们的行为或制定的规范都必须以促进这一目的或价值为目标。这也表明，在功利主义者那里，目的或价值是"先于道德"得到确立的，而行为或规范是否具有道德价值，就在于它们是否促进了这一目的或价值。人们通常把功利主义的价值论分为三种，即上面提到的古典功利主义者所倡导的幸福或快乐、现代功利主义者如黑尔和海萨尼所倡导的欲望的满足，以及以摩尔为代表的功利主义者所提出的客观价值论。

休谟、边沁和密尔都认为，快乐或幸福是唯一的终极价值，它既奠定了道德的基础，也决定了道德的最高原则。休谟明确指出，一切道德都是建立在痛苦或快乐之上的，"德的本质就在于产生快乐，而恶的本质就在于给人痛苦"[①]。他进而把效用当作评判道德品质的标准，因为"在所有涉及行为优缺点的道德裁定中，人们总是诉诸效用，它是人们对正义、忠实、荣誉、忠诚和纯洁给予高度敬意的唯一根据：它和其他社会德性如人道、慷

---

① 休谟：《人性论》，关文运译，郑之骧校，商务印书馆，2006 年，第 330—331 页。

慨、仁爱、可亲、慈悲、怜悯和温和是分不开的。总之，效用是与我们人类有关的道德的主要部分的一个基础"①。边沁也明确指出，快乐和痛苦是决定我们应当做什么和将要做什么的根本标准，因而功利无非就是一个客体或对象所具有的能够给利益相关者带来快乐或幸福，或者减少痛苦或不幸的性质。因此，所谓的"功利原理"就是这样的原理："它按照看来势必增大或减小利益有关者之幸福的倾向，以及促进或妨碍此种幸福的倾向，来赞成或非难任何一项行动。"②而密尔也追随边沁，认为功利原理就是尽可能地追求幸福或快乐。他说：

> 把"功利"或"最大幸福原理"当作道德基础的信条主张，行为的对错，与它们增进幸福或造成不幸的倾向成正比。所谓幸福，是指快乐和免除痛苦；所谓不幸，是指痛苦和丧失快乐。……唯有快乐和免除痛苦是值得欲求的目的，所有值得欲求的东西（它们在功利主义理论中与在其他任何理论中一样为数众多）之所以值得欲求，或者是因为内在于它们之中的快乐，或者是因为它们是增进快乐避免痛苦的手段。③

在密尔看来，由于快乐或幸福具有唯一的终极价值，那么其他事物要想具有价值，其本身要么就是快乐或幸福的一部分，要么就是实现快乐或

---

① 休谟：《道德原理探究》，王淑芹译，中国社会科学出版社，1999 年，第 54 页。值得注意的是，虽然休谟强调了效用的重要性，而且系统功利主义的创始人边沁也认为休谟是其功利主义思想的先驱（参见边沁：《政府片论》，沈叔平译，商务印书馆，1997 年，第 149 页），但是无论是在《人性论》中，还是在《道德原理探究》中，休谟都没有提出后来功利主义者所强调的"效用最大化"观点。鉴于最大化原则是功利主义的一个重要原则，以至于有不少评论家认为，休谟并非真正的功利主义者。关于休谟是否是功利主义者的讨论，参见 Broome, *Utility, Ethics and Economics, Vol. 1*, Edward Elgar, 1996; Darwall, "Hume and the Invention of Utilitarianism", in Alexander ed., *Hume and Hume's Connexions*, Pennsylvania State University Press, 1995, pp. 283-314; 汶红涛：《从契约到功利：休谟与近代政治哲学的转向》，载《南昌大学学报》2021 年第 2 期，第 48—54 页。

② 边沁：《道德与立法原理导论》，时殷弘译，商务印书馆，2000 年，第 58 页。

③ 密尔：《功利主义》，徐大建译，商务印书馆，2014 年，第 8—9 页。

幸福的手段。当然，在功利主义的价值论上，密尔也并非完全与边沁保持一致。例如，边沁认为不同的快乐之间并无本质区别：从音乐和诗歌中获得的快乐，与小孩子玩图钉游戏所获得的快乐相比，二者并无等级差别，而仅仅涉及快乐的量的不同。密尔则认为，快乐不仅有量的差异，也有质的区别，一些高级快乐虽然在量上不及低级快乐大，但却更值得欲求，"做一个不满足的人胜于做一只满足的猪；做一个不满足的苏格拉底胜于做一个满足的傻瓜"[①]。

　　然而，无论是边沁的还是密尔的快乐理论，都面临着很多指责和反对，其中比较著名的是诺齐克（R. Nozick）式的"体验机反对"。该反对是说，如果人们可以有机会选择在正常的世界中生活，也可以选择被植入一台与在真实世界中生活具有完全相同的经验却有更多快乐的体验机器中生活，人们一般还是会选择在现实中而非在体验机中生活，这说明快乐并非唯一的终极价值。为了避免这种反对意见，现代功利主义者提出用"偏好"代替"快乐"，因为相对于快乐的不确定性，偏好更加确定和直接：当快乐主义者面对快乐体验机陷入选择困境时，偏好功利主义者可以直接地说他偏好现实世界的生活而非体验机中的生活。正如海萨尼在捍卫偏好功利主义时所说：

　　　　更根本地说，偏好功利主义是与偏好自主这个重要的哲学原则相一致的功利主义的唯一形式。我认为这个原则是指，在决定对一个给定个体来说什么是好、什么是坏时，最终的标准只能是他自己想要的或者他自己的偏好。[②]

　　但是，在许多人看来，偏好过于主观化和个体化，有些偏好甚至是病态的和反社会的。我们如何处理这类偏好呢？海萨尼的策略是区分理性偏好和非理性偏好，通过排除非理性的或反社会的偏好，比如虐待狂、嫉妒、

---

　　① 密尔：《功利主义》，第12页。

　　② Harsanyi, "Morality and the Theory of Rational Behaviour", in Sen and Williams eds., *Utilitarianism and Beyond*, Cambridge University Press, 1982, p. 55.

愤恨以及怨恨等，来为理性偏好进行辩护。

但是，即便如海萨尼那样排除非理性的偏好，偏好理论还面临着和快乐理论相似的其他方面的困境。例如，人们拥有的全部快乐、理性偏好或欲望都作数吗？我们一定要知道我们的快乐、偏好或欲望是不是被满足了吗？我们要怎样计算快乐、偏好或欲望呢？

为了避免快乐理论和欲望理论过于主观性的指责，有些功利主义者提出了客观的价值理论。在这种理论看来，"事物并非因其被欲求而具有价值——它们之所以被欲求是因为它们具有价值"[①]。客观价值理论的支持者尝试提出一系列的客观价值清单，并称之为"客观价值列表"。它包括：基本需要、成绩或成就、理解力或知识、行动能力、自主权、自由、友谊、名望或宗教等。[②] 在客观价值理论看来，列表或清单中的这些价值是客观的，即便它们不被欲求或者不带来快乐。对于这些客观价值之间的关系，又存在两种不同的理解，其中一种观点可以被称为"多元论的价值理论"。它认为，这些价值是不同的价值，它们之间是不可通约，或者是不可比较的。另一种观点则被称为"完善论的价值理论"。它认为，这些价值都与人的本性或本质相关，而人的本质就在于促进或完善这些价值。[③]

当然，与快乐理论和偏好理论一样，客观价值理论也有自己难以克服的困境，如我们如何确定（添加或删减）列表中的价值呢？我们能够为每个人建构一个单独的列表吗？如果列表不能适用于所有人，那么它就会是专断的，并且缺乏文化敏感性（忽视了文化差异）。如果给人们制定了不同的列表，那么如何指望客观价值理论去提出一种关于人类功利价值的一般理论呢？[④] 从这些困境也可以看出，在价值论上，功利主义者们并没有达成一致，不同的功利主义者往往会坚持不同的价值理论。

功利主义的第二个重要特征是，它通过加总排序而追求功利的"最大

---

① 莫尔根：《理解功利主义》，谭志福译，山东人民出版社，2012 年，第 105 页。

② 参见同上书，第 106 页。

③ 参见徐向东编：《后果主义与义务论》，第 6 页。

④ 参见莫尔根：《理解功利主义》，第 106—112 页。

化"（Maximization）。抽象地说，功利主义的最大化原则认为，如果你认为 X 是善的（有价值的），那么你就应该努力去增加甚至最大化 X 在这个世界上的总量。对"最大化"的这种强调，明确表现在边沁和密尔等人所提出"最大多数人的最大幸福"这一古典功利主义的最高原则上：

> 功利主义的行为标准不是行为者本人的最大幸福，而是全体相关人员的最大幸福……根据我上面所说明的"最大幸福原理"，人生的终极目的，就是尽可能多地免除痛苦，并且在数量和质量两个方面尽可能多地享有快乐，而其他一切值得欲求的事物（无论我们是从我们自己的善出发还是从他人的善出发），则都与这个终极目的有关，并且是为了这个终极目的。①

为了实现价值的最大化目标，功利主义者就需要对行为或选择进行加总排序。所谓"加总排序"，也就是说功利主义者认为，如果在众多选项中，X 相比于其他选项能产生最多的功利价值，或者不少于其他价值能产生的功利价值，那么人们就应当选择 X。

功利主义的最大化理论具有直觉上的吸引力，毕竟追求和实现善的最大化在很多时候都是符合一般人的道德直觉或常识的。但是，这种最大化原则仍然遭到了许多批评，其中最常见的批评有三类。第一类批评可以被称为"计算困境"。该批评认为，功利主义的最大化要求人们在各种选项之间进行加总排序，通过比较以获得最优选项；然而在现实中，由于环境的复杂性以及人的能力的有限性，人们往往无法真正实现计算的最大化。第二类批评可以被称为"严苛性批评"。该批评认为，功利主义对人们提出了过高的甚至是严苛的要求。以慈善捐款为例，功利主义往往要求捐款者捐出自己的全部积蓄，因为把这些款项用在比捐款者更需要它们的其他人身上，能够产生更多的功利效果，然而这种要求对于捐款者来说是明显太高

---

① 密尔：《功利主义》，第 14 页。

了。第三类批评可以被称为"不正义批评"。该批评认为，功利主义为了追求效果的最大化，往往会无视甚至损害少数无辜者的利益。

面对这些批评，功利主义者一般采取两种策略来回应。其中第一种回应是，承认功利主义会陷入这些困境，但认为其他理论也无力解决这些问题；因此相比于其他理论来说，功利主义是最不坏的理论。例如，斯马特曾经指出，在面对这些困境时，功利主义的选择虽然并不完美，但它不过是在两恶之间选择小恶而已，而其他理论在这些场合下的选择则有可能会不断地导致苦难。他在为功利主义所面对的"不正义批评"辩护时说道：

> 如果种种措施将给现在的几千万人带来苦难和死亡，但却能使未来的几亿人摆脱苦难和死亡，如果我们只能采取这一行动，如果知道这些事实是真实的，那么，实施这些必要的暴行就是正确的。这种情况与战斗司令官牺牲一个侦察员去救一个侦察中队的情况完全相同。……如果非正义是两恶之中择其小恶（依据人类的幸福和苦难来判断），如果这种境遇真的出现了，那么反功利主义的结论也是非常令人讨厌的。①

但是，斯马特的这种回应策略好像并没有真正回答人们的批评，而只是回避了这些批评。一些功利主义者尝试采用第二种策略来为功利主义进行辩护，即放弃最大化理论。采用这种策略的功利主义可以被称为"非最大化功利主义"（Non-maximizing Utilitarianism），它是"那种认为正确的行为（或正确的规则规范，或正确的制度体系）应提升每个个体的人类幸福，而不追求总体安康的最大化的观点"②。这种非最大化的功利主义好像能够避免"不正义批评"和"严苛性批评"，因为它不再要求捐款者捐出自己的全部积蓄，也不再要求牺牲无辜者的权利和利益来造福他人了。例如，斯洛

---

① 斯马特、威廉斯：《功利主义：赞成与反对》，牟斌译，中国社会科学出版社，1992年，第61—69页。

② 莫尔根：《理解功利主义》，第187页。

特（M. Slote）和佩蒂特（P. Pettit）就提出用适度满足的观点来取代满足的最大化理论，认为人们需要做的是追求足够多的善，而非最大化的善。[①] 然而，这种非最大化的功利主义看似避免了最大化理论的弊端，也更具有现实可行性，但是它会引起另外两种质疑。其一是，当一个人可以轻易地做更多的好事、促进更多的善时，他却随意或故意地不这么做，并以"适度满足"来为自己开脱。[②] 其二是，那种不追求功利价值最大化的理论，是否还能被看作一种功利主义理论？可见，即便是坚持非最大化的主张，功利主义在加总排序和计算总体效果上的论证负担也都没有减少。

1.1.2 后果主义

人们通常把后果主义看作功利主义在当代的最新发展。后果主义的伦理学理论就是一种把作为后果的事态（states of affairs）看作评价行为、决策或规则的道德价值的唯一根据的理论。在后果主义伦理学看来，一个道德上正当的行为、决策或规则，必须把能够产生最好的事态作为其后果或目的。

虽然后果主义伦理学也有很多版本或样式，但和功利主义一样，它们基本上都包含两个基本要素：预先设定价值承诺和最大化的加总排序理论。[③] 所谓"预先设定价值承诺"，是指在行为、决策或规则等的后果价值和道德正当的关系之间，后果主义伦理学理论坚持认为价值是先于道德正当得到设定的，并且是行为正当与否的根据。在这个意义上，后果主义的价值论也可以被看作非道德或前道德的，即人们必须在做出道德判断前做出价值承诺。例如，作为后果主义典型代表的经典功利主义，就首先预设

---

① 参见 Slote and Pettit, "Satisficing Consequentialism", *Proceeding of the Aristotelian Society, Supplementary Volumes* 1984, 58, pp. 139-163, 165-176。

② 参见 Bradley, "Against Satisficing Consequentialism", *Utilitas* 2006, 18, pp. 97-108。

③ 当然，也有一些例外情形。例如黑尔认为，功利主义理论也不可以事先预定价值承诺，因为从道德语言所具有的元伦理学层面的普遍规定主义特征出发，仍然可以得出规范层面的功利主义主张（Hare, "Could Kant Have Been a Utilitarian?". 我将在第二章详细讨论黑尔的这个主张）。而有些后果主义者，如我前面提到的斯洛特和佩蒂特，也曾提出用适度满足的观点来取代最大化理论。参见德莱夫：《后果主义》，余露译，华夏出版社，2016 年，第 49—52 页。

了幸福（或快乐）的价值承诺。而幸福（或快乐）作为人的自然生理或心理体验，本身是与道德无关的。与功利主义一样，后果主义伦理学最大化的加总排序理论也是指，在众多的选项中要选择那个能在道德上产生最多的后果价值或者不少于其他价值能产生的后果价值的选项。还以经典功利主义为例，其最大化的加总排序就是选择能够产生"最大多数人的最大幸福"的选项。

人们一般将后果主义划分为行为后果主义和规则后果主义。其中，前者又被称为"直接后果主义"，它以产生后果的行为为评价对象，认为最有价值的行为就是那些能够带来最好的后果价值的行为；后者也被称为"间接后果主义"，它不直接以行为为评价对象，而以行为所依照的规则为评价对象，认为最有价值的行为就是依照能够带来最好后果的规则而采取的行为。

在《行为后果主义》一文中，弗雷指出，行为后果主义具有如下几个特征：它是后果主义者的、福利论者的、累积性的、最大限度的和非个人的。他详细解释道：

> 这种观点是后果主义者的，根据这种观点，它认为行为的正当与否仅仅是根据行为的实际后果的善恶而定的。这种观点可称为行为后果主义，或者，在此为简洁之故，称之为后果主义。……这种观点是福利论者的，根据这种观点，正当被看成是善的功能，而善被理解为指人类的福利。……这种观点是非个人的和累积性的，根据这一观点，正当是由非个人的、值得考虑的所有那些人的福利（好生活）的增加或减少来确定的，这些人是这样一些人：他们受到人际间福利的增加和减少的总和及行动的影响。这是一个最大化的观点：一个根据福利论者的考虑所构成的功利原则的具体的明确表述是："总是最大化欲望满足集。"①

---

① 弗雷：《行动功利主义》，载拉福莱特主编：《伦理学理论》，龚群主译，中国人民大学出版社，2008年，第194页。

从这些特征可以看出，行为后果主义有其直觉的吸引力，因为如果一个选项能够促进价值，并且相比于其他选项能更多地促进价值，那么选择该选项的行为当然就是最好的。不过，行为后果主义也存在反直觉的一面，这导致它也与功利主义一样面临着指责：其一是"严苛性指责"，即最大化原则提出了人们无法满足的要求；其二是"不正义指责"，即为了更好的后果可以不正义地牺牲无辜者的利益。

为了回应这些指责，或者说为了更好地适应人们日常的道德直觉，人们也对行为后果主义进行了改造。弗雷认为，最成功、最典型的改造就体现在黑尔所提出的双层功利主义那里。双层功利主义把道德思维区分为批判的和直觉的两个层面，其中，在批判的层面采纳行为功利主义，然后运用它，以便在直觉或实践的层面上选择那些指导个人生活的规则；而这些被选择的规则如果被接受，就会使功利后果达到最大化。当然，这种双层功利主义在本质上还是行为功利主义，因为在黑尔那里，道德思维的标准最终还是由行为功利主义提供的；而日常实践中的行为规则，要么是已经符合或适应行为功利主义标准的，要么是需要依照行为功利主义的标准进行筛选或改造的。即便如此，在弗雷看来，黑尔对道德思维的两个层面进行区分还是具有明显好处的，它在实践的层面使黑尔的理论仅仅是间接后果主义的，因为它可以排斥在直觉层面对行为后果的任何诉求。换言之，就行为功利主义与其所涉及的日常道德或道德直觉的不一致之处而言，这种间接后果主义的效果就是可以拒绝在具体案例的基础上直接运用行为功利主义。直接后果主义者的思考产生的道德冲突，在间接后果主义者的道德思考中是不会产生的。此外，黑尔区分两个层面的做法还有一个更加明显的效果，那就是使得后果主义可以与义务论相容，因为双层功利主义允许一个人在直觉或实践的层面上不作为后果主义者，甚至可以作为一个义务论者来有效地进行思考和选择。

通过对黑尔版本的行为后果主义的分析，弗雷想澄清人们关于行为后果主义的如下三种误解：

第一，它意味着对于人们做出做什么的决定，能在案例基础上应用后果主义（方法）；第二，它可能隐含着后果主义会指定在决定做什么上我们应该运用的思维的类型；第三，它可能表明行为是中心焦点，我们应该围绕它尝试建构一种关于做什么的道德思考的理论。……因为依照黑尔，行为后果主义是一种关于什么使得正当的行为成为正当的理论，不是在实践的层面上决定要做什么的方法论。因此，它不能通过表明在实践层面上后果主义思考可能与某些具有优越地位的道德直觉相冲突就被证明是错误的，因为混合的理论不会让我们在那一层面像后果主义者那样思考。……行动功利主义者是关于正当的后果主义者，但不是关于他如何进行应当做什么的道德思考的后果主义者。[①]

不过，也应当看到，尽管黑尔的双层功利主义理论已经对日常的道德直觉和道德规则做出了一定的让步，但是它本质上仍然是行为后果主义的，因而也无法从根本上解决人们对行为后果主义的质疑和批评。因此，许多后果主义者开始转向行为后果主义的替代版本——规则后果主义。

当代规则后果主义的著名代表是布兰特、胡克、帕菲特和海萨尼等人。布兰特在定义规则功利主义时说：

> 一个规则功利主义者认为正确的行为是被道德准则所允许的，这种道德准则对行为者所处的社会来说是最优的。一个最优的准则是被用来最大化福利或者善的（因此是功利）。这就为一种具体的正确行为本身可能并不最大化利益留下了可能性。[②]

在规则后果主义看来，道德评价的对象不再直接指向行为了，而是指向行为所遵循的准则或规则。人们应该遵循那些能够带来最大功利或最优

---

① 弗雷：《行动功利主义》，第 204—205 页。
② 布兰特：《功利主义的问题：真正的和所谓的》，晋运锋译，载《世界哲学》2011 年第 1 期，第 76 页。

后果的规则或准则来行动，而不是计算每一次的行为是否能够带来最大功利或最优后果。当然，正如规则后果主义者所强调的，我们不能认为规则后果主义不再评价行为本身了，它仍然是要评价行为的，只不过是采用间接的方式，即评价行为是否符合能够带来最优后果的规则。从这个角度来看，规则后果主义也可以被称为"间接后果主义"。

在规则后果主义的当代著名捍卫者胡克看来，规则后果主义具有两个关键特征：一是它断言，任何特定行为的正当与错误，不是直接依据它产生的后果，而是间接地由每个人所拥有的一系列规则所产生的后果来断定的；二是它断言，任何一个给定行为的正当性，不是依据行为者本人所拥有的那些规则所产生的最好的总体后果，而是依据每个人都拥有它们所产生的最好的总体后果来断定的。这两个特征表明，规则后果主义在判断行为的对错时，一方面要考察行为所遵循的准则是否是最优准则，另一方面要考察行为所依据的准则所产生的后果能否被普遍化。

胡克认为，规则后果主义的这两个特征都是行为后果主义所不具有的，同时也是前者优越于后者的地方。例如，规则后果主义能够避免行为后果主义所遭受的不正义批评。胡克说道：

> 规则后果主义主张，诸如谋杀、虐待和违诺等个别行为是错误的，即使这些特殊行为相比于其他替代行为能产生更好的后果。因为规则后果主义不把特殊行为的正当与错误看作个别行为所产生的后果的事情，而是看作它们是否符合一系列的较为一般的规则的事情，如果所有人（大致是所有人）都接受这些规则的话，一定会产生最好的后果。[①]

与胡克一样，海萨尼和帕菲特也指出，行为后果主义是一种自我挫败的理论；相比之下，规则后果主义可以使得人们充分认识到个体权利和义

[①]　Hooker, "Rule-Consequentialism", *Mind* 1990, 99, pp. 69–70.

务在道德、社会方面的重要性。①

但是，规则后果主义虽然能够避免行为后果主义所遭受的部分指责，但它又面临着另外几种困境。例如，金里卡（W. Kymlicka）曾指出，规则后果主义至少会陷入如下两种悖论：一是"不完全服从悖论"，即个别人不服从规则并不影响规则所产生的后果②；二是"不道德悖论"，即"喜欢损害他人或侵犯他人权利的人越多，这样的行为就越不坏"③。阿尼森（R. Arneson）又提出三类对规则后果主义的反对意见：1）规则后果主义有规则崇拜之过；2）贬义地讲，规则后果主义是乌托邦；3）规则后果主义或者退化成行为后果主义，或者（如果将其解释成可以避免退化的话）是明显不合理的。他详细解释道：

> 规则崇拜的反对意见是指，尽管规则后果主义声称要把道德与产生最好后果结合起来，但这种理论在关键时刻会提倡遵守规则，哪怕这样做产生的只是次优化的结果。说它是乌托邦的这种反对意见指的是，它被认为是规则崇拜的情况中最坏的一类。规则后果主义认为，如果所有人都接受（或遵守）规则，那么人们应该遵守它，这将导致好的后果，但是这一规则似乎教导人们，即使当其他人并不接受（或遵守）理性规则时，人们也应当遵守规则。退化论证认为，对于规则

---

① 我将分别在第2、3章详细讨论海萨尼和帕菲特的规则后果主义。

② "不完全服从悖论"是指，由于规则后果主义只会追问当所有人都遵循某一规则时会发生什么，这使得它无法处理现实生活中不完全服从的情形。相关的案例如"寄生的功利主义"：草坪能给每个人都带来快乐；如果每个人都在草坪上行走的话，草坪就会被毁掉了；有一个标示牌提醒大家，不要践踏草坪；佩里计算出，如果只有一个人在草坪上走的话，不会造成什么损害；所以他每天都从草坪上穿行，并且总能提前到达教室。

③ 金里卡：《当代政治哲学》，刘莘译，上海译文出版社，2011年，第31—32页。罗尔斯也举了一个例子来说明这个悖论：假定社会的大多数人憎恶某种宗教活动或性行为，并把它们看作一种令人讨厌的事情。而且，这种情感如此强烈，以致即使在公共场合禁绝引来事情还不足以消除人们的厌恶；多数人只要想到这类事情将会存在下去就会愤怒和仇恨。即使这些态度在道德上得不到支持，也似乎不能把它们作为不合理的态度加以排斥。参见罗尔斯：《正义论（修订版）》，何怀宏、何包刚、廖申白译，中国社会科学出版社，2009年，第355页。

功利主义的任何一种阐释来说，它所命令的行为与行为后果主义所命令的行为是不同的，但可能存在一种可供选择的后果主义的标准，它与行为后果主义之间不存在人们公认的冲突，只是从规则后果主义的立场来看，它可能更为优越。如果不是这样，对规则后果主义来说就更加糟糕了。[①]

为了回应这些指责，有些规则后果主义的辩护者如海萨尼、帕菲特和卡米斯基等人，开始从康德伦理学中寻求理论资源，并试图建立各种康德式的规则后果主义。这些理论从不同方面讨论了康德和后果主义伦理学之间的关系，它们构成了本书研究的主要内容。我将在第 2—5 章中详细讨论这些理论。

1.2 从康德伦理学到康德主义伦理学

义务论在价值论和规范论上都与后果主义不同。首先，义务论所采纳的道德理由并不是建立在对价值的优先考虑之上的。也就是说，义务论者不需要预先设定一个非道德的价值（幸福、快乐、欲求、客观价值）来提供道德理由，而是认为道德的理由来自义务规则本身的价值或正当性，或者说由某种权威（上帝、社会需要、个人的道德禀赋）赋予规则以正当性。其次，既然义务论并不预先设定价值，因此也不强调价值的最大化，那么在义务论者看来，行为的道德价值并不是由后果价值的大小来决定的，而是由行为所遵循的规则本身是否有价值来决定的。在义务论者看来，善的最大化并不一定是我们所追求的，而对规则和正当性的遵守本身就具有价值。

基于把伦理学理论划分为义务论和后果主义的传统习惯，康德被许多

---

① 阿尼森：《精致的规则后果主义：一些简单的非议》，载徐向东编：《后果主义与义务论》，第 160 页。

研究者看作义务论的典型代表，人们有时甚至用"康德主义"来特指义务论。[①]然而，这种传统教条也遭到越来越多的反对。其中，不少当代新康德主义者认为，把康德伦理学局限于义务论，并不是全面理解康德伦理学的正确方式，甚至还会导致人们误解康德的一些重要概念和理论。[②]

1.2.1 康德伦理学

伦理学是康德哲学体系的重要组成部分，他的许多著作都涉及对伦理学问题的探讨。人们通常认为，康德在《道德形而上学奠基》《实践理性批判》和《道德形而上学》这三部专著中集中讨论了伦理学问题。其中，《道德形而上学奠基》又是集中阐发康德伦理学的基本概念如"善良意志""出于义务""定言命令""人是目的""普遍立法""意志自由"和"实践理性"的著作，因此它也是康德伦理学研究者最为重视的著作。

在《道德形而上学奠基》中，康德首先提出了"善良意志"概念。在他看来，善良意志是一种无条件善的东西，而其他的东西，如机智的才能、勇敢的气质、较好的运气和幸福的生活等，虽然也都是善的和值得欲求的，但它们的善是有条件的；如果没有善良意志作为其前提条件的话，它们甚至有可能是恶的，比如道德败坏者的机智、勇敢、运气和享乐，可能对自己、他人或社会更加有害。而与这些东西相比，善良意志的善是自在的善，它并不依赖于其他条件。康德的一段被人广为引用的名言，较好地刻画了善良意志的特点：

> 善的意志并不因它造成或者达成的东西而善，并不因它适宜于达到任何一个预定的目的而善，而是仅仅因意欲而善，也就是说，它就自身而言是善的；而且独自看来，其评价必须无可比拟地远远高于通过它为了任何一种偏好，甚至人们愿意的话为了所有偏好的总和所能

---

① 参见卢坡尔：《伦理学导论》，陈燕译，中国人民大学出版社，2008年，第169—194页。
② 参见赫尔曼：《道德判断的实践》，陈虎平译，东方出版社，2006年，第316—357页。

实现的一切。即使由于命运的一种特殊的不利，或者由于继母般的自然贫乏的配备，这种意志完全缺乏贯彻自己的意图的能力，如果它在尽了最大的努力之后依然一事无成，所剩下的只是善的意志（当然不仅仅是一个纯然的愿望，而是用尽我们力所能及的一切手段），它也像一颗宝石那样，作为在自身就具有其全部价值的东西，独自就闪耀光芒。有用还是无效果，既不能给这价值增添什么，也不能对它有所减损。有用性仿佛只是镶嵌，为的是能够在通常的交易中更好地运用这颗宝石，或者吸引还不够是行家的人们的注意，但不是为了向行家们推荐它，并规定它的价值。（4:394）①

很多研究者依据这段话，认定康德是一个反后果主义的义务论者。然而，这种判断过于笼统，或者说是以偏概全了。在第 2—5 章，我会借鉴黑尔、卡米斯基和卡根的观点指出，康德伦理学包含基础理论和规范理论两个层面。上面这段话至多表明，康德伦理学在基础理论的层面上是义务论的；但这并不意味着，它在规范的层面上无法容纳后果主义的考量。

康德进一步指出，与"善良意志"密切相关的是"义务"概念，因为义务"包含了一个善良意志的概念"（4:397）。关于义务，康德提出了三个原理。其中，第一个原理指出，行动的道德价值在于其是出于义务，而非合乎义务。在康德看来，合乎义务的行为虽然值得赞赏和鼓励，但是并不具有道德内涵，因为它有可能仅仅是出于行为者的个体偏好的行为。相反，只有"没有任何偏好地、仅仅出自义务地做出这个行为；在这种情况下，这个行为才具有其真正的道德价值"（4:398）。第二个原理进一步指出，出于义务而行动的道德价值，不在于它要实现的意图和对象，而在于决定该

---

① 本书引用的康德文本依照柏林皇家科学院版《康德全集》第 1—9 卷（*Kants Werke*, Band 1-9）。以下所引康德文献，只在引文后面标注科学院版的卷数和页码。中文版参照李秋零编译的《康德著作全集》第 1—9 卷，中国人民大学出版社，2003—2010 年（其中，《纯粹理性批判》的引用采用 A/B 版的形式；中文版参照邓晓芒译、杨祖陶校《纯粹理性批判》，人民出版社，2004 年）。

行动的准则或意愿的原则（4:399）。也就是说，在对行为进行道德评判时，标准不在于行为要实现的对象和目的，而在于行为的准则是否遵从普遍法则的义务要求。由此得出的第三个原理就是，义务是出自对道德法则的敬重的一个行为的必然性（4:400）。换言之，出于义务的行为，也就是出于意志对道德法则的敬重而做出的行为。总之，在康德那里，善良意志之所以善良，就是因为它能够尊重法则，并且是出于义务而行动。

但是，康德也承认，由于人类意志同时也受到自然本性和感性偏好的影响或刺激，因此人并不总是出于义务而行动，他甚至有时会采纳违背法则和义务的准则。这时，意志的主观准则就无法体现客观的道德法则，而意志也并非善良意志了。因此，如果要维护道德法则的普遍有效性和善良意志的无条件价值，就需要依照道德法则对意志进行强制或命令。正如康德所说：

> 按照客观法则对这样一个意志的规定就是强制；也就是说，客观法则与一个并不完全善的意志的关系被表现为对一个理性存在者的意志的规定，这种规定虽然是通过理性的根据，但这个意志在本性上并不必然服从这些根据。（4:413）

康德又把命令分为假言命令和定言命令，其中前者是把行动的必要性看作达到某种目的或意图的工具，如为了获得好成绩而努力学习，或者为了获得幸福而养生和自制。这些命令之所以是假言命令，是因为它们作为技巧的规则或机智的建议，虽然也具有某种必要性，但是这种必要性受到目的或意图的限制；如果人们放弃了目的和意图，也就随时可以摆脱这些规范和要求了。因此，假言命令的规范依赖于主观的和偶然的条件。与此相反，定言命令不依赖于目的而把行动宣示为客观必然的，这种命令"带有一种无条件的，而且是客观的，从而是普遍有效的必然性的概念，而诫命就是必须服从，也就是说，即便违背偏好也必须遵从的法则"（4:416）。在康德看来，只有符合定言命令式的规则才称得上是道德法则，因为道德法则来自实践理性的纯粹立法，它不依赖于任何偶然的经验条件，因而具有普遍必然性和客观有效性；而假言命令虽然也是意志的原则，但由于它不具有客观必然性，因而不能被称为法则。

康德进一步指出，定言命令可以用多个公式来表达，其中第一个公式就是：要只按照你同时能够意愿它成为一个普遍法则的那个准则去行动（4∶421）。该公式被许多研究者称为"普遍法则公式"（FUL），它也被看作定言命令的总公式，以它为基础还衍生出另外几种表达式，它们分别是："自然法则公式"（FNL），即"要这样行动，就好像你的行为准则应当通过你的意志成为普遍的自然法则似的"；"人性公式"（FH），即"你要如此行动，即无论是对于你的人格中的人性，还是其他任何一个人的人格中的人性，你在任何时候都同时当作目的，绝不仅仅当作手段来使用"（4∶429）；"自律公式"（FA），即"每一个理性存在者的意志都是一个普遍立法的意志"（4∶421-431）。在康德看来，所有这些公式表达的是同一法则，每一个都与其他公式相结合。它们之间虽然有差异，但这些差异并非是客观的，而是主观的，是为了让道德法则更加接近人们的直观和情感而已。他甚至用相同的案例来解释这些公式，表明它们虽然有不同形式的运用，但是最终能够得出相同的结果。例如，康德把义务划分为对自己的义务和对他人的义务、完全的义务和不完全的义务。其中，对他人的完全义务是"不做虚假承诺"，对他人的不完全义务是"帮助有需要的他人"。康德指出，无论是依据普遍法则公式所产生的"逻辑矛盾"或"意志矛盾"，还是依据人性公式所产生的"把人格仅仅用作手段是错误的"，从这些公式中都能够得出"不做虚假承诺"和"帮助有需要的他人"的道德要求。

在康德看来，通过定言命令式，特别是自律公式，我们可以得出"意志自律"这一道德的最高原则。由于每一个理性存在者的意志都是一个普遍立法的意志，并且意志自己立法、自己遵守，那么意志对自己本身来说就是一个法则了，而"道德性是行为与意志自律的关系，亦即通过意志的准则与可能的普遍立法的关系。能够与意志的自律相容的行为是被允许的；不能与之一致的行为则是不被允许的"（4∶439）。与意志自律相对的是意志的他律，即不是意志给自己立法，而是外在的客体通过与意志的关系来给意志立法，使得意志受外在客体的规定。康德认为，他律原则都是质料性原则，这些原则要么出自经验性的幸福原则，要么出自理性的完善原则（我将在第 3 章详细讨论这些质料性原则）。

康德进一步指出，"自由"概念与"自律"概念密不可分，因为自由是解释意志自律的关键。在他看来，意志之所以是自律的，就是因为它是自由的。那么，我们该如何理解"自由"概念呢？康德认为，我们可以分别从消极方面和积极方面来理解自由。从消极方面看，自由体现在意志可以独立于一切外来的规定它的原因而起作用，换言之，消极自由体现在意志可以不受外在因果性（他律）的支配这一方面；从积极方面看，自由体现在意志可以自己主动为自己立法，且服从自己颁布的法则这一方面。在这个意义上，康德说，"自由意志"和"服从道德法则的意志"是一回事（4:447）；又说，"意志的自由和意志的自己立法二者都是自律，因而是可以互换的概念"（4:450）。总之，在康德那里，善良的意志、自由的意志、立法的意志和自律的意志，它们虽然表达不同，但并无本质区别，都是从不同方面表达了道德法则和意志之间的关系。

人们习惯于依据康德对义务和道德法则的强调和对幸福及其后果的批判，认为康德伦理学支持义务论而非后果主义。而许多当代学者如罗尔斯、诺齐克和斯坎伦（T. M. Scanlon）等人，在重新解释康德伦理学的基础上，提出了新的权利论或义务论。他们被统称称为当代新康德主义者。而他们对义务论的强调，似乎也进一步加强了有关康德伦理学和后果主义伦理学互不兼容的传统教条。

1.2.2 当代新康德主义伦理学

罗尔斯是当代新康德主义的著名代表，他在《道德理论中的康德式建构主义》一文中明确指出了康德伦理学和新康德主义伦理学或者"康德式的"伦理学之间的关系。他认为，形容词"康德式的"所表达的，是类似而不是相同。也就是说，一种学说，它在一些重要方面充分地效仿或采纳康德的学说，以至于与其他传统道德观念相比，它更接近康德的观点，我们就可以称它为一种"康德式的"学说。[①] 可见，当代新康德主义伦理学或康德式的伦理学并非仅仅是对康德伦理学进行还原或解释，而是在借鉴康德伦理学的一些核心概念的基础上，发展出一种康德并没有提出的观点或理论，且相比于其他理论，这种理论与康德的理论更加接近。以罗尔斯自己为例，他依照康德关于"理性自律的人"的观念，建构出了一种"作为公平的正义"理论。不过与康德不同的是，罗尔斯的正义原则所关注的主要是社会制度而非个人，而康德所关注的主要是作为有限理性存在者的个人。正如罗尔斯所承认的：

> 尽管我将"作为公平的正义"视作一种康德式的观点，但它在一些重要的方面与康德的学说是不同的。在这里我要指出，"作为公平的正义"将首要性指派给社会；也就是正义的首要主题是社会的基本结构，并且公民必须先在适合此主题的某个正义观念上达成一个公共理解。这种理解是通过各派在原初状态中达成的一致协定来诠释的。作为对比，康德对定言命令的说明，是应用于日常生活中真诚与有良知的个体的个人准则上的。……因此，康德从日常生活中特殊的，甚至是个人化的例子开始；他假定这个过程如果正确进行下去的话，最终会产生一个包括社会正义原则在内的融贯的和充分完整的原则体系。而"作为公平的正义"是以一种完全相反的方式开始的：它的建构是从一个一致的集体协议开始的，这个协议规制着社会的基本结构，在这个基本结构里，所有人和所有团体的决定都是以符合这个先在的约定方式做出的。[②]

这段话明确表明了罗尔斯对"康德式的"学说的理解，他的"康德式

---

① 参见罗尔斯：《道德理论中的康德式建构主义》，载罗尔斯：《罗尔斯论文全集》，陈肖生等译，吉林出版集团有限责任公司，2013 年，第 343 页。

② 同上，第 383 页。

的建构主义"虽然借鉴了康德关于人作为理性自律的主体的观念,但他是用这个观念来建构自己的社会正义原则的。而这个社会正义原则,并非康德本人所优先关注的。康德的定言命令优先关注的是"真诚与有良知的个体的个人准则"。

这里存在的问题是,是否存在确定的标准来判定一种理论就是"新康德主义的"或者"康德式的"?例如,人们借鉴康德的哪些理论,对这些理论改造到何种程度,最终超出康德的框架多远,才能保证这种理论是"康德式的"呢?更进一步,判断一种理论是否是"康德式的",其标准必须是康德本人的理论吗?新的理论能够与康德本人的其他原初理论相冲突吗?研究者们在这些问题上并没有达成共识,甚至陷入无休止的争论中。例如,即便对像罗尔斯这样公认的新康德主义者,仍有人质疑其理论并非康德式的。例如,奥尼尔就曾指出:

> 毋庸置疑,《正义论》的诸多重要方面都是康德式的。然而,在他依赖一种单纯工具性的合理性概念时,罗尔斯却从根本上偏离了康德。在此基础上被构造起来的正义似乎主要是由康德所拒绝的那些异质性的原理构成的。[①]

在奥尼尔看来,虽然罗尔斯的"康德式的"理论避免了从功利主义角度讨论正义,但是它仍然保留了功利主义的计算理性。而一种"更加康德式的"理论,应该拒绝一切功利主义要素。如果从这个"更加康德式的"视角来看,罗尔斯的"康德式的"理论就显得不那么"康德式的"了。

许多人坚持认为,康德本人或康德文本应当对各种康德主义或康德式的理论具有最终的裁决权。但是,卡根对这种观点提出了质疑。他认为,如果坚持康德对康德主义具有最终裁决权的观点,那么我们可能会错失当

---

① 奥尼尔:《理性的建构:康德实践哲学探究》,林晖、吴树博译,复旦大学出版社,2013年,第265页。

代新康德主义的许多有益见解，毕竟当代新康德主义者并不是"照着康德说"，而是"接着康德说"的。也就是说，当代新康德主义者虽然借鉴了康德的基本概念或观点，但是为了解决各自所面临的问题，他们都对这些基本概念或观点进行了不同程度的改造、深化或扩展，而这些在康德那里是没有的。如果我们以康德本人或康德文本作为依据，那么这些当代新康德主义者所做的努力或许就没有价值了。卡根批评道：

> 存在着这样一种诱惑，即认为康德自己对康德主义有最终的决定权，而非仅仅是这类观点的一个重要倡导者。这会诱使我们忽略这种可能性，即康德在许多地方可能会弄错康德主义的内涵；这也会使我们在去重构康德在精确术语中所代表的康德主义时感到不必要的压力。结果，我们狭隘地聚焦于康德的特殊观点的细节，代价是对康德主义的更加完整的意义和一般兴趣的领会。（相反，我们十分习惯于认为，边沁、密尔和西季威克仅仅是一般功利主义进路的最重要代表，而不认为他们中的任何人对功利主义具有最终决定权。）①

卡根认为，在康德和新康德主义者之间的关系上，我们不能狭隘地以康德本人的观点或立场为标准来衡量和评价新康德主义者，而应该把康德也看作广义上的康德主义学说的一个重要代表，就像人们经常把边沁和密尔看作功利主义的重要代表而非最终标准那样。

前面已经指出，罗尔斯正义理论的一个重要目标，就是建立一种康德式的权利论或义务论，用以取代传统的功利主义理论。他说：

> 也许我能最好地把本书的目的解释如下：在现代道德哲学的许多理论中，占支配地位的系统理论一直是某种形式的功利主义。……我

---

① Kagan, "Kantianism for Consequentialists", in Wood ed. and trans., *Groundwork for the Metaphysics of Morals*, Yale University Press, 2002, p. 111.

试图做的就是要进一步概括洛克、卢梭和康德所代表的传统的社会契约理论，使之上升到一种更高的抽象水平。……而且，这一理论看来提供了一种对正义的系统解释，这种解释在我看来不仅可以替换，而且还优于（或至少我将如此论证）占支配地位的传统的功利主义解释。作为这种解释之结果的正义论在性质上是高度康德式的。①

罗尔斯认为，其理论之所以是康德式的，在于它继承了康德的"自律的道德人"观念和"理性"观念，其中自律的道德人的特征"就是拥有两种道德能力以及具有两种相应的最高阶利益来掌握和运用这些能力。第一种能力就是有效正义感的能力，也就是理解、应用和践行（并不仅仅是遵循）正义原则的能力。第二种道德能力是形成、修正和理性地追求一种善观念的能力"②。而康德的理性则表达了一个厚实的观念，它既可以作为价值理性来颁布道德法则，也可以作为工具理性进行计算和权衡。罗尔斯认为，康德的"vernünftig"概念涵盖了我们经常使用的术语"合乎情理的"（reasonable）和"理性的"（rational），并且"使用'合乎情理的'和'理性的'作为两个灵便的术语去标示康德对两种形式的（纯粹的和经验的）实践理性的区分就是有益的。第一个表达为定言命令中的一个命令，第二个就是一般性的假言命令。……'合乎情理的'和'理性的'这两个术语提醒我们注意康德的实践性观念及其包含的两种理性形式的丰满性"③。

在罗尔斯看来，利用康德的这两个基本观念，我们可以建立起一个正义社会的基本观念，因为道德的人都会具有一种正义观念。这种正义观念认为，"每个人都拥有一种基于正义的不可侵犯性，这种不可侵犯性即使以整个社会的福利之名也不能逾越。因此，正义否认为了一些人分享更大利益而剥夺另一些人的自由是正当的，不承认许多人享受的较大利益能绰绰

---

①　罗尔斯：《正义论（修订版）》，序言第 1—2 页。
②　罗尔斯：《道德理论中的康德式建构主义》，第 352 页。
③　罗尔斯：《康德道德哲学诸主题》，载罗尔斯：《罗尔斯论文全集》，第 571 页。

有余地补偿强加于少数人的牺牲"①。而传统的功利主义理论会破坏这种正义观念，因为功利主义的正义观念认为，"如果一个社会的主要制度被安排得能够达到所有社会成员满足总量的最大净余额，那么这个社会就是被正确地组织的，因而也是正义的"②。依据罗尔斯的康德式正义论来看，功利主义的最大问题就在于它只关心善（功利）的最大化，而不关心善在公民之间的分配，也不认真地对待人与人之间的差别。③ 罗尔斯指出，功利主义是一种目的论理论，它用善（功利）来定义正当。也就是说，能带来最大善的就是正当的，这种理论甚至允许人们为了利益最大化而侵犯无辜者的权利。罗尔斯举例批评道：

> 功利主义者则不得不承认这种理论的可能性：由于这种不确定性容许的偏爱结构可能导致通常理解的非正义。举个例子：假定社会的大多数人憎恶某种宗教活动或性行为，并把它们看作一种令人讨厌的事情。而且，这种情感如此强烈，以致即使在公共场合禁绝引来事情还不足以消除人们的厌恶；多数人只要想到这类事情将会存在下去就会愤怒和仇恨。即使这些态度在道德上得不到支持，也似乎不能把它们作为不合理的态度加以排斥。因而，寻求欲望的最大满足就可能证明以粗暴手段压制不引起社会伤害的行为是正当的。④

罗尔斯认为，与功利主义不同，康德式的"作为公平的正义"不是目的论的，它并不用善来定义正当，而是认为正当可以独立于并优先于善，那些因违反正义而获得的利益毫无价值可言。他进一步指出，这种"正当优先于善"的观念，就是典型的义务论观念，而且这种观念的来源就是康德伦理学。罗尔斯说道：

---

① 罗尔斯：《正义论（修订版）》，第 1 页。
② 同上书，第 18 页。
③ 参见同上书，第 21—22 页。
④ 同上书，第 355 页。

功利主义是一种目的论的理论，而公平的正义却不是这样。那么，按定义，后者就是一种义务论的理论，一种不脱离正当来指定善，或者不用最大量地增加善来解释正当的理论（应注意：我们在此把义务论理论定义为非目的论的理论，而不是定义为把制度和行为的正当看作独立于它们的结果的性质的观点，所有值得我们注意的伦理学理论都须在判断正当时考虑结果，不这样做的伦理学理论是不合理和疯狂的）。……我们可以这样说，在公平的正义中，正当的概念是优先于善的概念的。一个正义的社会体系确定了一个范围，个人必须在这一范围内确定他们的目标。它还提供了一个权利、机会和满足手段的结构，人们可以在这一结构中利用所提供的东西来公平地追求他们的目标。正义的优先部分地体现在这样一个主张中：即那些需要违反正义才能获得的利益本身毫无价值。由于这些利益一开始就无价值，它们就不可能逾越正义的要求。……正当的优先性是康德伦理学的一个基本特征。例如，见《实践理性批判》第一部分第一卷第 2 章，特别是 5:62-65。一个清楚的陈述可在"理论与实践"（题目缩写）中找到，载于《康德政治著作集》第 67 页及以后。①

通过把其正义论理解为康德式的和义务论的，并且与功利主义直接对立起来，罗尔斯进一步强化了人们关于康德伦理学就等于义务论的传统印象。

诺齐克强调一种康德式的权利观念。他认为，康德的"人是目的"观念可以为一种关于个人的绝对权利和最低限度国家的政治理论辩护。在《无政府、国家和乌托邦》一书的开篇，诺齐克就直言个人拥有权利，并且基于这些权利，有一些事情是任何他人或群体都不能对他们做的（否则就会侵犯他们的权利）。② 在他看来，这种权利既重要且广泛，留给国

---

① 罗尔斯：《正义论（修订版）》，第 24—25 页。

② 参见诺奇克：《无政府、国家和乌托邦》，姚大志译，中国社会科学出版社，2008 年，第 1 页。

家干涉的余地并不多。他在接受近代以来的自由主义的"守夜人"国家观的基础上，提出了一种更加极端的自由主义国家观，即"最低限度的国家"（minimal state）理论，认为国家所能拥有的积极功能，无非就是保障个人权利不受侵犯。除此之外，我们不能赋予国家更多的功能。换言之，在他看来，能够得到证明的国家就是一种最低限度的国家，其功能仅限于保护人们免于暴力、偷窃、欺诈以及强制履行契约等。除此之外，任何具有更多功能的国家都会强迫人们去做某些事情，从而侵犯人们的权利，因此也都无法得到证明。在他看来，这种最低限度的国家"既是令人鼓舞的，也是正当的。有两点值得注意：国家不可以使用强制手段迫使某些公民援助其他公民，也不可使用强制手段禁止人们追求自己的利益和自我保护"①。

诺齐克进一步指出，关于个人权利和最低限度国家的理论，可以对个人和国家的行为和决策提出一种"边界约束"（side constraint）的要求。所谓"边界约束"，就是说一些人的权利对另一些人构成了约束，人们不能以侵犯他人权利的方式去行动。在诺齐克看来，这种边界约束的观点，既不同于一般功利主义（它允许为了更大的善而牺牲少数无辜者的权利），也不同于一种特殊的权利功利主义（为了减少对权利的侵犯的总量，允许侵犯特定的权利）。诺齐克坦率地承认，他关于边界约束的观点，借鉴并反映了康德的"人是目的"原则，因为"个人拥有绝对权利"的观点，同康德的理论一样，表达了"人是目的，而非仅仅被用作手段"的根本要求。诺齐克说道：

> 边界约束的观点禁止你在追求其目标的过程中违反这些道德约束，而目的在于使侵犯权利达到最小化的观点（权利功利主义）则允许你侵犯权利（违反约束），以便减少社会上侵犯的总量。……对行为的边界约束反映了康德主义的根本原则：个人是目的，而不仅仅是

---

①　诺奇克：《无政府、国家和乌托邦》，第1页。

手段；没有他们的同意，他们不能被牺牲或被用来达到其他的目的。个人是神圣不可侵犯的。①

诺齐克关于个人拥有神圣不可侵犯的权利的观点，进一步深化了当代伦理学和政治哲学中的"正当"和"善"之争，同时也更加深化了人们固有的康德支持权利论和义务论的印象。

斯坎伦作为当代契约论的另一位重要代表人物，具有和罗尔斯一样的抱负，即在道德哲学领域提供一种比功利主义更加优越的契约主义理论。在《契约主义与功利主义》一文中，斯坎伦首先指出，在当代的道德哲学中，功利主义仍然占据着一个中心位置。即便人们不愿意承认自己是功利主义者，但是在讨论道德问题和解释道德信念时，人们经常会不由自主地求助于功利主义。斯坎伦认为，功利主义之所以具有如此重要的地位，在于它承认了一个道德上非常重要和简单的事实，即人们都是追求幸福的，后者既能够成为人们去行动的动机力量，也能够成为评价行为的道德标准。然而斯坎伦发现，功利主义并非像人们认为的那么可靠，"如果我们从哲学功利主义转向作为正确行为的标准的特定功利主义公式时，功利主义所诉诸的动机形式就变得更加抽象了"②。在斯坎伦看来，他所提出的契约主义理论，将会诉诸"无人能够合乎情理地拒绝"的原则，即要依照这一原则行动，该原则在道德动机问题上能够提供比功利主义更加合乎情理的解释，甚至功利主义的幸福原理都可以根据契约主义的原则得到检验，因为"依据契约主义，个体福利在道德上是重要的，不是因为它具有内在价值，或者因为促进它自明地具有构成正当的性质，而只是因为个体能够合乎情理地拒绝不赋予他的福利以任何权重的论证形式"③。

当然，斯坎伦也比较了自己的契约论与以罗尔斯为代表的传统契约论

---

① 诺奇克:《无政府、国家和乌托邦》，第 37 页。

② Scanlon, "Contractualism and Utilitarianism", in Sen and Williams eds., *Utilitarianism and Beyond*, p. 115.

③ Ibid., p. 119.

之间的区别。在他看来，在解释"道德错误"问题上，"没有人能合理拒绝"的原则比"每个人都能合理接受"的原则更加可取，因为前一原则能够排除一些具有强烈牺牲精神的人去赞同一个本可以合理拒绝的原则。[①] 斯坎伦也承认，他对行为正当性原则的讨论，与康德的绝对命令有很明显的相似性，甚至他的总体策略都与康德《道德形而上学奠基》中的论证相似。[②] 与罗尔斯和诺齐克一样，斯坎伦的理论好像也佐证了康德支持义务论、反对功利主义和后果主义的传统信念。

当然，也有许多当代新康德主义者，如赫尔曼、科斯嘉德、伍德和希尔等人，试图改变人们仅仅在义务论的范围内解读康德伦理学的传统模式。例如，赫尔曼在《超越义务论》一文中指出，对康德伦理学的主要误解就在于把它看成不具有"价值"或"目的"概念的义务论学说体系。而她明确反对这种看法。她说道：

> 我所想要提出的主张是相当直接的。不管是什么让康德式的伦理学显得突出，那都不是在于使所有的价值考虑从属于权利和义务的原则。在这个意义上，康德式的伦理学不是一种义务论。……康德在伦理学中的规划是要提供对被理解为所有行为的最终的规定根据的"好之为好"（the good）的一种正确分析。……把康德式的伦理学放在义务论的范围内，这既误解了它的哲学抱负，又让它背负不合理的道德预设的重担。[③]

与赫尔曼一样，科斯嘉德、伍德和希尔等人也试图超出义务论的范围，关注"目的""价值"和"幸福"等概念在康德伦理学中的重要性。当然，他们也并没有完全走向另外一个方向，即认为康德伦理学是功利主义的或

---

① 在第3章讨论帕菲特的康德式契约论后果主义时，我会再次讨论斯坎伦式的契约主义。

② 参见斯坎伦：《我们彼此负有什么义务》，陈代东等译，杨选统校，人民出版社，2008年，第6页。

③ 赫尔曼：《道德判断的实践》，第318页。

后果主义的，或者可以容纳一种后果主义的解读，甚至还和一些康德式后果主义的支持者展开了激烈争论。我将在第 2—5 章中详细展开这些讨论。

1.3 康德式的后果主义

前面已经提及，近年来，康德哲学研究界逐渐改变了有关康德伦理学与后果主义伦理学截然对立的传统教条。我们也已经指出，像赫尔曼、伍德、科斯嘉德和希尔这样的新康德主义者，都反对传统的严格的、迷恋规则的、义务论的康德的许多要素，并认为康德立场的核心依赖于行动的理由不是"其为道德法则所要求"，而是他信奉每个人都不可避免地被赋予的基本价值。①

当然，还有许多研究者，如黑尔、海萨尼、帕菲特、卡米斯基、里奇和卡根等人，开始关注康德伦理学与后果主义伦理学之间的相容性，甚至提出了各种版本的"康德式的后果主义"。

黑尔指出，无论是功利主义还是康德伦理学，都涉及元伦理学和规范伦理学这两个层面。其中，在元伦理学层面，康德伦理学与功利主义至少共享三个主要观点，即理性主义、规定主义和普遍主义的观点；因此，康德伦理学和功利主义实际上是相容而非冲突的。而在规范伦理学层面，黑尔认为，普遍规定主义要求我们在具体的情况下，既追求平等化，又追求最大化，而这二者正是功利主义的最主要特征。既然普遍规定主义的元伦理学必然导向规范伦理学层面上的功利主义者，那么在元伦理学层面上主张普遍规定主义的康德也不应当例外，他的理性意志和绝对命令的普遍规定主义也将必然导向功利主义，一种理性意志的功利主义。② 因此，黑尔得出的结论是，虽然康德在元伦理学层面是个义务论者，但他在规范伦理学层面应当是功利主义者而非义务论者。

---

① 参见 Pippin, "A Mandatory Reading of Kant's Ethics?", *Philosophical Quarterly* 2001, 51(204), pp. 386–393; Ridge, "Consequentialist Kantianism", *Ethics* 2009, 23, pp. 421–438。

② 参见 Hare, "Could Kant Have Been a Utilitarian?", pp. 1–16。

海萨尼明确承认自己受惠于康德的道德理论，特别是康德关于道德法则的普遍性理论对其有直接影响。海萨尼把康德传统与斯密传统和以边沁、密尔为代表的功利主义传统相结合，提出了自己的基于理性偏好的规则功利主义理论，并论证了这种理论相对于行为功利主义所具有的两大优势：其一是，前者比后者更加具有"自发性的协调效应"。他以"投票案例"①为例指出，由于行为功利主义者缺乏对规则的事先承诺，在每一次合作中都采取非协同的博弈策略，这样既具有成本负担，又往往无法达到最终的目的。而规则功利主义者由于具有对规则的事先承诺，因此他在合作性博弈中往往会采用自发的（并非事先交流的）协调策略，从而既减轻了成本负担，又有助于达到最终的目的。其二是，有助于解决行为功利主义所面临的轻视规则和权利的难题。海萨尼指出，在面临"慈善案例"和"善意谎言"这类情况时，行为功利主义者总是会要求人们为了更大的效用而放弃自己对私有财产的权利，为了更大的效用而违背"不能说谎"的义务。与之不同，规则功利主义者在承认个人的权利和义务完全有效时并不存在逻辑困难，因为在他看来，有些行为即使没有通过行为功利主义效用最大化的检验，但是只要通过了规则功利主义的检验，那么这些行为就是被允许的。因此，规则功利主义并不采取对每一步行动都进行最大化效用计算的策略，而是对能够达到更高社会效用水平的规则做出理性承诺。而规则在很多时候都涉及个人的权利和义务，这使得规则功利主义能够认识到个人的权利和义务的存在，而强调对每一步行动都进行后果计算的行为功利主义则无法做到这一点。海萨尼还指出，相比于罗尔斯对权利优先性的义务论论证，他的这种规则功利主义能够更好地为权利或自由的优先性提供合理的基础。

帕菲特认为，康德伦理学、后果主义和契约论之间存在着趋同关系。也就是说，它们看似有巨大的差别，但只不过是分别从不同侧面攀爬同一座山峰而已，它们最终要达到的目标是一致的。因此，把这三种理论结合

---

① 详见 2.3.2。

在一起是有可能的。为了实现这一目的，帕菲特从三个方面修改了康德的普遍法则公式：1）把公式中的"你"改为"每个人"或"所有人"，"你意愿自己的准则成为一个普遍法则"，用斯坎伦式的契约论来表达即："每个人都应当遵循没有人能合理拒绝的原则。"① 2）普遍法则公式不应该被运用于行为者的"准则"，而应当被运用于"行为"。② 3）康德的普遍法则公式想要成功，就必须包含一种后果主义结论，因为每个人都普遍意愿或选择的原则，只能是所有原则中的最优原则，而最优原则又只能是产生最好后果的原则。结合上述三种改造，帕菲特提出了一种把康德伦理学、后果主义和契约论结合在一起的"三合一理论"，即"一个行为是错误的，当且仅当它被某个原则所驳斥的时候，这个原则是能够产生最优后果的、唯一可被普遍意愿的且不能被合理地拒绝的原则"③。这个三合一理论也被他称为"康德式的契约论后果主义"。

卡米斯基试图从康德的"自在目的"概念出发来建构一种康德式后果主义。他把康德的"道德目的"概念区分为两种，一种是具有无条件价值并且是一切其他价值的来源的目的，即作为自在目的的理性本性；另一种是具有有条件价值的目的，主要是幸福。他首先依据康德指出，无条件的目的优先于有条件的目的，理性本性优先于幸福。他进一步指出，康德的"自在目的"概念包含一种后果主义的要素，即要求我们"有责任为了理性存在者的存在（无条件价值）去促进必要的条件，并且此外，我们有责任去促进理性存在者的目的或幸福（有条件价值）"④。卡米斯基指出，通过对康德的基础理论和双层价值的重构，可以尝试建构一种康德式的规范后果主义。它的原则就是："要求最大化促进双层价值：理性本性和幸福，这里理性本性词典式地优先于幸福。"⑤ 卡米斯基最后得出的结论是，如果还

---

① 参见 Parfit, *On What Matters, I*, p. 413。

② 参见 ibid., pp. 289–300。

③ Ibid., p. 423.

④ Cummiskey, *Kantian Consequentialism*, Oxford University Press, 1996, p. 597.

⑤ Ibid., p. 99.

要保留"义务论"这种说法的话，那么这种康德式的后果主义可以被称为"康德式的义务论后果主义"。①

里奇和卡根对康德式后果主义的建构，依赖于当代道德哲学对"行为者中心"（agent-centered）与"行为者中立"（agent-neutral）这一组概念的区分。行为者中立的观点认为，道德价值并不直接指向特定行为者，因而不对他产生实际的约束作用；而行为者中心的理论则相反，认为道德价值是特殊的、具体的善，是对特定行为者而言的善。研究者们认为，行为者中心的立场属于义务论立场，它主张个人视角、有所偏倚性和个体选择权；而行为者中立的立场属于后果论立场，坚持非个人视角、不偏不倚性和无选择权。出于这种理解，许多研究者如舍弗勒（S. Scheffler）、赫尔利（P. Hurley）、迈克诺顿（D. McNaughton）、罗林（P. Rawling）、内格尔（T. Nagel）等人都认为，康德伦理学可归属于行为者中心的义务论范畴，甚至认为"以行为者为中心的约束"就是一种"康德式约束"，它与后果主义的行为者中立观点构成对照。而里奇和卡根反对这种划分，在他们看来，康德伦理学并不必然坚持行为者中心的立场，也并不必然和后果主义相冲突。相反，通过适当的解释，康德伦理学仍然可以是行为者中立的并与后果主义相容，甚至可以把康德伦理学看作后果主义的一种特殊样式。里奇认为，康德关于自由意志具有无条件价值的核心理论，明显具有行为者中立或目的论的特征。如果行为者中立和目的论是后果主义的典型特征的话，那么康德伦理学也具有这种后果主义的特征。进而，如果康德伦理学具有这种后果主义的特征，那么康德伦理学与后果主义之间的距离或分歧就不像许多研究者认为的那么大。卡根关注的，是康德的普遍法则公式与行为者中心的约束和选择权的关系。他认为，如果能够论证康德的普遍法则公式并非像人们通常认为的那样支持行为者中心的约束和选择权，而是相反，那么我们就能够得出结论说，从绝对命令出发，得出的是后果主义而非义务论的规范理论。

---

①　参见 Cummiskey, *Kantian Consequentialism*, p. 48。

　　上述各种版本的康德式后果主义虽然都自称是康德式的，但也都以不同的方式偏离了康德的原初立场。例如，卡米斯基在处理理性本性和幸福这两个目的上都偏离了康德的立场。在康德那里，理性本性是尊重而非促进的对象，它作为自在目的并不包含最大化。康德虽然认为我们有义务发展和运用理性能力，但这只是一个不完全义务，它并不涉及最大化这一问题。但卡米斯基不仅要求每个人都要把他人看作自由的，还要求每个人采取步骤保证他人的福利和自由，而且把它们最大化。对于幸福问题，康德虽然认为促进他人的幸福是一个同时是目的的义务，但它仍然只是一个不完全的义务，人们有必要考虑别人的目的并且有时促进它（6：444-447）。而卡米斯基把促进他人的幸福变成了需要不偏不倚地和最大化地促进的目的。帕菲特则更加偏离康德伦理学的原初立场。在康德那里，实践理性的"可普遍化"并不是契约论式的"普遍同意"。重要的是，在康德的绝对命令中，理性的自律和自由具有基础地位，而这二者在帕菲特那里并不占有重要地位，取而代之的是福利的不偏不倚。总之，这些主张都存在着过度阐释和改造康德伦理学的情况，以至于很多批评者认为，他们所谓的"康德式的后果主义"根本不是"康德式的"。

　　即便如此，这些版本的康德式后果主义仍然具有重要的启示和借鉴意义。首先，对康德伦理学来说，探讨它与后果主义的关系，有助于改变有关康德伦理学是与后果主义完全不相容的严格义务论的传统观点，有助于人们更加全面地理解康德伦理学的基本概念，如"善良意志""绝对命令""自在目的"和"自律"等。其次，这些康德式后果主义提供了不同于传统后果主义理论的新版本，这既可以丰富后果主义的多样性，又有助于克服后果主义曾遭受的困境和责难。最后，上述思想家在建构自己的康德式后果主义的过程中，同许多非后果主义的当代新康德主义者如赫尔曼、科斯嘉德、希尔和伍德等人就康德伦理学展开了全面的探讨和争论。这一方面促进了康德伦理学研究的当代发展，另一方面也给我们提供了一个有待进一步研究的开放话题：是否存在一种康德式的后果主义？

　　在这些康德式后果主义理论的启发下，本书将尝试提出一种新的康德式后果主义理论，即通过讨论被许多当代新康德主义者所忽视的"至善"概念，指出至善学说无论是在价值论还是在规范论上都蕴含着一种后果主义解读的可能性。首先，至善作为德性与幸福的综合，可以被解读为"理想的道德世界"或"一切道德目的的全体"，它蕴含着一种追求"理想事态"的后果主义价值论思想。其次，康德关于"人有义务促进至善"的主张，不仅不像伍德和贝克（L. Beck）等人认为的那样与他关于"应当意味着能够"的主张相冲突，反而包含着从目的出发来理解义务之可能性的后果主义规范论思想。因此，本书致力于探讨一种"康德式的至善后果主义"，认为它不仅有助于克服有关康德伦理学与后果主义伦理学不兼容的传统教条，也有助于克服对一般后果主义伦理学的价值论是"非道德"或"前道德"的责难。本书还将指出，相比于上述各种康德式的后果主义，这种康德式的至善后果主义更加符合康德伦理学的原初主张。

1.4 本书的基本思路

本书主要聚焦于康德伦理学和后果主义伦理学之间的关系。以此为目标，本书分为两个部分，第一部分梳理和分析当代英语世界的各种康德式的后果主义理论，第二部分尝试构建一种新的康德式至善后果主义。本书最终的结论是：虽然康德本人并非后果主义者，但是他的至善学说无论是在价值论还是在规范论上都蕴含着一种后果主义解读的可能性，因而完全可以从中提炼出一种康德式的至善后果主义。

在具体的章节划分上，第 1 章是导论，主要概述规范伦理学中的两个重要代表康德主义和后果主义，及其相互关系。其中，1.1 概述从古典功利主义到现代后果主义的发展史，以及后果主义伦理学的基本特征；1.2 概述康德伦理学和当代新康德主义者的各种版本的康德式伦理学；1.3 概述各种版本的尝试把康德伦理学和后果主义伦理学结合起来的康德式后果主义；1.4 概述本书写作的主要思路。

从第 2 章到第 5 章，本书主要讨论各种版本的康德式后果主义。第 2

章主要讨论黑尔和海萨尼版本的康德式后果主义。其中，2.1 讨论康德关于理性和规则的理论；2.2 讨论黑尔从理性的普遍规定主义的元伦理学出发对康德伦理学所做的功利主义解读；2.3 讨论海萨尼在康德和黑尔的基础上提出的基于理性偏好的规则功利主义理论；2.4 总结黑尔和海萨尼理论的意义和局限。

第 3 章主要讨论帕菲特的康德式契约论后果主义。其中，3.1 讨论康德伦理学对形式原则和质料原则的区分；3.2 讨论帕菲特对康德形式主义伦理学所面临的困境的揭示；3.3 讨论帕菲特对康德伦理学的契约论和后果主义改造；3.4 讨论帕菲特所建构的"康德式的契约论后果主义"；3.5 讨论针对帕菲特理论的反驳及其回应。

第 4 章主要讨论卡米斯基的康德式的义务论后果主义。其中，4.1 讨论康德的目的和价值理论；4.2 梳理卡米斯基对康德伦理学所做的两个层面的划分；4.3 讨论卡米斯基的康德式双层价值理论；4.4 讨论卡米斯基提炼出来的康德式的义务论后果主义；4.5 讨论对卡米斯基理论的反驳及其回应；4.6 对卡米斯基理论的意义和局限进行评价。

第 5 章主要讨论里奇和卡根的康德式的后果主义。其中，5.1 讨论当代道德哲学中关于行为者中心和行为者中立的区分，以及当代道德哲学关于康德伦理学是行为者中立还是行为者中心的争论；5.2 讨论里奇在行为者中立和目的论基础上建立的康德式的后果主义；5.3 讨论卡根的无约束的康德式后果主义；5.4 对里奇和卡根的康德式的后果主义的意义与局限进行评价。

从第 6 章到第 8 章，本书将尝试建构一种新的康德式的至善后果主义。第 6 章讨论康德的至善目的论。其中，6.1 讨论康德的"道德目的"概念；6.2 讨论作为目的的"幸福"概念；6.3 讨论至善作为德性与幸福之联结和作为历史目的的理论；6.4 探讨至善与一种后果主义考量的可能性。

第 7 章尝试建立一种新的康德式的至善后果主义。其中，7.1 讨论至善作为一种价值承诺的可能性；7.2 讨论至善作为一种道德义务的可能性；7.3 在总结 7.1 和 7.2 的基础上，提出一种康德式的至善后果主义，并提炼其核心内涵和特征。

　　第 8 章主要讨论实现康德式的至善后果主义的可能性。其中，8.1 讨论康德著名的"应当意味着能够"这一命题的含义；8.2 讨论"应当"何以"能够"这一问题；8.3 讨论"应当"却"不能够"或"能够不"的原因；8.4 讨论"应当意味着能够"与康德关于两个世界的划分之间的关系；8.5 讨论"应当意味着能够"这一命题与实现至善的可能性之间的关系；8.6 总结出：一种康德式的至善后果主义，完全可以把促进至善之实现的义务看作一个真实而非虚幻的义务，而实现至善的可能性也并非毫无根据的臆想，而是植根于实践理性对未来的完美社会的必要要求以及对其前提条件的公设之上的。

　　本书的第 9 章为结语，主要总结前面各章所得出的结论，指出新的康德式的至善后果主义所具有的理论和现实意义。

上
编

2. 理性、规则与康德式的后果主义

康德伦理学的一个显著特征，就是强调规则的普遍性和绝对性。在康德看来，要保证道德规则的普遍有效性，这些规则就不能从经验中得来，因为经验总是个别的和有限的；也不能从人的现实目的中得来，因为人的现实目的也只具有私人的而非普遍的有效性。因此，康德特别强调理性在颁布道德法则中的作用。在他看来，人具有纯粹的实践理性，而纯粹实践理性能够不依赖于任何经验质料要素而给人颁布先天的普遍法则，只有出于对普遍法则的敬重的行为，才具有真正的道德价值。康德对理性和法则的强调，对后果主义的当代发展产生了重大影响，当代的许多规则后果主义者，如布兰特、海萨尼和胡克等，都借鉴了康德的理性和规则（或法则）概念，来修正由行为后果主义轻视规则所带来的理论困境，同时也尝试对康德伦理学做后果主义的解读。例如，黑尔和海萨尼在综合康德伦理学和功利主义的基础上，一方面提出了一种基于理性偏好的功利主义，另一方面捍卫了规则的普遍有效性。其中，黑尔指出，康德伦理学在元伦理学层面的理性主义、规定主义和普遍主义立场，和功利主义的元伦理学立场并无冲突；而从理性的统一性上看，康德在元伦理学层面上的这些立场，应该使他导向规范伦理学层面的功利主义而非义务论。这样，黑尔试图把康德解释为一个功利主义者而非义务论者。而海萨尼则在黑尔的基础上，提出了一种关于理性偏好的规则后果主义理论，并详细比较了规则后果主义相对于行为后果主义所具有的优势。鉴于此，本章将分为四个部分。其中，2.1 讨论康德对理性和规则的论述，2.2 讨论黑尔对康德伦理学的功利主义解读，2.3 讨论海萨尼的康德式规则功利主义，2.4 将对黑尔和海萨尼的理论进行总结。

2.1 康德论理性与规则

在康德哲学中，"理性"是一个核心概念，他的许多著作都以理性为考察对象的。在《纯粹理性批判》的序言中，康德就明确提出，其先验哲学的主要意图就是对人类的理性能力进行批判，这种批判"并不是对某些书或者体系的批判，而是就它独立于一切经验能够追求的一切知识而言对一般理性能力的批判"（A：XII）。也就是说，康德给自己设定的主要使命就是，研究人类理性能力的来源及其限度。

康德把理性理解为一种能够提供先天原则的能力，进而又把理性的运用区分为理论运用和实践运用。在理论运用中，理性又可以细分为知性和思辨理性。其中，前者是思维或概念的能力，它虽然包含先天的认识规则，但是这些规则必须被运用于经验对象之上，从而构成具有客观必然性的知识；而后者试图超越经验的范围，把人类的认识扩展到对超验客体如上帝、自由和不朽的认识上，它无法获得客观必然的知识，带来的只是一些先验的幻相。通过对理论理性的研究，康德为人类的科学知识确定了范围或限度。

对于人类理性的实践运用来说，康德从人们都能够意识到的普遍道德法则这一理性的事实出发，指出纯粹理性本身就是实践的，它能够颁布普遍有效的道德法则，从而为人们的道德行为提供先天的依据。在《道德形而上学奠基》中，康德甚至指出，人被赋予了理性，而"理性的真正使命必定是产生一个并非在其他意图中作为手段，而是就自身而言就是善的意志"（4：396）。也就是说，人类理性在实践方面的真正运用，就是通过自身颁布的法则来规定人类意志。

康德进一步指出，虽然纯粹实践理性能够颁布普遍的道德法则，但是人并非总是按照道德法则来行动的，因为人虽然是理性存在者，但他并非像上帝那样是完善的或无限的理性存在者，而是有限的理性存在者，人很多时候会依照违背道德法则的准则去行动。准则只是行动的主观原则，而法则才是行动的客观原则，主观原则并不必然与客观原则相一致。康德说道：

> 如果条件仅仅被主体视为对他自己的意志有效的，那么，这些原理就是主观的，或者是一些准则；但是，如果条件被认识为客观的，亦即对每一个有理性的存在者的意志都是有效的，那么，这些原理就是客观的，或者是一些实践的法则。（5:19）

这段话表明，道德法则对人虽然具有客观的必然性，但缺乏主观的必然性。人在主观上确实存在不按照普遍的道德法则，而按照只对自身有效的准则去行动的可能性。

因此，在康德看来，道德法则若能够真正发挥效力，就必须以定言命令的形式与意志的主观准则发生关系。所谓"定言命令"，就是"不与任何一个意图相关，亦即无须任何别的目的，自身就宣称行为是客观必然的，所以被视为一个必然的实践原则"（4:415）。也就是说，"它不涉及行为的质料及其应有的结果，而是涉及行为由以产生的形式和原则，行为的根本善在于意念，而不管其结果如何。这种命令式可以叫作道德的命令式"（4:416）。这两段话表明，道德法则作为定言命令，其客观有效性不依赖于质料和后果，而只依赖于纯粹实践理性的先天命令。这种法则不同于技巧的规则和机智的建议。技巧的规则只考察为了达到目的人们必须做什么，而根本不问目的本身是否是必然的和正当的。康德举了一个很典型的例子来说明这种技巧的规则，即医生使病人康复的处方和投毒者杀死人的毒药配方——就其都可以满足人想要的目的来说，二者具有相同的价值（4:415）。机智的建议虽然包含某种必然性，但"这种必然性唯有在主观偶然的条件下，即这个人还是那个人把这件事还是那件事算作自己的幸福时，才能有效"（4:416）。康德举例说道，如果建议一个人要在年轻时勤劳节俭，以免老时受穷，那么勤俭节约就是一种重要的实践规范或建议，但是这种建议是以某种非道德的目的（以免老时受穷）为前提的（5:20）。在康德看来，技巧的规则和机智的建议只能算作假言命令，它表示行为对于某种可能的或现实的目的来说是善的，行为本身受限于个别性的和经验性的目的，并不具有真正的普遍有效性；而道德法则作为定言命令，具有先天的和形式性的特征，因而具有客观必然性和普遍有效性。

通过对比道德法则与技术规则和实践建议的不同，康德提出了定言命令的基本命令式，即"要只按照你同时能够意愿它成为一个普遍法则的那个准则去行动"。这个命令式也被称为纯粹实践理性的基本法则，而纯粹实践理性通过这条基本法则向我们显示出，它"单凭自身就是实践的，并给予（人）一条我们称之为道德法则的普遍法则"（5：31）。也就是说，在康德看来，道德法则和纯粹实践理性之间是可以相互证明的。一方面，我们通过意识到有普遍的道德法则这一理性的事实而知道这种法则不可能来自经验性的质料和目的，只能来自纯粹实践理性的先天实践能力，而这就使我们通过道德法则而知道纯粹理性"单凭自身就是实践的"；另一方面，由于纯粹实践理性作为一种原理的能力能够不依赖于任何质料要素而先天地颁布普遍法则，我们就知道了道德法则能够不以任何经验性对象或目的为规定根据，而是来自纯粹实践理性的形式性立法。

可见，在康德那里，道德法则具有普遍有效性和客观必然性，而这些特点又与纯粹实践理性能够独立于一切经验要素而先天地颁布普遍法则有关。以此为基础，康德批判了以感性偏好或经验目的为规定根据的道德理论，认为它们都是建立在质料的基础上，都是以自爱为普遍原则的。"一切质料的实践原则，本身全都具有同一种性质，都隶属于自爱或者自己的幸福的普遍原则之下。"（5：22）这种自爱的原则以对客体或对象的实存的欲求为基础，并且与人对这种对象的感官感受（快乐或不快）相关，而不同的人甚至是同一个人在不同的时间对于快乐和不快都会有不同的感受。因此，这种建立在感性情感基础上的原则是不适合作为普遍的道德法则的。康德总结道：

> 因为尽管幸福的概念到处都是客体与欲求能力的实践关系的基础，但它却毕竟只是主观的规定根据的普遍称号，并不特别地规定任何东

西。而这却是在这一实践的任务中唯一涉及的东西，而且没有这样的规定，这个实践的任务就根本不能得到解决。也就是说，每个人要把自己的幸福设定在何处，取决于每个人自己特殊的快乐和不快的情感，甚至在同一个主体里面也取决于根据这种情感的变化而各不相同的需要。因此，一个主观上必然的法则（作为自然法则）在客观上就是一个极其偶然的实践原则，它在不同的主体中可以而且必然是很不同的。所以，它永远不能充当一个法则，因为对幸福的欲望来说，事情并不取决于合法则性的形式，而是仅仅取决于质料，亦即我在遵循法则时是否可以期望得到快乐，亦即可以期望得到多少快乐。(5:25)

从康德对实践理性、苦乐体验和道德法则的讨论可知，他与古典功利主义者的道德立场是有明显区别的。古典功利主义者以经验主义为基础，把对快乐和痛苦的感受性当作前提，提出"最大多数人的最大幸福"原则。而康德以理性主义为基础，提出了以定言命令式来表达的道德原则。

这里的问题是，既然康德伦理学和功利主义具有如此大的差异，那么二者是否像一些人认为的那样是完全对立、毫无共同之处的呢？黑尔和海萨尼都不同意这种看法，他们把康德伦理学关于理性和法则的理论和古典功利主义的价值理论相结合，提出了新的规则功利主义思想。黑尔指出，康德伦理学的理性主义、规定主义和普遍主义等特征，与他自己从元伦理学立场出发建立的功利主义是相容的；而从理性的一致性上看，康德在规范论上更应该是一个功利主义者而非义务论者。海萨尼则通过借鉴康德的"理性"和"道德法则"概念，发展出了一种基于理性偏好的规则功利主义，并试图用它来克服古典的行为功利主义的弊端。

2.2 黑尔对康德的功利主义解读

针对现代道德哲学中盛行的把康德伦理学和功利主义对立起来的观点，黑尔提出了异议。他从元伦理学层面指出，康德伦理学与功利主义相容；从规范伦理学层面指出，康德伦理学应当导向一种功利主义而非义务论。他因此得出结论：康德不但可以是而且应当是一个"理性意志的功利主义者"。①

2.2.1 理性主义与"普遍规定主义"是黑尔元伦理学的标志性主张

在黑尔看来，无论是功利主义还是康德伦理学都涉及两个层面的问题，其中一个是元伦理学层面的问题，它考察诸如"什么是善""什么是行为正当的道德理由"或"道德判断的特征是什么"等问题，黑尔也把它称作"纯粹伦理学"②或者"形式的部分"③；另一个涉及规范伦理学层面的问题，它考察"如何实现善""如何道德上正当地行动"或"普遍规范如何适用于具体情境"等问题，黑尔也把它称作"应用伦理学"④或者"质料的部分"⑤。黑尔分析道，那种认为"康德伦理学是形式的，而功利主义是质料的"的观点，实际上是把这两个层面混为一谈了。如果我们分别从这两个层面思考康德伦理学和功利主义就会看到，康德伦理学不但与功利主义相容，而且前者必然指向一种功利主义，因而康德可以是也应当是一个功利主义者。

在纯粹伦理学或者形式方面，黑尔认为，康德伦理学与功利主义至少共享三个主要观点，即理性主义、规定主义和普遍主义的观点。

首先，康德伦理学和功利主义都是理性主义的。康德伦理学的理性主义表现在，当他讨论"善"和"正当"概念时，他反对经验主义和后果主义的解释，后者往往事先预设了一个作为后果的目的或价值，并把它看作内在的善，认为它不仅在逻辑上优先于正当，而且是行为正当的基础，认

---

① 参见 Hare, "Could Kant Have Been a Utilitarian?", p. 4。

② Ibid., p. 15.

③ Hare, *Moral Thinking: Its Levels, Method, and Point*, Clarendon, 1981, p. 4.

④ Hare, "Could Kant Have Been a Utilitarian?", p. 15.

⑤ Hare, *Moral Thinking: Its Levels, Method, and Point*, p. 4.

为只有促进这些功利后果的行为才具有道德价值。而康德在讨论这些概念时，并不事先预设一个作为后果的目的或价值。在康德那里，意志的欲求对象作为质料要素，不能作为意志的规定根据；相反，只有纯粹实践理性颁布的形式性的道德法则，才适合作为意志的规定根据。相应地，意志之所以是善良的，不是因为它适宜于达到某种目的或后果，而是因为它能够通过意愿自己主观的行为准则成为普遍的道德法则，使自身成为实践理性（4∶412），最终成为行为正当性的基础。黑尔接受了康德的这一观点，认为当功利主义者讨论其"偏好"概念时，也应当排除偏好的任何具体内容，使自身的规定理性化和普遍化。黑尔说道：

> 一个人意欲这个或那个，这是一个经验事实；他偏好这个或那个，同样是一个经验事实。但是，不论其意欲或偏好什么，意志和偏好的形式是相同的。对于绝对命令和道德命令来说，功利主义者和康德都能同意，形式必须是普遍的。对康德和功利主义者来说，对意志只有形式上的限制。[1]

在黑尔看来，功利主义者完全可以和康德一样，拥有一种理性主义和形式主义的元伦理学理论：

> 没有什么阻止一个功利主义者以与康德相同的方式分配其探究，正如他清晰地做出的，也如我自己所做的。一个功利主义的体系也具有一个纯粹的形式部分，在我看来，这只需要依赖道德概念的逻辑特性。它实际上处理"偏好"概念（它是否不同于"意志"概念需要进一步讨论）；但是并不设定偏好具有任何特殊内容。人们偏好什么，这是一件经验性的事情。一旦我们开始运用我们的推理体系，它必须是确定的。但是，为了建立体系，我们不需要假设人们偏好一件或另一

---

① Hare, "Could Kant Have Been a Utilitarian?", p. 13.

件事情；也就是说，在建立体系时，我们仅只看人们偏好的形式，而非内容。[1]

很明显，黑尔提出的与康德伦理学相容的功利主义，并非如边沁和密尔等经典功利主义者所倡导的奠基于经验的快乐（幸福）之上的功利主义，而是一种基于理性偏好的功利主义，这种理性偏好功利主义也是海萨尼等现代功利主义者所倡导的。[2] 正如福斯勒（S. Forschler）所看到的，黑尔并不是要把康德伦理学与一般功利主义理论相连接，而是将其与一种特殊种类的具有"理性目的"的功利主义相容。这种功利主义排斥功利计算中的非道德（非理性）目的的满足，因为"康德和黑尔都认为，规则必须来自实践理性的需要，二者都可以被称作'伦理理性主义'"[3]。

其次，黑尔认为，康德伦理学和功利主义都是规定主义的。所谓"规定主义"，在黑尔那里就是说，道德语言和道德判断虽然也有描述功能，但它们主要是规定性的，都在表达一种赞成的规定、评价或态度。黑尔认为，康德伦理学明显是规定主义的，他的"意志自律"概念以某种方式表达了这种规定主义。在康德那里，意志自律就意味着意志自己给自己颁布法则，"采纳一种态度、评价或规定，是自律意志的一种功能，用康德的话说，它只受'使自身适合成为普遍法则的准则'限制"[4]。黑尔认为，康德的"自律"概念与自己的"普遍规定"概念在本质上并没有什么不同。他论证道：

我们的意志原初自由地欲求我们想要的任何东西。我们并不因为这个或那个是什么就被限制欲求这个或那个。意志只被康德称作"适

① Hare, "Could Kant Have Been a Utilitarian?", p. 13.

② 参见 Harsanyi, "Morality and the Theory of Rational Behaviour", pp. 39–62。

③ Forschler, "Kant and Consequentialist Ethics: The Gap Can Be Bridged", *Metaphilosophy* 2013, 44(1–2), pp. 88–104.

④ Hare, "Universal Prescriptivism", in Singer ed., *A Companion to Ethics*, Blackwell, 1991, pp. 451–463.

合成为普遍法则的准则"的东西所限制。这就是绝对命令的"自律"公式所蕴含的东西。也就是说，只有我们欲求的东西的普遍形式，而非内容，限制我们。内容由意志本身提出。意志只接受其意愿可以被普遍欲求的内容或客体。这与我自己说道德判断必须是普遍规定时所表述的是同一学说。[1]

黑尔进一步指出，真正的功利主义理论也必须与康德伦理学一样是规定主义的，因为对功利原则来说，得到最大化满足的功利目的必须由理性选择来决定。因此，我们要有决定标准，而这种标准就是理性的规定。此外，由于功利原则只是最高原则，它必须还有一些具体的规则，因此在制定具体规则时，真正的功利主义也必须借鉴康德，因为康德关于意志自律的理论可以为功利主义提供理性规定的具体规则。

再次，黑尔认为，康德伦理学和功利主义都是普遍主义的。康德伦理学的普遍主义主要体现在他对绝对命令的讨论中。在康德那里，绝对命令的普遍法则公式，即"要只按照你同时能够意愿它成为一个普遍法则的那个准则去行动"这一公式，体现了道德法则的普遍性和绝对性。黑尔认为，功利主义者与康德一样追求普遍主义。例如，边沁的"每个人都算作一个，没有人可以算作多于一个"的主张，与康德的普遍法则公式就具有紧密关系。[2]而密尔也赞赏康德追寻普遍的道德原则的努力，他只是认为康德在从原则中推演具体义务时犯了错误，他要做的是一以贯之地证明功利原则之为普遍原理的正当性。[3]黑尔把普遍主义分为两种，一种是关于实质的道德原则的可普遍化，就如在康德和密尔那里一样；另一种是关于语言逻辑的可普遍化，即道德判断和道德语言的可普遍化，这是黑尔所强调的。他认为，根据"可普遍化"这一理论的要求，如果我们对这个处境做出任何道

---

① Hare, "Could Kant Have Been a Utilitarian?", p. 12.

② 参见 Hare, *Moral Thinking: It's Levels, Method, and Point*, p. 4。

③ 参见 Mill, "Utilitarianism", in West ed., *The Blackwell Guide to Mill's Utilitarianism*, Blackwell, 2006, p. 65。

德判断，我们就必须准备对任何其他相似的处境做同样的判断。① 也就是说，当说某人在某种情形下应该做某事时，使用"应当"这一道德词语的人必须承认自己承诺了一个普遍的规定原则，这个原则对所有处于相似处境的人来说都是适用的。黑尔举例解释道：

> 有 a 和 b 两个个体，如果说 a 应当在与特殊个体无关的特定情形下把普遍的条款具体化，但 b 却不应当在相似的情况下这样做，那么这就是逻辑不一致的。这是因为，任何"应当"陈述中都包含着一个原则，这个原则认为，陈述精确地应用于所有相似情形。②

黑尔认为，康德的绝对命令所要求的普遍性与他自己的普遍主义理论是相容的；不过，康德的普遍法则公式强调道德原则的普遍性，而非道德判断和道德语言的规定的普遍性。他进一步指出，如果把康德的公式解释为道德陈述的逻辑普遍性，那么康德的公式就与自己的理论一致了。"如果把康德的普遍命令理解为对这种矛盾的指责（一个人应当以某种方式去行动，但却说'其他人不要这样做'），那么康德的原则就是对普遍主义逻辑命题的结果的陈述。在这种解释中，意愿（这是康德最难捉摸的概念之一）被认为大致等于'对命令的断言'。"③ 因此，在黑尔看来，在寻求普遍规定方面，功利主义完全可以是康德主义的，而他自己就是一个"康德式的非描述④

---

① 参见 Hare, *Moral Thinking: Its Levels, Method, and Point*, p. 42。
② Hare, "Universal Prescriptivism", pp. 451–463.
③ Hare, *Freedom and Reason*, Clarendon, 1963, p. 34.
④ 黑尔这里所说的"非描述"，是相对于前面所述的"规定性"而言的。在黑尔看来，描述主义认为，道德判断或道德语言是对某种（自然主义的或非自然主义的）道德实在的描述，它表现为以密尔为代表的自然主义和以摩尔为代表的直觉主义。参见 Hare, *Moral Thinking: Its Levels, Method, and Point*, p. 76。而规定主义作为一种非描述主义，认为道德判断或道德语言并不预设某种道德实在，因而也不是对道德实在的描述。相反，它认为道德判断或道德语言包含着命令的特性，因而具有规定性。参见 Hare, *Moral Thinking: Its Levels, Method, and Point*, p. 21。

的功利主义者"。[①]

总之，在黑尔看来，从元伦理学层面来看，康德伦理学与功利主义并非像人们想象的那样是相互冲突的，因为二者都可以是包含普遍规定和理性主义的。黑尔总结道：

> 关于道德思维的逻辑的概念要点是，道德陈述在其核心使用上是表达规定，并且它们必须是可普遍化的。对这一点的承认导向一种康德主义者和功利主义者同时承认的方法。如我们知道的，在做道德判断时，我们对所有相似的情形进行普遍的规定，那么我们将不会为其他人规定那种我们不准备同样施加在我们身上的规定。这将引导我们给予所有人的偏好以同等的权重，因为我们将给予他们的偏好和我们的偏好以同等的权重，并且它当然是实证的。因此，我们将会像功利主义者一样，把每个人都算作一个，且没有人可以算作多于一个，并将会尽力最大化对每一个人的偏好的满足，不偏不倚地对待他们。并且，我们也会像康德主义者一样，通过意愿我的准则能够成为普遍法则来行动；我们将把我们自己的人性和他人的人性看作目的；我们将这样行动，就像我们是目的王国的立法成员一样。[②]

鉴于此，黑尔指出，把康德排除在功利主义者之外就是没有道理的，因为"在其理论与功利主义是相容的意义上，康德可以是一个功利主义者"[③]。

---

① 德马科、福克斯编：《现代世界伦理学新趋向》，石毓彬等译，中国青年出版社，1990年，第 276 页。吉伯德（A. Gibbard）也看到，就把道德判断看作对一种特殊命令的表达，以及认为道德判断和道德推理在本性上必须得出使所有人都同意的结论而言，黑尔和康德的观点是相似的。参见 Gibbard, "Hare's Analysis of 'Ought' and Its Implication", in Seanor and Fotion eds., *Hare and Critics: Essays on Moral Thinking*, Oxford University Press, 1988, p. 57.

② Hare, *Political Morality*, Clarendon, 1989, pp. 128–129.

③ Hare, "Could Kant Have Been a Utilitarian?", p. 8.

2.2.2 普遍规定主义与功利主义

如果说在元伦理学层面，黑尔只是证明了康德伦理学可以与功利主义相容，或者说彼此不冲突的话，那么在规范伦理学层面，或者说在质料或应用伦理学层面，黑尔认为，康德伦理学应当导向功利主义而非义务论。

黑尔首先指出，元伦理学层面的普遍规定主义必然导向规范伦理学层面的功利主义。这是因为，普遍规定主义要求我们在具体情况下既追求平等化，又追求最大化，而这二者正是功利主义的最主要特征。普遍规定主义意义上的平等化，意味着"为所有情况、各种规则主导下的所有利益所有者的平均利益赋予同等权重"①。这和边沁"每个人都是一个而不是更多"的主张是一致的。更进一步，黑尔指出，普遍规定主义的平等化必然要求最大化，因为当行动涉及许多团体的利益时，我们能够设想到的具有普遍规定的行动方式必然是使尽可能多的团体的利益得到最大化的选择。"追求最大多数团体的利益，即最大化所有人群的总体利益，这就是经典的功利主义原理。"②

也许会有人批评说，在日常生活中，人们通常是按照通行的道德义务或规则去行动的，他们并没有进行功利计算，因而在这种情况下，人们是按照义务论而非功利主义来行动的。但黑尔认为，义务并不具有最终的解释力，它只有依靠功利原则才能得到正确的解释：

> 对于我来说，真正的道德思考发生在批判的层面，并且是功利主义的；在直觉层面发生的东西只是帮助我们最大化地和整体地履行我们的功利主义义务的工具，这义务是由批判的思考所决定的。我们使自己变成善良之人，履行我们的义务，并非为了自身的缘故，而是因为这有助于最大的善。③

---

① Hare, "Ethical Theory and Utilitarianism", in Sen and Williams eds., *Utilitarianism and Beyond*, pp. 23–38.

② Ibid.

③ Hare, "Could Kant Have Been a Utilitarian?", p. 10.

黑尔把人们通常出于道德常识或义务规则而行动的思维模式称为一阶的直觉思维模式，把对这种直觉思维模式进行批判性考察的思维模式称为二阶的批判思维模式。他进一步指出，这两种思维模式在我们的道德思维中都是存在的。其中，直觉层面的思维模式是可以和规则功利主义相容的，因为人们通常所依据的义务或规则大多不和功利主义相冲突，或者说也都是经过功利主义原则的检验的；而批判层面的思维模式是与行为功利主义相容的，因为批判思维只发生在直觉层面的义务发生冲突的特殊或偶然时刻，这时批判思考需要具体考察具体行为选项所产生的效用净余额，因而是一种行为功利主义的思考方式。这样，黑尔认为，道德思维虽然可以表现为直觉和批判两个层面，但最终还是依赖于批判层面，或者说批判层面具有优先性。这种优先性表现为两个方面：一方面，批判思维设法选取最好的一组初始原则来用于直觉思维；另一方面，当这些初始原则"偶然地"互相冲突时，也要求助于批判思维来消解这些冲突。① 因此，在黑尔看来，所谓"道德义务的冲突"只能发生在直觉思维的层面；如果我们求助于批判思维，那么这些冲突都可以被消解。当然，正如以上所述，批判思维只能是功利主义式的，因为批判地思考的人所要做的，无非就是找出一个道德判断；这个判断不仅是自己为这种冲突的处境所准备的，也是为其他所有人所处的相似处境所准备的，而"如果总的来说，该判断并不是对于每个人都是最好的话，那么它就不会为他所接受"②。黑尔总结道，普遍规定主义的逻辑方法所导致的最终结果，就是引导人们在批判思维中做出一些与谨慎的功利主义者相同的道德判断。

---

① 参见 Hare, *Moral Thinking: Its Levels, Method, and Point*, pp. 49-50。这里对黑尔的双层功利主义的分析，有助于澄清对黑尔的一种错误理解。这种错误理解认为，黑尔在直觉层面坚持规则功利主义，在批判层面坚持行为功利主义。这只不过是对两种观点的杂糅和混淆。其实，通过黑尔对批判层面的优先性的强调可以看出，他虽然不否认规则功利主义，甚至认为它是很有意义的（当然仅限于直觉层面），但他最终还是一个行为功利主义者，因为当批判地考察具体的义务冲突时，黑尔依据的仍然是行为本身所带来的功利的总体净余额的大小。参见 1.1.2 的论述。

② Ibid., p. 42.

　　海萨尼质疑了黑尔从道德判断和道德语言的规定主义和普遍主义出发来得出双层功利主义的做法。海萨尼指出，对于我们应当采纳何种形式的功利主义这样的问题来说，仅仅依赖语言分析是很难提供真正有效的帮助的，因为它不能帮助我们决定在进行功利计算时是否应该把人们的反社会偏好计算在内，不能帮助我们决定在何种程度上应该采用行为功利主义或规则功利主义，不能帮助我们决定在进行功利计算时应该给予还没有出生的孩子多大的考量。[①]对于海萨尼的功利主义理论，我将在下一节进行详细讨论，这里只针对他对黑尔的批评做出评论。一方面，海萨尼的批评有合理之处。正如他指出的，人们能够在直觉层面上和黑尔达成一致，即采纳规则功利主义的立场；但是在批判层面上，为什么要采纳行为功利主义而非规则功利主义，这并不是依靠对道德判断和道德语言进行分析就可以得出结论的；它涉及对相关选项所造成的预期社会整体福利后果的计算，而在进行计算时，对于需要采纳哪些要素和排除哪些要素，这些复杂的考虑都是语言分析所无法解决的。但是另一方面，海萨尼的批评也有其偏颇之处。对于黑尔来说，只要普遍主义和规定主义能够得出功利主义的规范原则，那么其语言分析的元伦理学所要达到的规范伦理学目标就已经达到了。至于在批判的层面上要采取行为功利主义还是规则功利主义，这已经不是语言分析所要解决的问题，而是人们对现实世界的道德困境进行道德思考和衡量的后果。从中也可以看出，海萨尼和黑尔的争论的焦点，其实并不在于普遍主义和规定主义能否得出功利主义的问题，而在于人们应该采纳行为功利主义还是规则功利主义的问题；其中，黑尔倾向于选择前者，而海萨尼倾向于选择后者。

　　总之，在黑尔看来，如果在质料的层面上坚持功利主义，那么这将使得我们不仅要思考道德语言的逻辑特性，而且要思考我们的道德行为将会影响到的人们的偏好。而这些偏好是具体的和经验的，它同时使得我们的

---

① 参见 Harsanyi, "Problems with Act-utilitarianism and with Malevolent Preference", in Seanor and Fotion eds., *Hare and Critics: Essays on Moral Thinking*, pp. 90, 98-99。

道德思考更加接近现实世界。因此，功利主义是普遍规定主义的必然结果。正如内格尔所总结的，黑尔相信，"当我们同时把我们自己置于所有受一种普遍法则所影响的假定地位中时，解决我们想象的利益之间之冲突的唯一合理的方式，就是合计所有的好处与不利，并择出带来最明确的总体净余额的原则"①。

2.2.3 康德应当是功利主义者

黑尔进而指出，既然普遍规定主义的元伦理必然导向规范伦理学层面上的功利主义者，那么在元伦理学层面上主张普遍规定主义的康德也不应当例外，他的理性意志和绝对命令的普遍规定主义也将必然导向功利主义，一种理性意志的功利主义。

但是，有一种反对意见认为，在规范伦理学层面，康德是义务论者而非后果论者，而功利主义是后果论者；因此，说康德应当是功利主义者的观点是错误的。黑尔认为，这种反对意见是不成立的，康德也可以是一个后果论者，只是这个后果论需要被重新建构或解释。黑尔首先指出，康德和功利主义者都既坚持形式的普遍性，又坚持质料的具体性，他们都不否认质料要素对行为的限制。在形式层面上，人们可以与康德一起说，唯一无条件善的事物就是善良意志，这意味着人们是依据其意图而非行动的后果被判断的。但是在现实层面上，善良意志总是与其欲求对象或者说与其行动的后果相关，抑或说，善良意志总是要产生确定后果的意志。因此，在质料层面上，善良意志之所以是善良的，恰恰是由于其后果。所以，后果也是具有重要道德意义的，它在现实层面上规定意志。黑尔说道：

> 因此，在这种慎思过程中被构成的意志自身，就是一种产生确定后果的意志。它们是被意欲的东西——意愿的客体，如康德所称呼的那样。因此，尽管无条件善的东西是善良意志，但使善良意志善良的

---

① 内格尔：《平等与偏倚性》，谭安奎译，商务印书馆，2016年，第48页。

东西是被（自律地、普遍地、理性地和公正地）意欲的东西，是想要的后果。[①]

但是，黑尔随即又指出，在这里，并非所有后果都应该被考虑在内，因为并非行动的所有后果都是与道德有关的，康德和所有功利主义者也都必然不会这样认为。在黑尔看来，后果与道德的相关性依赖于道德原则的具体运用（相关的后果是那种原则所要求或禁止一个人去实现的后果）。[②]可见，黑尔这里所重构的后果，并非人们通常意义上理解的首先独立于道德原则并进而决定道德原则的后果，而是依赖于道德原则的具体运用的后果。

黑尔承认，虽然从理论一致性上来看，康德可以也应当成为一个功利主义者，然而他实际上并不是功利主义者，而是一个义务论者。康德的义务论者身份，主要体现在他对"义务"概念的强调以及他对功利主义后果论的批判中。在《道德形而上学奠基》中，康德首先把义务定义为"出于对道德法则的尊重而来的行动的必然性"，进而通过区分出于义务和合乎义务来强化自己的义务论立场。在康德那里，合乎义务的行为可能出自自利的意图，例如一个商人之所以诚实守信，只不过是为了吸引更多的顾客，获得更多的利益，这样的诚实守信在康德看来是没有道德价值的。相反，如果一个商人只是出于对诚实守信的义务的尊重而守信，而不管它能够给自己带来的后果如何，那么这就是出于义务的行为，是具有道德价值的行为，而后果的好坏并不影响行为的道德价值。黑尔认为，康德的义务论立场使得他一方面承认任何具体的行为都包含目的等质料要素，另一方面又通过强调行为的道德价值在于它出于对道德法则的尊重而非后果（这是黑尔也承认的）而完全排除了质料要素（这是黑尔不赞同的）。这种义务论立场自身陷入了无法容纳质料要素的困境之中，因而是不必要的。相反，如果康德坚持功利主义，他就会发现，与义务论相比，功利主义能够更好地

---

① Hare, "Could Kant Have Been a Utilitarian?", p. 4.

② 参见 ibid., p. 16。

解释人们的具体行为，因为功利主义承认，既然没有无目的的行为，那么目的肯定对行为有影响。因此，人们要做的就不是否认这种影响，而是恰当地思考这种影响。在黑尔看来，从康德的普遍性理论中是能够发展出这种功利主义目的论的。例如，我们可把普遍法则公式表述为："如果我想普遍化我的准则，就必须寻求使所有人的目的平等地与我的目的相一致。"①

黑尔进一步指出，康德的这种不一致更加明显地体现于《道德形而上学奠基》对具体义务的划分和解释中。在那里，康德提出了四种义务，即对自己的完全义务（如不许自杀）和不完全义务（如自我完善）、对他人的完全义务（如信守承诺）和不完全义务（如帮助他人）。黑尔指出，康德的自我完善、信守承诺和帮助他人的案例与功利主义是相容的，因为功利主义同样赞同这些义务。② 例如，在讨论完善案例时，黑尔指出，即便康德所谈论的我们追求的完善是一种形式而非内容，我们也可以这样解释它：

> 一个道德完善的品格或善良意志，正如他所看到的，通过其依照绝对命令的普遍法则的自身框架是一种形式的。在寻求道德完善的过程中，我们是在寻求使我们的意志在这个意义上变得善良。……善良意志的道德完善是一种形式的完善，这种形式是实践的爱的形式，这是功利主义的，因为它寻求公正地促进所有目的。图表中的"质料要素"，都直接或间接地来自这个源泉。③

在黑尔看来，只有第一个案例（不许自杀）是唯一不能用功利主义方式来处理的案例，也是体现康德的义务论论证与其普遍理性主义的元伦理学明显相冲突的案例。"反对自杀如果是有效的，它也与反对违背承诺和非仁慈不同。把我自己看作由我自己来处置，就是不去挫败我的意愿的目的。"④

---

① Hare, "Could Kant Have Been a Utilitarian?", p. 15.
② 参见 ibid., p. 7。
③ Ibid., p. 3.
④ Ibid., p. 9.

因此，从康德的自律原则出发，是得不出反对自杀的主张的。黑尔认为，康德反对自杀，不是其理论的必然结果，而是康德幼年时期所受的虔信派教育所致。他说道：

> 或许康德在这里又回到了他年轻时听到的东西，即人之被创造为人，就是去履行上帝赋予的目的，因此不能通过不履行上帝的目的来违背上帝的意志。但是，这一论证依据的是一个他后来反对的他律原则的论证。这不能通过简单地用"我自己"代替"上帝"，就让他律原则变成了自律原则。这是因为，如果这不是上帝的意志，而是我的被命令的意志的话，那么在一个连续的目的序列中，在这些特殊的环境下，是可以选择自杀的。①

出于对康德的这种理解，黑尔得出结论说，在处理类似"不许自杀"这样的案例时，康德是误入歧途的，他已经把自己的论证运用于超出可普遍化的某种正当范围之外了。

黑尔进一步指出，如果康德反过来从功利主义角度解释其案例，那么他就不会得出"不许自杀"的结论，因为"不许自杀"既不符合功利原则，也不符合普遍规定主义的理性要求。他的结论是，如果从功利主义出发，那么康德关于义务的矛盾论述将都会得到解决。

黑尔最后指出，康德之所以成为一个义务论者而非功利主义者，都可以归因于其成长的社会背景。在他看来，康德严格的虔信派的成长背景使他被赋予了一些好像与功利主义不同的道德观点。虔信派特别看重信仰者的道德品格，认为德性是人真正有信仰的前提。康德的个人生活方式好像也体现了虔信派的作风，他的生平可以用平淡无奇来形容。尽管家庭生活贫穷、社会地位低下，但像虔信主义者一样，康德高度重视道德操守：年轻时，他是一个勤奋的工作者和品行良好的社交人物；到了老年，康德是

---

① Hare, "Could Kant Have Been a Utilitarian?", p. 5.

一个博学的教授和仁慈的长者。在生活上，他清心寡欲，作息极有规律，一生从不逾越自己的本分。基于此，黑尔总结道：

> 因此，如我开始所说，在其理论与功利主义是相容的意义上，康德可以是一个功利主义者，但是在他的一些实践的道德判断中，他出身的严格主义使他导向了他的理论并不真正支持的论证。①

需要指出的是，虽然黑尔认为康德可以是甚至应当是一个功利主义者，但他仍然谨慎地指出，这并不是一个十分强式的主张，而是一个弱式的主张。他的目的并不是要人们完全把康德当作一个功利主义者来对待，或者说从康德的伦理学中得出一套完整的功利主义理论。他要表达的主要意图是，康德的理论并非与功利主义处于对立的两极，二者甚至在许多主要方面都是相容的。黑尔坦承，他的"有限的意图就是，使那些确信康德和他们站在一边反对功利主义的直觉主义者、义务论者和契约论者，更加谨慎地阅读他的（不可否认是费解的）文本。我确信，像我一样，他们至少也将会在其中发现许多功利主义的要素"②。

2.2.4 评　论

黑尔对康德的功利主义解释产生了巨大的影响和争论。一方面，诸如卡米斯基、海萨尼等研究者都同意黑尔，认为可以从康德的实践理性的普遍原则中发展出一种特殊形式的规则后果主义。另一方面，有许多学者反对黑尔的康德解释，例如迪恩（R. Dean）、诺登斯塔姆（T. Nordenstam）、特雷多（T. Terada）、蒂摩尔曼（J. Timmermann）、魏茵斯托克（D. Weinstock）都认为，康德和后果论之间有"鸿沟"。

可以清晰地看出，在解释康德伦理学和功利主义时，黑尔对康德伦理

---

① Hare, "Could Kant Have Been a Utilitarian?", pp. 5-6.

② Ibid., p. 8.

学和功利主义都进行了修正。首先，黑尔利用康德伦理学的资源修正了传统的功利主义，这表现为两个方面。一方面，传统的功利主义都开始于对既定的目的或价值的预定。但在黑尔看来，功利主义也可以像康德伦理学那样，不必事先假设有某种内在的关于幸福或目的的满足的善，进而解释为什么我们应该最大化地促进这种善。他反对任何基础的、内在的善的理念，而只是认为，我们坚持功利主义、寻求最大化功利的理由在于，它是坚持普遍规定主义的理性行动者可以做的唯一选择。另一方面，传统功利主义认为，功利价值完全独立于行为者，它只关注行为及其结果，而不关注具体的行为者及其动机。黑尔借鉴康德的义务论，明确反对只关注行为而忽视动机的做法，主张一切伦理理论在一定程度上都是基于动机和后果的。在此基础上，黑尔批判了功利主义者关于"善优先于正当"的信念。功利主义者的这个信念是说，善就在那里，它直接决定正当，人们是通过善而知道正当的。在黑尔看来，这是对善的一种直觉主义理解，是非理性主义的。与康德一样，他也拒绝这种对善和正当之关系的理解，认为并没有任何预先给定的目的或价值能够使道德决定优先于推理过程，只有那些通过了普遍化检验的才是道德上善的，是道德上应当追求的。黑尔借助康德伦理学表明，后果主义或功利主义也可以从意图、规定或者准则领域开始，但最终必须达到各种目的，因为目的对于区分行为者的现实状况及其动机来说都具有重要意义。其次，黑尔用功利主义修正了康德伦理学。在元伦理学层面，黑尔把康德关于道德原则的理性化和普遍化观点解释为道德判断和道德语言的理性化和普遍化，把康德那里实质性的道德原则问题转化为语言逻辑问题。在规范伦理学层面，他用功利主义取代了康德的义务论，认为康德在规范伦理学层面的义务论立场是与其元伦理学层面的立场相冲突的。相反，功利主义不仅与其普遍理性主义的元伦理学理论相容，而且更能够解释具体现实层面的诸多道德问题。福斯勒简要总结了黑尔的这种主张：

　　　黑尔想反对的是康德的义务论的严格主义的方向，康德的规范主张与规则功利主义的不相容无关于康德的理性主义与功利主义的相容。

黑尔认为，康德的义务论并不依据其理性基础，但功利主义原则会依据理性基础。功利主义赞同康德的理性主义，而非其义务论，康德的理性主义应导向功利主义而非义务论。[①]

然而，黑尔对康德伦理学的这种功利主义解读仍然坚持了功利主义与义务论之间必然相互对立的教条。它存在两大问题，其一，康德在元伦理学层面的普遍理性主义立场与其规范伦理学层面的义务论立场，并非如黑尔所言是相互冲突的。首先，在康德那里，义务体现的是对道德法则的尊重，而道德法则作为实践理性的命令，既是理性的，又是普遍规定的。因此，对"义务"概念的强调可以说是康德理性普遍主义的元伦理学的必然结果。其次，康德在具体质料层面探讨主观准则和普遍法则的关系时，采用的论证方式（使准则同时成为普遍的道德法则）也完全是形式化的，这也是与其元伦理学相一致的。再次，黑尔认为，康德的义务论立场并非来自其元伦理学理论，而是来自其幼年所受的虔信派教育，这也只是一种臆测，缺少令人信服的证据。不可否认，康德受虔信派影响很大。但是，康德的批判哲学体系是建立在严密的理性论证基础上的，作为其体系的重要环节，他的义务论的伦理学体系是其实践理性批判研究的必然结果。

黑尔对康德伦理学进行功利主义解释的第二个问题是，他把规范伦理学层面的义务论和功利主义对立起来了。其实，在规范伦理学的层面，康德的义务论也是能够和功利主义或后果主义相容的。在讨论具体义务时，康德从来没有否认目的或后果；相反，他认为任何具体的行动都包含着目的，而目的就是一个依照其表现而有待去实现的客体的概念（6:384）。康德明确指出，目的是人类意志和实践理性的必然需要，因为如果不探讨目的问题，就无法真正理解人类意志和实践理性，因为纯粹实践理性"就是一种一般的目的能力，所以对这些目的漠不关心，亦即对它们毫无兴趣，就是一个矛盾：因为这样它就不会规定行动的准则（后者在任何时候都包

---

① Forschler, "Kant and Consequentialist Ethics: The Gap Can Be Bridged", pp. 88-104.

含着一个目的），因此就不会是实践理性了"（6:395）。在《道德形而上学奠基》中，康德区分了客观目的和主观目的。在他看来，虽然主观目的不能作为道德的客观原则，但是，如果主观目的与客观目的相一致或者至少不冲突，那么它们都可以被纳入目的王国的范围，因为"目的王国"是一个关于目的的整体的概念，它包含1）作为自在目的的个体的理性存在者，2）与该个体互为目的和手段以及其他互为目的和手段的理性存在者，3）每个理性存在者可能为自己设定的特定目的（4:433）。在《道德形而上学》中，康德进一步提出"同时是义务的目的"这一概念，并认为这种目的单纯由理性给出，因而是对每一个理性存在者都有效的目的。例如，自己的完善和他人的幸福就属于这种目的，它同时也是人们的道德义务（6:391-394）。在此基础上，卡米斯基甚至提出了一种更加强式的主张，即从康德伦理学可以发展出一种"义务论的后果主义"[①]（我将在第4章详细讨论卡米斯基的康德式的义务论后果主义）。但可以确定的是，康德的义务论绝非是与后果主义或功利主义完全对立的；相反，它可以容纳人们对后果或功利的考虑。[②]

因此，如果在黑尔看来，康德可以是也应当是一个功利主义者的话，那么在我看来，康德可以不必是一个功利主义者。他仍然可以是一个义务论者，但其义务论的立场却能容纳对功利或后果的考量。

2.3 海萨尼的康德式规则功利主义

海萨尼是美国加州大学伯克利分校教授，在博弈论研究领域具有很高的造诣和声望，他在1994年因不完全信息博弈论的研究而获得当年的诺贝尔经济学奖。海萨尼同时也是一位著名的伦理学家，是当代规则功利主义的代表人物之一。在《道德和理性行为理论》一文中，海萨尼明确指出，

---

① 参见 Cummiskey, *Kantian Consequentialism*, p. 4。

② 参见 Timmermann, "Why Kant Could not Have Been a Utilitarian", *Utilitas* 2005, 17(3), pp. 243-264；翟振明：《康德伦理学如何可以接纳对功利的考量》，载《哲学研究》2005 年第 5 期，第 80—85 页。

其道德理论主要基于三个历史悠久的思想传统。其中，第一个可以追溯到亚当·斯密的传统，海萨尼吸取了斯密的"不偏不倚而又富有同情心的旁观者（或观察者）视角"①。使其受益的第二个传统是康德的道德理论，特别是康德关于道德法则的普遍性的理论。海萨尼指出，在康德那里，道德规则可以通过普遍性标准（criterion of universality）而与其他行为规则区别开来，并指出康德对普遍性的强调影响到了黑尔，使得黑尔在康德的普遍性要求（universality requirement）的基础上建立了自己的道德理论。②当然，海萨尼认为，自己最大的灵感还是来自第三个道德哲学传统，即以边沁、密尔和西季威克等思想家为代表的功利主义传统。他指出，虽然上述几位思想家所代表的古典功利主义的许多立场都不为人们所接受了，但是功利主义者强调道德结果必须由理性来检验的主张仍然具有极大的合理性。既然这三个道德哲学传统都具有合理因素，海萨尼就把它们当作自己的理论来源。他明确说道："我将要提出的伦理学理论的所有内容都来自这三个理智传统：亚当·斯密的、康德的和功利主义学派的。"③在此基础上，他提出了自己的基于理性偏好的规则功利主义理论，并论证了这种理论相对于行为功利主义所具有的优越性。

2.3.1 理性偏好与理性行为

海萨尼首先借鉴康德和黑尔的理性观念，认为伦理学与理性行为密不可分，甚至认为伦理学就是"造福于社会整体之一般利益的理性行为理论"④。在海萨尼的这种理解中，伦理学涉及"社会整体之一般利益"（common interests of society as a whole）和"理性行为"（rational behavior）这两个重要概念。下面，分别讨论之。

对于社会整体之一般利益，海萨尼也把它称作社会效用（social utility）。

① Harsanyi, "Morality and the Theory of Rational Behaviour", p. 39.

② 参见 ibid., pp. 39-40。

③ Ibid., p. 41.

④ Ibid., p. 43.

他首先把这种社会效用定义在个体效用上，又进一步把个体效用定义在个体偏好上。这样，"最终来说，社会效用是依据人们的个体偏好得到定义的。"①因此，要讨论社会整体之一般利益或社会效用，我们必须了解海萨尼的个体偏好（personal preference）理论。

在海萨尼那里，所谓"个体偏好"，也就是个体的渴望（wants）或欲望（desires）。在他看来，个体的偏好或渴望是具体的和真实的。当人们被给予想要的东西时，人们的偏好就得到了满足，而"在判定一个东西对一个给定的个体是好还是坏的时候，最终的标准只能是他自己的渴望和偏好"②。因此，海萨尼就把自己的价值理论建立在个体的偏好之上，并依此批评了快乐主义的功利主义和理想的功利主义。在他看来，以边沁和密尔为代表的快乐主义的功利主义的缺陷在于，它事先预设了一种完全落伍的快乐主义心理学，因为在很多时候，我们所做的事情并不仅仅是为了获得快乐和痛苦。例如，人们获得一份好的工作，或者参加一场比赛，其目的很难用快乐来解释。而以摩尔为代表的理想的功利主义把个体效用和社会效用都定义为对哲学、科学、艺术以及友谊等"内在价值"具有体验的精神状态，也并不是一个正确的经验观察，因为"区分'内在价值的精神状态'和其他种类的精神状态的标准是极端地不清晰的（摩尔的理论说，它们区别于其他精神状态之处在于，它们具有一些特殊的'非自然性质'，这是一种缺乏任何论据支撑的难以令人信服的老派的形而上学假设）"③。因此，这两种传统的价值理论都需要被超越或取代，而个体偏好理论就是一个恰当的替代选项。

海萨尼之所以强调偏好相对于快乐和理想价值所具有的理论优势，除了因为偏好更加直接、更加真实和更加切己之外，还因为偏好与个人的自主性相关。在这里，他借用康德的"自主"（autonomy，该词在康德那里一般译为"自律"，不过在这里译为"自主"或许更为准确）概念来表达偏好。

---

① Harsanyi, "Morality and the Theory of Rational Behaviour", p. 54.

② Ibid., p. 55.

③ Ibid., pp. 54–55.

所谓"偏好自主"（preference autonomy），也就是在做出道德判断时，唯一的标准就是行为者自己的偏好，而不受其他因素的影响。与之相对，快乐和内在价值理论都无法完全避免"家长制做派"（patriarchal style）的影响，即要别人（家长或权威人士）告诉人们什么是真正的快乐或什么真正具有内在价值。而偏好自主则完全是能够在个体那里得到确认和度量的。

　　关于个体偏好理论，有两个问题是海萨尼必须面对的：第一，人们在做道德判断时，所有的偏好都必须被计算在内吗？偏好有没有合理和不合理之分？若有的话，区分不同偏好的标准是什么？第二，如果偏好都是个体性的，那么功利主义作为一种社会性的道德理论，它怎么能够从个体偏好过渡到社会效用呢？

　　对于第一个问题，海萨尼明确指出，并非所有的偏好都是有价值的，而"任何合理的伦理学理论都必须区分理性的渴望和非理性的渴望，或者理性的偏好和非理性的偏好"[1]。他进而把偏好划分为显现的偏好（manifest preference）和真正的偏好（true preference）。前者是"一些通过可被观测到的行为所显现出来的实际偏好，它包括有可能是基于错误的实际信念，或者基于粗心的逻辑分析，或者基于在某些情况下阻碍理性选择的强烈情绪的偏好"[2]；而真正的偏好则是"如果他掌握全部相关的确切信息，尽最大可能小心地推理，且处于最有利于进行理性选择的精神状态下所具有的偏好"[3]。基于这种区分，人们虽然确实可以表现出各种各样的偏好，但是有些偏好只是表面的，而非真正的偏好。例如，虐待、嫉妒、怨恨和恶意这类偏好，它们在根本上就是非理性的，因而也非真正的偏好。很明显，海萨尼在这里把理性当作判断偏好是否合理的根本依据。对他来说，真正的偏好一般是理性选择的偏好，而错误的偏好一般是违背理性的偏好。在这个意义上，他的功利主义也被人们称为"基于理性偏好的功利主义"。

　　在一篇批评黑尔的"平等对待各种偏好"观点的论文中，海萨尼借用

---

[1]　Harsanyi, "Morality and the Theory of Rational Behaviour", p. 55.

[2]　Ibid.

[3]　Ibid.

德沃金（R. Dworkin）对个体偏好和外在偏好（external preference）的区分，再次表达了自己对反社会偏好的反对。个体偏好是指某一个体自身享有某些善和机会的偏好，而外在偏好是某一个体对于他人分配善和机会的偏好。海萨尼认为，社会效用只能基于人们的个体偏好，而不能基于他们的外在偏好。"功利主义的道德要求我们尊重人们关于他们自己该如何被对待的偏好，但它不要求我们尊重他们关于别人应该如何被对待的偏好。"[1] 以纳粹和犹太人为例，如果一个社会由众多的纳粹分子和犹太人构成，其中前者都具有后者被杀死的强烈偏好，而后者都具有不被杀死的强烈偏好，那么对于这种情况来说，犹太人仍然活下来的偏好就是个体偏好，应当被给予"正权值"，而纳粹分子关于犹太人应该死亡的偏好就属于外在偏好，应当被给予"零权值"。[2] 通过这个案例，海萨尼就把那些关于他人或社会的邪恶偏好或反社会偏好排除在计算之外了。

对于第二个问题，即如何从个体偏好过渡到社会效用的问题，海萨尼是通过提出两个非经验的先天公设（nonempirical a priori postulate）来处理的。首先，海萨尼假设，人都有两类合理的偏好集合。其中，一类偏好会赋予与自己相关的人的利益以更多的权重，这类偏好集合是有所偏倚的（partial）；另一类偏好则会出于非个人的公正的立场来看待所有人的利益，这类偏好集合是不偏不倚的（impartial）。在海萨尼看来，后一种偏好集合就是一种道德偏好（moral preference），因为当一个人拥有道德偏好时，他就会"赋予包括他自己在内的所有个体的利益以相同的权重"[3]。并且，即便是对作为个体的人来说，他也是有可能站在非个人的角度去考虑社会福利的。

即便人可以超出个体的有所偏倚的立场，但是，由于不同个体通常会有相当不同的个体偏好或效用函数，怎么能够对如此不同的人际间的偏好进行比较呢？这就涉及海萨尼的第二个先天公设了。这个公设是说，在

---

①　Harsanyi, "Problems with Act-utilitarianism and with Malevolent Preference", p. 97.

②　参见 ibid., pp. 96–97。

③　Harsanyi, "Morality and the Theory of Rational Behaviour", p. 47.

进行人际间的效用比较时，人都具有一种想象的移情能力（imaginative empathy）。也就是说，人们会想象自己处于他人的位置，设身处地地假设自己具有他人的社会背景、教育背景、文化价值和心理感受，并且当人们在这些方面都相似时，就会被认为大家具有相似的偏好。当然，海萨尼承认，这种相似性假设并非是日常经验能够检验的，它是一种非经验的先天假设。他说道：

> 我可以很好地假定，一旦人们在趣味和教育等方面的差异在允许的范围内，那么不同的人会具有相似的心理情感。但是，我永远不能通过直接的观察来证明这个假设，因为我不能直接获得他们的内在情感。[①]

海萨尼进一步指出，人们很多时候都在利用这种相似性的假设。例如，当我们设想我们生活于由亿万人构成的世界中，且他们与我们具有相同的意识时，我们就是在利用这种假设。总之，通过这两个先天公设，海萨尼认为，人们可以从个体偏好过渡到对社会效用的关切。不过，值得指出的是，与一般功利主义者把社会效用看作个体效用的加总不同，他所理解的社会效用乃是个体效用的算术平均数。这种功利主义也可以被称为"平均功利主义"。

在确立了基于个体理性偏好的社会效用之后，海萨尼又讨论了与之相关的理性行为理论。对于理性行为，海萨尼解释道：

> "理性行为"概念来自人类的行为在很大程度上是目标导向的行为这个经验事实。根本上来讲，理性行为是一贯地追求一些被较好规定的目标的简单行为，并且依据一些被较好规定的偏好或优先次序集合来追求这些目标。[②]

[①]　Harsanyi, "Morality and the Theory of Rational Behaviour", p. 51.

[②]　Ibid., p. 42.

也就是说，理性行为就是那些追求由理性偏好集合所规定的社会效用的行为。海萨尼认为，理性行为可以分为三类。其中，第一类是个体理性行为，它涉及在确定条件下、在风险条件下或在不确定条件下的决策理论；第二类是博弈论，它涉及两个或多个个体的理性交往，其中每个个体都理性地追求自己的目标，但其他个体理性地追求自己的目标对他构成了限制或约束；第三类理性行为与伦理学相关，它是关于社会整体效用的理性行为理论，在这种情况下，理性或者道德的定义就是社会中所有个体的平均效用水平。

既然从道德上讲，理性行为就是最大化社会中所有个体的平均效用水平的行为，那么人们依据什么样的标准来行动，才能最大化社会效用和个体平均效用水平呢？海萨尼明确指出，是规则功利主义而非行为功利主义，更有助于实现这一目的。

2.3.2 规则功利主义与行为功利主义

通过上面的论述，我们可以把海萨尼版本的功利主义称作"基于理性偏好的平均功利主义"。然而，功利主义理论经常遭到诸如罗尔斯这样的批评，即它对权利和规则不敏感。为了回应这一批评，海萨尼借鉴康德和黑尔关于规则和普遍规定性的理论，提出了自己的规则功利主义，以此来克服功利主义所面临的困境。

在《规则功利主义、权利、责任和理性行为理论》一文中，海萨尼详细讨论了规则功利主义的特点，及其相对于行为功利主义所具有的优势。他首先梳理了规则功利主义的来源。在他看来，虽然在古典功利主义属于规则功利主义还是行为功利主义上仍然存在很大争议，但是功利主义的反对者们往往把它理解为行为功利主义，认为它强调每一行为所产生的最大效用，从而轻视规则、权利和义务的重要性。例如，在行为功利主义者看来，如果一次撒谎能够带来较大的效用，如果侵犯少数人的权利能够带来较大的效用，那么撒谎和侵犯权利在道德上就是可以被允许的。这样，功利主义因其对个人权利和义务极不敏感而受到了严厉批评。为了解决这一理论困境，经济学家罗伊·哈罗德（Roy Harrod）率先尝试用规则功利主义方法替代行为功利主义理论。哈罗德虽然有此想法，但是并没有直接使用"规则功利主义"和"行为功利主义"这两个概念。据海萨尼考证，这两个概念是后来由布兰特提出的。布兰特不仅区分了这两种功利主义，还站在规则功利主义的立场上为功利主义进行辩护。

与布兰特一样，海萨尼也借鉴康德式伦理学对义务和规则的强调，提出并捍卫规则功利主义。他首先对这两个概念下了定义，认为行为功利主义是指"社会效用最大化的功利主义原则应该直接应用于每个人的行为（或行动）：对于任何给定的情况，道德上正确的行为应该是使社会效用最大化的某种特定的行为"[①]。与行为功利主义不同，规则功利主义是指"功利主义的选择标准应首先应用于可供选择的可能的道德规则，而不是直接应用于可供选择的可能的行为：对于任何给定的情况，道德上正确的行为是与适用于该情况的'正确的道德规则'相符合的行为；而'正确的道德规则'在这种情况下，被定义为如果每个人都遵守的话，将使社会效用最大化的特定的行为规则"[②]。很明显，与行为功利主义计算每次行动的效用不同，规则功利主义所关注的是行为是否遵守了"正确的道德规则"，而这些规则是能够将社会效用最大化的，虽然它并不是在每一个具体的情境中都能够产生最大化的社会效用。

海萨尼进一步指出了规则功利主义相对于行为功利主义所具有的两大优势，其一是前者比后者更加具有"自发性的协调效应"，其二是前者有助于解决前面提到的后者所面临的轻视规则和权利的难题。下面，我将分别论之。

所谓规则功利主义所具有的"自发性的协调效应"是指，在规则功利主义博弈中，人们在合作中并非通过协商策略进行协调，而是通过"一种自发的策略协调博弈，这种协调不是通过局中人之间的实际的交流而达成

---

① 海萨尼：《规则功利主义、权利、责任和理性行为理论》，载海萨尼：《海萨尼博弈论论文集》，郝朝艳等译，平新乔校，首都经济贸易大学出版社，2003 年，第 333 页。

② 同上，第 33 页。

的，而只是因为全体局中人在选择他们的策略时遵循相同的选择标准"①。也就是说，即便是在没有交流的情况下，使用规则功利主义的方法也要比使用行为功利主义的方法更能在参与者之间形成高度的自发性策略协调。海萨尼通过设想三个案例来论证规则功利主义相对于行为功利主义所具有的这种协调效应的优势。

例1：1000个投票者决定一项社会偏好的政策方案 M 是否通过。所有的人都希望其通过，但是只有1000个投票者都参与并且均投赞成票，这个方案才能通过。而投票会花时间并带来不便，这是投票的成本。投票者不能相互交流，也无法知道有多少其他投票者投了赞成票或将投赞成票。

海萨尼分析道，在此假设下，如果这些投票者是行为功利主义者，那么每个投票者只有当他确信所有其他 999 名投票者都将投赞成票时，他才会投赞成票。因此，如果即便只有一名投票者对所有其他投票者将投赞成票表示怀疑，那么他就会待在家里，这项政策方案就不会通过。这样，结果很可能是方案不通过。

相反，如果投票者是规则功利主义者，那么所有的人都一定会投票，以保证这项方案通过。这是因为，对于规则功利主义者，他们的选择会简化为一种在所有人都投票和没有人投票之间的一种选择；因为前者会产生更大的社会效用，所有他们将总会选择前者。②

例2：除只需800张赞同票来通过这项方案外，其他条件同例1，投票者只能使用纯策略。

① 海萨尼：《规则功利主义、权利、责任和理性行为理论》，第336页。
② 参见同上，第337页。

他分析道，在这种情况下，一个行为功利主义者只有当他确信恰有799人投赞成票时，他才会投票（如果小于这个数目，他的投票将不足以使这个方案通过；但是，如果大于这个数目，他的投票就不是必要的）。但是这意味着，他将很可能不去投票。

相反，如果所有的投票者都是规则功利主义者，那么所有的人都会投票。

因此，在这种情况下，不论是规则功利主义者还是行为功利主义者，都不能保证产生有效率的结果，即恰好有800人投票。但是，在这种约束下，规则功利主义显然比行为功利主义更有优势。它能保证这项社会偏好方案的通过，虽然它多少会有些无效率——因超出了法定要求的投票数。而如果投票者采用行为功利主义者的方法，那么结果将很可能是方案不通过。[①]

例3：条件同例2，但是现在投票者可以使用混合策略。

同样，在这种情况下，如果行为功利主义者有理由确信恰有其他799人会投票，那么他将投票，但这种情况很难发生。

如果投票者是规则功利主义者，那么在这种情况下，他们一般使用的是混合策略。用这种方法得到的结果代表了一种真正的社会最优解：在局中人之间没有实际协商的情况下，达到了最大的社会效用。[②]

从上面三个案例可以看出，行为功利主义者由于缺乏对规则的事先承诺，因此在每一次合作中都采取非协同的博弈策略，这样既具有成本负担，又往往无法达到最终的目的。而规则功利主义者由于具有对规则的事先承诺，因此它在合作性博弈中往往会采用自发的（并非事先交流的）协调策略，从而既减轻了成本负担，又有助于达到最终的目的。海萨尼总结道：

[①] 参见海萨尼:《规则功利主义、权利、责任和理性行为理论》，第337—338页。

[②] 参见同上，第338—339页。

在假定其他有道德的代理人的行为给定的情况下，行为功利主义有道德的代理人以社会效用最大化为目的，一步步地选择个人的行动。使用上面的术语，他们的这种道德行为可以用扩展方式进行的非协同博弈表示。相反，规则功利主义有道德的代理人的道德行为要用规范方式进行的协同博弈表示，因为他们的行为由一个严格的承诺决定，承诺要符合某些道德准则，因此也就是要符合某些与规则功利主义选择标准（即如果所有其他规则功利主义有道德的代理人遵循同样的策略，这个道德策略应使社会效用最大化）一致的事先选定的道德策略。[①]

在海萨尼看来，相比于行为功利主义，规则功利主义除了具有自发的协调效应的优势外，还具有敏于个人权利和义务的优势。与行为功利主义不同，规则功利主义并不采取对每一步行动都进行最大化效用计算的策略，而是对能够达到更高社会效用水平的规则做出理性承诺。而规则在很多时候都涉及个人权利和义务，这使得规则功利主义能够认识到个人权利和义务的存在，而强调对每一步行动都进行后果计算的行为功利主义则无法做到这一点。海萨尼说道：

> 依据道德常识，人们有很多的个人权利和对他人的许多特定的义务。仅从社会利益的角度考虑，除非在极特殊的情况下，这些权利和义务是不容侵犯的。而在另一方面，行为功利主义从本质上是不能够认识到这些权利和义务的，因为它的立场一定是：违背这些权利和义务的行为，如果此时此地能够最大化社会效用，那么从道德上讲是允许的。而且是必须要这样做的。然而，这样一种观点剥夺了这些权利和义务的所有有效的道德力量。[②]

---

① 海萨尼:《规则功利主义、权利、责任和理性行为理论》，第 340—341 页。
② 同上，第 343 页。

海萨尼指出，在面临"慈善案例"和"善意谎言"这类情况时，行为功利主义者总是会要求人们为了更大的效用而放弃自己对私有财产的权利，为了更大的效用而违背"不能说谎"的义务。在行为功利主义者看来，"如果在某些情况下违背这些权利和义务能带来略高于遵守这些权利和义务带来的总效用，这些权利和义务就全都是空话"①。与之不同，规则功利主义在承认个人的权利和义务完全有效时并不存在逻辑困难，因为在它看来，有些行为即使没有通过行为功利主义效用最大化的检验，但是只要通过了规则功利主义的检验，那么这些行为就是被允许的，因为在规则功利主义看来，"只要保证了所有诚实的人们充分遵守这些权利和义务，并且长期产生的社会效用高于那种忽视某些或全部权利和义务的道德策略所产生的效用即可"②。由于海萨尼的规则功利主义为对诸如财产权等基本自由权利的主张提供了合理的基础，或者说论证了绝对的自由优先性，以至于他的功利主义理论也被称为"自由的规则功利主义"。③

前面已经指出，在对待行为功利主义和规则功利主义的态度上，海萨尼与黑尔是针锋相对的。黑尔的双层功利主义虽然在直觉层面保留了规则功利主义，但其最终的裁决还是需要还原到批判层面的行为功利主义。而海萨尼则认为，即便在批判的层面，相比于规则功利主义的进路，行为功利主义的进路也往往会产生更低的社会功利，因为后者的道德决定总是涉及"备选的个体行为之间的选择，而非备选的道德准则或道德规则之间的选择。相应地，行为功利主义者在做道德决定时，依据的是这些备选的个体行为的效果，而非依据被社会所采纳的备选的道德准则或道德规则的效果"④。海萨尼进一步以"违背承诺"为例指出，行为功利主义者往往只计

---

① 海萨尼：《规则功利主义、权利、责任和理性行为理论》，第 344 页。

② 同上。

③ 参见 Riley, "Rule Utilitarianism and Liberal Priorities", in Fleurbaey ed., *Justice, Political Liberalism, and Utilitarianism: Themes from Harsanyi and Rawls*, Cambridge University Press, 2007, pp. 411–433。

④ Harsanyi, "Problems with Act-utilitarianism and with Malevolent Preference", pp. 91–92.

算一次违背承诺的行为所产生的效益净余额，因而更倾向于允许违背承诺的行为的发生；而规则功利主义者往往在更大的社会制度的范围内考虑违背承诺所造成的社会诚信危机，因而更倾向于禁止违背承诺的行为的发生，而这"会产生更高水平的社会功利，因为它将避免不可欲的诈骗和动机效应"[①]。

但是，规则功利主义也面临着"规则崇拜"（斯马特语）的指责，即规则功利主义如此强调规则的不可侵犯性，但规则所捍卫的个人权利和义务是否如其倡导者所认为的那样会给社会整体带来最大的效用水平呢？海萨尼也回应了这一质疑。在他看来，尊重个人权利和义务，从而坚持规则功利主义，至少能够给社会带来如下三种好处，即期望效应、激励效应和社会分工效应。所谓"期望效应"，是指"权利和义务的存在使我们更容易形成对其他人将来如何行动的合理的、明确的预期，因此让我们的决定更加安全，使我们易于计划未来的行动"[②]。也就是说，对权利和义务的存在的预期，一方面可以作为人们制定行为计划的依据，另一方面也会让人们在社会合作中产生更多的安全感。所谓"激励效应"，是指"权利和义务的存在，极大地增加了我们投入到社会偏好的行动中的动力。举例来说，私有财产权利的存在增加了人们努力工作、储蓄以及投资的动力"[③]。所谓"社会分工效应"，是指"权利和义务的错综联系会在作为整体的社会成员间，在每个专门的社会机构的成员间，以产生大量互补的社会角色及对这些角色的承担者制定专门的权利和义务的方式产生某种社会分工"[④]。显而易见，社会劳动分工可以带来极大的社会效用。例如，虽然所有成年人都有抚养和教育所有孩子的共同义务，然而在广泛的社会合作中，这种义务是被分散到家庭、学校和社会等各个部门中的。这些部门的分工合作，不仅使得孩子得到了很好的照顾，也使得成年人有更多的时间和精力从事更多的事情。

---

① 参见 Harsanyi, "Problems with Act-utilitarianism and with Malevolent Preference", p. 93.
② 海萨尼：《规则功利主义、权利、责任和理性行为理论》，第 346 页。
③ 同上。
④ 同上。

在海萨尼看来，如果规则功利主义具有期望效应、激励效应和社会分工效应这些好处的话，那么行为功利主义则是这些好处的破坏者。他总结道：

> 正如我们已经看到的，行为功利主义者的行为将破坏个人权利和义务的道德力量，因此也将破坏取决于这些权利和义务的预期效应和激励效应。例如，如果很容易就可以不履行遵守诺言这项义务，那人们就不能对诺言会被遵守这样的假设形成稳定的预期；并且他们也就不会有动力去从事这种预期决定收益的活动。行为功利主义同样也会破坏劳动分工效应，因为它使一个人应有的对于特定人的特定义务变得无效。例如，正如我们已经看到的，行为功利主义会使每个父母在照顾自己的孩子、别人的孩子或其他人时，不能优先满足自己孩子的需要。[1]

总之，在海萨尼看来，他的基于理性偏好的规则功利主义，具有行为功利主义所无法比拟的优势，因此可以成为后者的恰当的替代选项。

2.3.3 功利主义与自由优先

海萨尼认为，他的结合了康德伦理学和功利主义思想的规则功利主义理论，不仅优越于以黑尔为代表的行为功利主义理论，而且也优越于当代新康德主义者罗尔斯的以权利为核心的义务论理论。海萨尼撰写了多篇文章，批评了罗尔斯的最大最小值规则、基本自由权利的绝对优先性原则和道德应得理论，并通过对比指出，相较于罗尔斯的义务论，他的规则功利主义理论能够给自由权利的优先性提供更加合理的基础。

海萨尼指出，他和罗尔斯的理论都可以被看作"回答人们在完全不受其个人利益影响的情况下会选择何种社会制度这个问题的理论"，但是他和

---

[1] 海萨尼：《规则功利主义、权利、责任和理性行为理论》，第 347 页。

罗尔斯的区别在于，后者是从"无知之幕"的原初状态出发讨论人们如何挑选社会制度的，并认为处于该状态的人们会把"最大最小值"作为其决定规则，而他自己的理论则是把人们设想为"都具有同样的 1/n 可能性出现在有 n 种可能社会位置的任何一个位置上"，并最终会"基于依照贝叶斯合理性概念的期望的功利最大化原则进行选择"。①

罗尔斯的最大最小值规则，指的是"要按可选项的最坏后果来对它们进行排序，然后我们将采用这样一个可选项，它的最坏后果优于其他对象的最坏后果"②。罗尔斯认为，这种方法就类似于假定由你的敌人来决定你的地位一样。罗尔斯进一步假设了三种分配方案：

得失表一

	B1	B2	B3
A1	12	7	−1
A2	9	7	2
A3	6	4	4

在这个表中，A1、A2 和 A3 表示三种不同的选择，B1、B2 和 B3 表示三种可能出现的不同情况。如果我们选择 A1，那么当最好的情况出现时，我们就可以获得 12 个单位的资源。但是，当最坏的情况出现时，我们就会失去 1 个单位的资源。其他情况依此类推。罗尔斯总结道，根据最大最小值规则，处于原初状态中的人会选择方案 A3，因为即使你不知道自己处于最坏的地位还是最好的地位，A3 也会保证即使你处于最差情况下的所得优于其他最差情况下的所得，所以 A3 是一种合理性的选择。

而在海萨尼看来，罗尔斯的最大最小值规则却是一个极其不合理的原则。他也针锋相对地设计了一个情境：假设你住在纽约，这时你有了两个

① Harsanyi, "John Rawls's Theory of Justice: Some Critical Comments", in Fleurbaey ed., *Justice, Political Liberalism, and Utilitarianism: Themes from Harsanyi and Rawls*, p. 71.

② 罗尔斯:《正义论（修订版）》，第 119 页。

工作机会。其中一个工作地点在纽约，但是该工作繁重且报酬低；而另一个工作地点在芝加哥，它轻松且报酬高。不过难题是，如果你想得到芝加哥的那份工作，你就不得不经常乘飞机从纽约到芝加哥；而在这个过程中，还有一个虽然概率很小但实际上又存在着的可能，即飞机可能出现事故，而你有可能会在事故中丧生。[①] 该情境的得失表如下：

得失表二

	如果飞机发生事故	如果飞机没有发生事故
选择纽约的工作	工作差，但你会活着	工作差，但你会活着
选择芝加哥的工作	工作好，但你将会死	工作好，且你会活着

　　海萨尼指出，如果按照罗尔斯的最大最小值规则，那么你将会选择在纽约的工作。但是，他接着分析道，这个选择将是一个非常不合理的选择，因为飞机失事是一个概率太小的事件；而你在这里用了一个趋零（near-zero）的可能性来决定自己的选择，这是不合常理的。海萨尼总结道：

　　　　因此，无论是在日常生活中还是在伦理学中，最大最小值规则都将是一个非常糟糕的决策规则。如果我们在日常生活中遵循它，那么我们就不能吃任何食物，因为总有一个很小的机会，它会含有有害细菌。我们甚至不能穿过最安静的乡村公路，因为我们可能会被车撞到。我们也不能结婚，因为总有一些风险，也许是很小的风险，我们的婚姻可能以一场灾难告终。
　　　　在伦理学中，最大最小值规则同样是一个糟糕的决策规则。这导致罗尔斯要求我们绝对优先考虑"处境最不利"的社会群体的利益，而不是其他所有人的利益。在我看来，这是一种无法接受的极端立场。这将要求我们绝对优先考虑这一社会群体的利益，即使他们只是一小

① 参见 Harsanyi, "Can the Maximin Principle Serve as a Basis for Morality? A Critique of John Rawls's Theory", *American Political Science Review* 1974, 69, pp. 594-606。

部分人，而社会的其他部分有数百万人。它要求我们这样做，即使这意味着牺牲许多人的一些非常重要的利益，以保护这些处境最不利的社会群体的某些极不重要的利益。①

相反，如果根据期望效用最大化原则，那么上述情境中的人当然应当选择芝加哥的工作。同理，政府当然也有理由用税收支持诸如古典音乐和戏剧这样的高雅文化活动，虽然这种活动将会愉悦那些受过高等教育和比较富有的人，而与那些处于社会最不利地位的群体的利益没有什么关系。

除了批评最大最小值规则之外，海萨尼还批评了罗尔斯的绝对优先原则。我们在 1.2.2 中已经指出，罗尔斯的作为公平的正义原则强调基本自由权利的优先性，即诸如权利、自由、机会、收入和财富等基本权利是优先于社会经济利益的，而且对它们的侵犯无法因获得较大的社会经济利益而得到辩护或补偿。同时，这些权利必须在社会成员之间进行平等分配，除非对它们的不平等分配能够合乎每一个人的利益。罗尔斯甚至用了"词典式序列"（lexical order）这个概念来表达这种自由权利的优先性，这个序列"要求我们在转到第二个原则之前必须充分满足第一个原则"②。这种词典式优先性明显体现在他在《正义论》开篇所说的那句名言中，即"每个人都拥有一种基于正义的不可侵犯性，这种不可侵犯性即使以整个社会的福利之名也不能逾越"③。罗尔斯还认为，在一个经济福利高度发达的社会里，人们实际上往往也更加不能接受其个人权利因经济利益而受到约束，人们会把他们的基本自由绝对优先地置于他们的经济利益之上。

海萨尼否认罗尔斯的这种绝对优先原则。首先，罗尔斯对发达社会的论述是反事实的，因为即便是在美国这样的发达社会，普遍存在的情况仍

---

① Harsanyi, "John Rawls's Theory of Justice: Some Critical Comments", p. 72.

② 罗尔斯：《正义论（修订版）》，第 34 页。

③ 同上书，第 3 页。

然是，人们往往为了获得经济补偿而限制自己的自由权利。人们甚至也支持用立法或政府规章制度的方式来限制公民的自由行动，以期通过这种限制来获得社会整体经济福利水平的上升。其次，即便是在更加一般的意义上，好像也并不存在像罗尔斯所说的一种社会价值在任何时候都绝对优先于另一种社会价值的情况。我们在很多时候都需要在两种不同的社会价值观之间做出选择，而且也通常会发现在这两种价值观之间存在一个有限的权衡（finite trade-off），我们必须决定在这两种价值观之间我们愿意接受什么样的权衡。海萨尼举例说道，我们有时候"必须决定，为了减少经济不平等，我们愿意放弃多少个人自由或多少经济效率。或者，我们必须决定如何平衡社会在阻止犯罪方面的利益和社会在确保刑事审判的公平方面的利益，或者如何平衡各种学校中的天才儿童和学习缓慢的儿童的利益，等等。在上述任何一种情况下，我们都不会将一种社会价值置于另一种价值之上"①。因此，罗尔斯所谓"自由权利的绝对优先性"是没有现实性的。当然，海萨尼强调，否认罗尔斯式的自由权利的绝对优先性，并不是说不承认自由权利具有一定程度的优先性。在讨论规则功利主义相对于行为功利主义的优越性时，他就已经指出，规则功利主义其实已经很好地证明了权利的优先性，他的学说甚至也因此被称为自由优先的规则功利主义。他所要否认的，只是罗尔斯所说的自由权利的绝对优先原则，或词典式优先原则。海萨尼退一步指出，如果非要认为存在一种相对于其他价值具有绝对优先性的价值的话，那么这种具有绝对优先性的价值也不是罗尔斯所捍卫的那些基本自由权利，而是"我们必须把我们的道德义务放在绝对优先于我们的个人兴趣和其他非道德考虑的位置"②。这个观点也再次证明了海萨尼所坚持的康德式后果主义的立场。

海萨尼认为，罗尔斯的正义理论还有一个极不合理的观点，即他的道德应得理论。该理论虽然认可那些通过特殊天赋或好的品格而对社会做出

---

① Harsanyi, "John Rawls's Theory of Justice: Some Critical Comments", p. 73.

② Ibid., p. 74.

贡献的人可以获得适当的奖赏来得到刺激，但是它否认这些贡献实际上值得任何道德价值；或者说它认为，从道德上看，这些通过社会贡献而获得的奖赏并不是他们应得的。罗尔斯通过举例来说明这一观点。他认为，人们之所以为绝世天才提供丰厚的报酬，是为了让他支付训练费用，激励他努力提升技艺并服务于公共利益；但这并非是在奖赏他的德性，因为"正义准则所导致的分配份额和道德价值无关，因为从一种道德的观点来看，自然天赋的最初资质和早期生活中发展和教养的偶然性是任意的"①。海萨尼从两个方面反驳了罗尔斯的这个观点。一方面，即便有天赋的人们在发展和完善其私人天赋方面不值得道德奖赏，但是如果他们发展这些天赋并把它们运用于公共利益，那么这些社会贡献就值得获得道德奖赏。而罗尔斯的观点会让那些做贡献者认为，社会其实并不真正接受他们的贡献，而是更加偏好平庸之辈的无所作为。另一方面，从常识的观点看，虽然有好的资质或处于好的社会地位会使得一个人更加容易发展和完善自己的道德品格，但它仍然也是一项重要的个人成就和道德功绩。因此，在海萨尼看来，罗尔斯把外在奖励和道德价值区分开来的观点是短视的，因为"人的卓越不能仅仅靠外在奖赏来培养。它只能在这样的社会中才得以繁荣，该社会真正承认它的内在价值和社会重要性，并且真诚地尊重其表现达到卓越标准的个人。它不可能在一个否认优异表现的社会中繁荣。严格地说，为了正义，优异的表现也理应得到社会的认可和其他奖励"②。不同于罗尔斯，海萨尼认为，从规则功利主义的角度看，正义本身也需要人们以适当的方式奖励具有卓越表现的人，只要这样的奖励不会产生不必要的经济和社会不平等即可。

总之，通过揭示罗尔斯正义论的诸多缺陷，海萨尼认为，相比于这些当代新康德主义的义务论，他的康德式规则功利主义具有更强的理论说服力和现实解释力。

---

① 罗尔斯：《正义论（修订版）》，第 244 页。

② Harsanyi, "John Rawls's Theory of Justice: Some Critical Comments", p. 75.

2.3.4 评　论

正如本节在开始讨论海萨尼基于理性偏好的规则功利主义思想时就已经指出的，他深受康德的普遍法则思想的影响。然而，他虽然极为重视康德对实践理性和普遍法则的论述，但是他并没有全盘接受康德的思想，而是把康德的"理性"概念与现代功利主义的"偏好"概念结合起来，提出了一种基于理性偏好的规则功利主义。他也改造了康德的定言命令，不是从形式而是从质料出发，提出了一种基于偏好的假言命令理论，最终形成了自己的以最大化社会福利水平为终极价值的规则功利主义。正如他所说：

> 康德相信道德是基于定言命令的，因此任何愿意聆听理性声音的人都应该遵守道德的命令。但我并不认为他是对的。我们能用理性论述证明的就是，任何想以理性方式来服务于我们共同的人类利益的人，都应该遵守这些命令。换言之，我们所能证明的是假言命令，它具有这种形式："如果你想以一个不偏不倚的富有同情心的旁观者所赞同的方式行事，那么就这样做。"或者："如果你想让你的行为满足这些公理……那么就这样做。"但我并不认为这个消极的结论对于道德哲学来讲是一个真正的倒退，或者不具有任何重要的实践意义。实际上，我们所有人都知道，对道德事务的理性讨论只有在人们都共享某些基本的道德承诺时才是可能的，比如对人道主义的道德具有一般的兴趣。[①]

海萨尼基于理性偏好的规则功利主义理论具有如下意义：首先，他把康德的"理性""规则""自律"等概念运用于对规则功利主义的建构，这种做法增进了康德伦理学与后果主义伦理学之间的融合。其次，通过对偏好理论和快乐理论、对规则功利主义和行为功利主义的深入研究和对比，海萨尼对传统功利主义的改造达到了一个新的阶段。

---

① Harsanyi, "Morality and the Theory of Rational Behaviour", p. 62.

当然，海萨尼的理论也存在着如下缺陷。首先，他虽然用理性来排除非理性的不正当偏好，但这种理性欲望仍然是基于个体的主观理由的。它如何能够避免相对性而具有普遍性，仍是个问题。虽然海萨尼通过两种假设来实现从个体偏好到社会福利的过渡，但是这种假设的论证效力还是存疑的，毕竟个体之间的差异性和偏好的多样性是很难用这种移情理论来衡量的。其次，海萨尼虽然指出了规则功利主义相对于行为功利主义所具有的敏于个人权利和义务的优越性，但是他悬置了个人权利和义务的来源问题；而且他有一个更深层次的预设，即个人权利和义务总是与社会总体福利水平相一致，从而淡化甚至回避了个人权利和义务与社会福利之间的张力或冲突问题，最终也没有回答规则功利主义在面对这种冲突时，是否像我们前面指出的，会退化为行为功利主义的问题。再次，虽然海萨尼认为自己从康德伦理学中获益良多，并借用了康德的诸如"理性""道德法则""定言命令"和"自律"等许多概念，然而他对这些概念的运用与康德是大相径庭的。例如，在康德那里，理性是大自然赋予人的一种颁布先天法则的能力；而在海萨尼那里，理性仅仅是用来衡量偏好或欲求是否合理、是否能够为社会总体效用所容纳的计算理性。在康德那里，道德法则是一种不考虑是否有助于达到特定质料性目的的定言命令；而在海萨尼那里，道德法则或规则只是作为用来达到社会总体福利水平的手段的假言命令。因此，海萨尼的康德式规则功利主义理论，实际上远远地超出了康德伦理学的基本框架。

2.4 小　结

本章首先讨论了康德的"理性"和"规则"概念，并在此基础上讨论了以黑尔和海萨尼为代表的当代后果主义者对康德的上述概念的借鉴和改造。其中，黑尔从自己的理性主义的普遍规定主义的元伦理学出发，通过对康德伦理学进行功利主义的解读，得出康德应当是一个功利主义者而非义务论者的结论；而海萨尼在康德和黑尔理论的基础上，建构出一种基于理性偏好的规则后果主义。

　　本章也指出，黑尔和海萨尼的这种尝试具有重要的理论意义。他们的理论都有助于改变伦理学中长期存在的"康德伦理学和后果主义伦理学是相互对立的伦理学理论"的传统教条，有助于实现康德伦理学和后果主义伦理学之间的融合。同时，他们的理论也推动了康德伦理学和传统功利主义的当代转变。

　　当然，本章也指出了黑尔和海萨尼理论的不足之处。对于黑尔来说，他仍然囿于"义务论和功利主义相互对立"的观点，只是试图把作为义务论者的康德解读为一个作为功利主义者的康德。他的这种解读既不符合康德理论的原意，也不符合康德自己的立场。正如我们总结的，康德不必是一个功利主义者，他仍然可以是一个义务论者，只是他的伦理学理论能够容纳一些后果主义的考量（对此，我会在以后的各章中逐步展开）。我也已经指出，虽然海萨尼强调康德伦理学是其理论的重要来源，但是他对"理性""法则"和"绝对命令"的处理都超出了康德伦理学所能够容纳的范围，因此他的基于康德理论的规则功利主义很难说是"康德式的"。

　　实际上，以黑尔和海萨尼为代表的功利主义理论也受到了诸多批评。例如，帕菲特就反对以理性欲望这种主观理由为基础的规则后果主义；他基于客观理由理论，并结合当代复兴的契约论思想，发展出一种新的康德式的契约论后果主义。而这正是第 3 章要讨论的主要内容。

3. 形式与质料：康德式的契约论后果主义

我们在第 1 章中已经指出，康德伦理学的一个重要特征就是区分了道德的形式原则和质料原则，并且把质料原则斥为他律原则，强调只有作为定言命令的形式原则才能为道德奠定真正的基础。许多研究者依据康德对形式和质料的区分，认为康德伦理学和后果主义是不相容的，因为一般来说，后果主义不是从形式出发建构道德原则的，而是预先设定一个作为质料的后果价值，并从该后果价值出发提出道德的最高原则。虽然也有不少当代学者如赫尔曼和科斯嘉德等人认为，把康德伦理学理解成单纯的形式主义的观点是片面的，但是大多数研究者还是认为，康德形式性的普遍法则公式与作为质料原则的后果主义之间存在无法跨越的鸿沟。然而在《论重要之事》（*On What Matters*）这一巨著中，当代著名道德哲学家帕菲特指出，若康德形式性的普遍法则公式得到恰当的理解和改造，那么就可以从中发展出一种康德式的契约论后果主义。在建构和捍卫这种康德式的后果主义的过程中，帕菲特还与伍德、斯坎伦、赫尔曼、达尔沃（S. Darwall）、科斯嘉德等当代新康德主义者展开了激烈争论。

本章将详细讨论帕菲特的这种康德式的契约论后果主义，并划分为如下几节：3.1 将主要梳理康德对形式和质料的论述；3.2 将展示帕菲特对康德的绝对命令诸公式尤其是普遍法则公式的批判；3.3 将讨论帕菲特对普遍法则公式和康德价值理论的后果主义改造；3.4 将讨论他的"三合一"理论，即把康德主义、契约论和后果主义这三种理论结合在一起，表达为一种康德式的契约论后果主义；3.5 将讨论当代研究者和帕菲特就康德式的契约论后果主义所展开的争论，并揭示帕菲特理论的意义与局限。

3.1 康德论形式原则与质料原则

康德明确地把道德原则划分为形式原则和质料原则，并认为只有形式原则适合作为纯粹实践理性的基本法则，因为准则的纯然立法在形式上是普遍有效的，而质料原则则因为质料的经验性、个别性和有限性，无法给出普遍有效的道德法则。

康德把质料理解为"一个其现实性被欲求的对象"（5:21）。也就是说，质料是意志想要去实现的对象或客体，或者说是意志想要达到的目的。他接着指出，如果人们用质料充当意志的规定根据，那么这时意志所遵循的实践原则就被称为质料原则。康德进一步指出，质料可以有很多种类，但是它们基本上都可以被归于"幸福"这一经验概念。"一切质料的实践原则，本身全都具有同一种性质，都隶属于自爱或者自己的幸福的普遍原则之下。"（5:22）康德在《实践理性批判》中的一段话很好地描绘了幸福作为质料的特点：

　　　成为幸福的，这必然是每一个有理性但却有限的存在者的要求，因而也是他的欲求能力的一个不可避免的规定根据。因为他对自己的整个存在的满意绝不是一种源始的财产，不是以他的独立自足性的意识为前提条件的永福，而是一个由他的有限本性本身强加给他的问题。因为他有需要，而且这种需要涉及他的欲求能力的质料，亦即与一种主观上作为基础的快乐或者不快的情感相关的东西，由此他为了对自己的状态感到满意而需要的东西就得到了规定。但正是由于这个质料性的规定根据只能被主体经验性地认识，所以就不可能把这项任务视为一个法则。因为法则在一切场合、对一切有理性的存在者都是客观的，必然包含着意志的同一个规定根据；因为尽管幸福的概念到处都是客体与欲求能力的实践关系的基础，但它却毕竟只是主观的规定根据的普遍称号，并不特别地规定任何东西。而这却是在这一实践的任务中唯一涉及的东西，而且没有这样的规定，这个实践的任务就根本不能得到解决。也就是说，每个人要把自己的幸福设定在何处，取决于每个人自己特殊的快乐和不快的情感，甚至在同一个主体里面也取决于根据这种情感的变化而各不相同的需要。因此，一个主观上必然的法则（作为自然法则）在客观上就是一个极其偶然的实践原则，它在不同的主体中可以而且必然是很不同的。所以，它永远不能充当一个法则，因为对幸福的欲望来说，事情并不取决于合法则性的形式，而是仅仅取决于质料，亦即我在遵循法则时是否可以期望得到快乐，亦即可以期望得到多少快乐。（5:25）

从这段话中可以得出以下几点：1）幸福与人的自然欲求有关，或者说与人的自然需要有关。不过，在康德看来，这种自然欲求只是低级的欲求，而"一切质料的实践规则都把意志的规定根据设定在低级的欲求能力之中，而且，假如根本没有充分规定意志的纯然形式的法则，那么，也就没有任何高级的欲求能力能够得到承认了"（5:22）。这里，区分低级的欲求能力和高级的欲求能力的标准，就是看欲求的对象来自感官还是知性。与此相关的2）是，幸福与快乐或者不快的情感有关，而这类情感总是与感官体验这种低级的欲求能力相关。这又引出了相关的3），即与幸福相关的感官体验总是经验性的，它只能被主体自身经验性地认识，"质料在任何时候都是原则的一种经验性的条件"（5:24）。从幸福的这种经验性又可以得出相关的4），即幸福是个别的和有限的，因为"每个人要把自己的幸福设定在何处，取决于每个人自己特殊的快乐和不快的情感，甚至在同一个主体里面也取决于根据这种情感的变化而各不相同的需要"。从这里又可以得出5），即表现为幸福原则的质料原则只具有主观的有效性或必然性，它并不具有客观的普遍有效性；也就是说，它并不对所有人都具有同等的有效性。通过以上五点，康德总结道：

幸福的原则虽然能够充当准则，但永远不能充当适宜于做意志法则的那样一些准则，哪怕是人们把普遍的幸福当作自己的客体。这是因为，对幸福来说，它的知识是基于纯粹的经验材料的。由于对此的每一个判断都极为依赖于每个人自己的经验，而这种经验本身又还是极易变化的，所以，这判断也许能够给出一般性的规则，但永远不能给出普遍性的规则，以及也许能够给出平时极经常地适用的规则，但却不能给出必须在任何时候都必然有效的规则，因而没有任何实践法则能够建立在这上面。(5:36)

康德进一步对质料性的道德原则进行了分类，他制定了一个表格（5:40），并认为它穷尽了所有的质料性原则。该表格如下：

道德原则中实践的质料规定根据

主观的				客观的	
外部的		内部的		内部的	外部的
教育（根据蒙台涅）	公民宪法（根据曼德维尔）	自然情感（根据伊壁鸠鲁）	道德情感（根据哈奇森）	完善（根据沃尔夫和斯多亚学派）	上帝意志（根据克鲁修斯和其他神学道德主义者）

康德指出，表格中左边的主观原则很明显全都是经验性的，不论是内部经验还是外部经验都不适合作为道德的普遍原则。而右边的客观原则虽然是建立在理性之上的，但是它们在实践上都服务于各种目的的适用性和充分性；也就是说，它们都预设了作为质料的可能客体，因此实际上也是服务于质料原则的，也不适合作为道德的普遍原则。[①]

---

① 那么，我们是否可以从上面的论述中得出结论，即在康德那里，所有的质料原则都无法作为普遍的道德原则呢？虽然上面的这些论述好像支持该结论，然而我们有理由指出，答案并非如此简单。在康德那里，除了上述无法作为普遍道德原则的质料原则之外，康德还承认一种可以充当普遍道德原则的质料原则，这就是他在《道德形而上学奠基》中提出的（转下页注）

　　既然质料性的原则都不适合作为普遍原则，那么就只有形式性的原则才能充当这种普遍原则了。究竟什么是形式呢？康德指出，形式就是人们把一个实践原则中的质料要素抽掉后所剩下的东西。"如果人们抽掉一切质料，亦即意志的任何对象（作为规定根据），那么，除了一种普遍的立法的纯然形式之外，一个法则就不剩下什么东西了。"（5：27）这就说明，形式就是一种能够独立于经验性质料的东西。既然形式能够独立于经验，那么它也就不受经验性因果法则的支配。此外，形式能够作为意志的规定根据，这说明它本身也是一种因果性，不过是一种不同于自然因果性的因果性。康德把这种因果性称为自由的因果性，而被这种因果性支配的意志就叫自由意志。对于这种自由意志，康德做了如下说明：

　　　　既然法则的纯然形式只能由理性来表现，因此不是感官的对象，故而也不属于显象，所以，它的表象作为意志的规定根据就不同于按照因果性法则的自然中的种种事件的一切规定根据，因为在这些事件那里，进行规定的根据自身必须是显象。但如果没有意志的任何别的规定根据，而只有那个普遍的立法形式能够对于意志来说充当法则，那么，这

―――――――
（接上页注）"人是目的"原则。在那里，康德认为，理性本性作为一种目的或客体虽然是质料性的，但与上面提到的可以被纳入幸福原则的质料是有本质区别的。首先，理性本性并非奠基在低级的感官欲求之上，它也与快乐或不快的情感无关。其次，从理性本性出发而产生的原则并非经验性的原则，而是先天的原则，因为理性本性具有一种不依赖经验而颁布普遍法则的能力。再次，理性本性并非是一种主观的和偶然的质料，而是一种客观的和必然的质料，它甚至可以作为主观目的的限制性条件而存在。康德说道："理性存在者就其本性而言作为目的，从而作为目的自身，对于每一个准则来说充当一切纯然相对的和任意的目的的限制条件。"（4：436）总之，理性本性虽然是一种质料，但是它本身具有绝对价值，可以成为道德法则的根据。正如康德所说："假定有某种东西，其存在自身就具有一种绝对的价值，它能够作为目的自身而是一定的法则的根据，那么，在它里面，并且唯有在它里面，就会有一种可能的定言命令式亦即实践法则的根据。"（4：428）既然理性本性作为质料完全不同于经验性的质料，那么我们就可以从理性本性出发得出具有普遍有效性的绝对命令公式："你要如此行动，即无论是对于你的人格中的人性，还是其他任何一个人的人格中的人性，你在任何时候都同时当作目的，绝不仅仅当作手段来使用。"因此，我们可以说，在康德那里，存在两种不同的质料原则，一种是不能作为普遍道德原则的经验性质料原则，另一种是可以作为普遍道德原则的人性原则。这里讨论的是第一种质料原则，对于第二种质料原则，我将在第4章和第6章详细讨论。

样一个意志就必须被设想为完全独立于显象的自然法则，亦即独立于因果性法则，进一步说独立于前后相继法则。但这样一种独立性在最严格的亦即先验的意义上，就叫作自由。因此，唯有准则的纯然立法形式才能够充当其法则的意志，就是一个自由意志。（5：28-29）

可见，在康德那里，自由意志总是与道德法则和实践理性密切相关，因为自由意志也是自我立法的意志，而所谓意志的"自我立法"就是说，意志在一切行动中对自己都是一个法则。而这就意味着，意志除把自己视为一个普遍法则的准则之外，不按照任何别的准则去行动。这样来看，"一个自由意志和一个服从道德法则的意志是一回事"（4：447）。再者，对康德来说，道德法则又与纯粹实践理性密不可分，甚至前者正是由后者不依赖于经验条件而先天地颁布的。"这种理性必须把自己视为自己的原则的创作者，不依赖于外来的影响；因此，它作为实践理性，或者作为一个理性存在者的意志，必须被它自己视为自由的。也就是说，一个理性存在者的意志唯有在自由的理念下才是一个自身的意志，因而必须在实践方面被归于一切理想的存在者。"（4：448）最终，康德认为自由意志和纯粹实践理性在本质上就可以被看作一回事了。其中，意志作为独立于经验条件的自由意志，其行动的准则就被设想为一种普遍立法的形式原则，而纯粹理性则被设想为"单凭自身就是实践的，并给予（人）一条我们称之为道德法则的普遍法则"。

既然自由意志和纯粹实践理性都能够独立于经验质料要素而颁布普遍有效的法则，那么这个法则就只能说是形式的。它被康德称为"纯粹实践理性的基本法则"，其唯一的表达式就是：要这样行动，使得你的意志的准则在任何时候都能同时被视为一种普遍立法的原则（4：421；5：30）。这样，"道德性的唯一原则就在于对法则的一切质料（以及一个被欲求的客体）有独立性，同时又通过一个准则必须能够有的纯然普遍立法形式来规定任性"（5：33）。

这里需要指出的是，当康德说唯有排除质料原则的形式原则才能给我们提供普遍有效的道德法则时，他并不是说要把质料排除到道德的范围之外，或者说道德根本与质料无关。相反，在康德看来，质料是必然存在的，因为意志总是要欲求一个目的或对象，而实践理性如果对一个目的漠不关心，它也就不是实践理性了。因此，这里所说的"排除"质料，只是说不能把质料当作意志的规定根据，不能从质料原则出发来建构道德法则，不能把它当作准则的条件。康德的下面一段话，很好地总结了形式和质料之间的关系：

> 因此，一个带有质料性的（因而经验性的）条件的实践规范必须永远不被归为实践法则。因为纯粹意志是自由的，它的法则把意志置于一个与经验性领域完全不同的领域中；而它所表达的必然性，由于不应当是任何自然的必然性，所以只能在于一般法则的可能性的形式条件。实践规则的一切质料所依据的永远是主观的条件，这些条件使实践规则获得的不是对理性的存在者的普遍性，而仅仅是有条件的普遍性（在我欲求这件或那件我为了使它成为现实就必须去做的事情的情况下），而且它们全都围绕着自身幸福的原则转。如今，当然不可否认的是，一切意欲也都必须有一个对象，从而有一种质料；但这质料却并不因此就正好是准则的规定根据和条件；因为如果它是这样，那么，这个准则就不能以普遍立法的形式展示出来了，因为对于对象的实存的期待在这种情况下就会是任性的规定原因，而欲求能力对某一个事物的实存的依赖就必然被当作意欲的基础，这种实存永远只能在经验性的条件中来寻找，因而永远不能充当一个必然的和普遍的规则的根据。……因此，虽然准则的质料还可以保留，但它必须不是准则的条件，因为若不然，这准则就不适宜于做法则。因此，一个限制质料的法则的纯然形式，必须同时是把这质料附加给意志的根据，但并不以质料为前提条件。（5:34）

总之，在康德那里，形式和质料之间既具有明显的区别，又具有必然的联系。二者的关系可以归结如下：形式不依赖于质料，它既是质料的限制性条件，又要把质料"附加"给意志。

康德关于形式和质料的理论，以及在其基础上提出的普遍法则公式，遭到了许多研究者的反对和质疑。从黑格尔开始，康德建立在形式性的普遍法则基础上的伦理学就被当作"空洞的形式主义"而遭到批判。甚至对康德道德哲学保持高度同情的当代新康德主义者，大多也对康德的普遍法则公式持否定态度。据帕菲特的考证，诸如伍德、赫尔曼、奥尼尔和希尔等人都认为，康德的普遍法则公式无法帮助我们确定哪些行动是不正当的。例如，伍德认为，康德的公式在被用作这样的标准时是"根本上有缺陷的"和"几乎无价值的"；赫尔曼认为，"没有任何人能够使之变得可行"；奥尼尔认为，康德的公式在某些情况下所能给出的，"要么是不可接受的指导，要么是根本没有指导"；希尔甚至怀疑康德的公式在独自使用的情况下，是否能够提供"即便是某种宽松的和局部的行为指导"。[①]

但是，帕菲特并不认同这些新康德主义者的观点。在他看来，他们的观点有点言过其实，也都没有严肃地对待康德的这一公式。与这些研究者不同，帕菲特的一个重要目标是为康德的这一公式进行辩护。在他看来，如果我们以康德式的方式对该公式进行修正，那么康德的公式就能够获得巨大的成功。

不过，需要提前指出的是，帕菲特并非严格意义上的康德主义者，他并没有兴趣考察康德伦理学本身是后果主义的还是义务论的，他只是打算利用康德伦理学的资源来实现自己贯通康德伦理学、契约论和后果主义这三种规范理论的目的。帕菲特认为，这三种规范理论之间存在趋同关系，它们分别是从不同的侧面攀爬同一座山峰。因此，把这三种理论结合在一起是有可能的，这种结合被帕菲特称为"康德式的契约论后果主义"。帕菲特的基本进路是，首先揭示康德的绝对命令诸公式尤其是普遍法则公式

---

① Parfit, *On What Matters, I*, p. 293.

所面临的困境，然后对之进行契约论和后果主义的改造。下面，我将分别论之。

3.2 帕菲特对康德伦理学的质疑

在帕菲特看来，之所以要对康德伦理学进行改造，原因就在于，康德伦理学尤其是绝对命令的三个公式面临诸多困境，导致其有效性是有限的。

3.2.1 人性公式的困境

帕菲特首先谈到的是康德的人性公式。他指出，虽然人性公式被许多当代新康德主义者认为是康德伦理学中最有价值的主张，但这一主张存在严重缺陷。康德的人性公式也被称作"人是目的"公式，它要求："你要如此行动，即无论是对于你的人格中的人性，还是其他任何一个人的人格中的人性，你在任何时候都同时当作目的，绝不仅仅当作手段来使用。"这个公式并不反对把人当作手段，而且事实上，人们也总是相互把对方当作手段来使用。该公式反对的只是把人"仅仅当作手段"来使用，也就是不认为对方也是目的，仅仅把他当作实现自己的义务或目的的工具。帕菲特详细分析道，人们通常认为"把人仅仅当作手段来使用"包含如下三点：一是未经他人同意，二是对他人造成了伤害，三是通过把他人当作工具来实现自己的目的。帕菲特把这三点结合为一个标准观点，即"如果我们在未获得他人同意的情况下，以伤害他们为手段来达到某种目的，那么我们就是以使得我们的行为错误的方式把他人仅仅当作手段来对待的"[1]。

帕菲特认为，虽然这个标准观点广为人们所接受，但它仍然涉及三个错误。其中，第一个错误涉及伤害他人。他指出，有些时候，在把人当作手段来伤害时，未必是把这些人仅仅当作手段来使用。例如，在自我防卫的情形下：当布朗拿刀攻击并试图杀死我时，我为了自保而踢断了他的腿。

---

① Parfit, *On What Matters, I*, p. 221.

帕菲特分析道，虽然在这里我伤害了布朗，并以伤害他为手段来实现了我的目的（自保），但我并没有把布朗"仅仅当作手段"来对待。因此，如果以此指责我"仅仅把他当作手段"来使用，这明显是不正当的。①

人性公式的第二个错误涉及把人当作手段。帕菲特认为，即便是把人看作手段，也未必是把人仅仅看作手段来使用。例如，在地震中，你和孩子都陷入废墟中，生命危在旦夕，这时你为了救孩子，不经布莱克同意，用他的身体做掩护救了你孩子的命，导致他失去了一只脚趾；你本来还可以让他再失去一只脚趾来救你自己的命，但你并没有这么做。帕菲特分析道，在这种情况下，虽然在这里你为了达到救孩子的目的，没有经过布莱克的同意，把布莱克当作手段，并且让他受到了伤害，但是你并非把他仅仅当作手段来使用，因为你并没有让他失去另一只脚趾来救你自己的命。因此，如果以此指责你"仅仅把他当作手段"来使用，这明显也是不正当的。②

人性公式的第三个错误涉及"仅仅用作手段"。帕菲特借用奥尼尔和科斯嘉德的说法认为，强制和欺骗是把他人仅仅看作手段来利用的两种方式。③ 但是他认为，在有些情况下，即便通过欺骗或强制而把人"仅仅用作手段"，这样的行为也未必就是错误的。例如，在两个人中只能存活一个的绝望环境下，我用欺骗或强制你的手段牺牲自己来救你。帕菲特分析道，在这种情况下，我确实强制或欺骗了你，或者用奥尼尔和科斯嘉德的观点来看，我是仅仅把你当作手段来使用的；但是如果以此指责我，认为我"仅仅把你当作手段"来使用是道德上错误的，这明显也是不正当的。④

通过对人性公式的这几种标准解读所面临的困境的揭示，帕菲特总结道：

---

① 参见 Parfit, *On What Matters, I*, p. 221。

② 参见 ibid., pp. 222-223。

③ 参见 O'Neill, *Constructions of Reason: Explorations of Kant's Practical Philosophy*, Cambridge University Press, 1989, pp. 113-114; Korsgaard, *Creating the Kingdom of Ends*, Cambridge University Press, 1999, pp. 138-140。

④ 参见 Parfit, *On What Matters, I*, p. 225。

　　如果把对人们施加某种伤害作为达到特定的善良目的的手段是错误的，那么即便我们并没有把这些人仅仅用作手段，这些行为也仍然是错误的。如果把对人们施加某种较轻的伤害作为达到这种目的的手段不是错误的，那么即便我们把这些人仅仅用作手段，这些行为也不是错误的。

　　康德的主张包含一个重要的真理：把任何人仅仅当作手段都是错误的。但是，我们的行动的错误性从不或者很少依赖于我们是否把人仅仅当作手段。[1]

正如沙卡（H. Sarkar）所指出的，帕菲特在这里对康德人性公式的批判，是奠基于他对行为和态度的二分和强调福利的基础之上的。[2]首先，在帕菲特那里，行为的对错并不依赖于行为者的态度或意向。这是明显区别于康德的，因为在康德那里，行为的对错并不独立于行为者的内在意向或准则。其次，在帕菲特那里，如果一个行为能够带来福利或者好的后果，那么即便在这个行为中把某人当作手段，甚至"仅仅当作手段"，该行为的正确性仍然是可以得到确证的。而这也是他明显区别于康德的地方，因为在康德那里，行为对错的标准并不是它所产生的后果，而是依赖于行为所采纳的主观准则是否能够成为普遍的道德法则。

3.2.2　自律公式的困境

　　帕菲特认为，虽然康德的自律公式也为许多当代新康德主义者赞赏，但它是与普遍法则公式相冲突的，从而是得不到辩护的。

　　在《道德形而上学奠基》中，康德把意志自律原则看作他所寻找的道德的最高原则，以区别于其他的他律原则。所谓"意志自律"，指的就是"每一个理性存在者都必须通过自己的意志的一切准则而把自己视为普遍立

---

[1]　Parfit, *On What Matters, I*, p. 232.

[2]　参见 Sarkar, *Kant and Parfit: The Groundwork of Morals*, Taylor & Francis, 2019, pp. 87–99.

法者"（4:433）。也就是说，自律是说，意志所遵守的法则并不来自意志之外，而是意志自己给自己颁布的法则。康德明确地说：

> 意志的自律是意志的一种性状，由于这种性状，意志对于自身来说（与意欲的对象的一切性状无关）是一种法则。因此，自律的原则是：不要以其他方式做选择，除非其选择的准则同时作为普遍的法则被一起包含在同一个意欲中。（4:440）

与意志自律相对的是意志他律。所谓"意志他律"，是指"如果意志在它的准则与它自己的普遍立法的适宜性之外的某个地方，从而超越自己，在它的某个客体的性状中寻找应当规定它的法则，那么，在任何时候都将出现他律"（4:441）。也就是说，当意志从自身之外寻找规定根据时，意志就处在他律之中了。

帕菲特首先依照康德指出，自律就是指，我服从某些道德要求，是因为我把这些要求作为道德法则而给予了我自己。他进一步分析道，由于在康德那里，道德法则作为绝对命令是由纯粹实践理性颁布的，因此我服从的道德要求，实际上就是纯粹实践理性颁布的道德法则。他由此得出结论说，所谓"自律"，就是我只服从理性的命令。

但是，帕菲特随即指出，在这里，"理性"和"我"在逻辑上并不是同一的，二者可以是相互冲突的。他说道：

> 康德不会相信，我——德里克·帕菲特——就是纯粹理性。因此，纵然纯粹理性向我颁布特定法则，我也并不将这些法则颁布给我自己。进而在服从这些法则时，我并不是仅仅服从我给自己颁布的法则。这些康德也会接受的真理，与康德的自律论题是相矛盾的。①

---

① Parfit, *On What Matters, I*, p. 684.

在帕菲特看来，由于"我"并不等于"理性"，那么即便理性颁布了法则，我也服从了法则，这个法则仍然有可能不是我给自己颁布的法则，因此我并不是自律的。

由于有这种不一致，自律公式就会导致另外两个问题。其一，即便我们应当接受理性颁布的普遍法则，但这并不意味着我实际上就接受了这些法则。相反，依据自律原则，如果我不接受这些法则，那么它们就不会运用到我身上。其二，如果我们不接受理性颁布的普遍法则，那么康德的普遍法则公式本身就不是普遍的了，因为公式虽然要求我们"应当接受"它们，但我们却不接受它们。①

帕菲特指出，虽然希尔和科斯嘉德都为自律原则辩护，认为自律的意志是独立于欲望和其他外在影响而接受理性的约束的，但是问题仍然没有得到解决，因为这不过意味着"我们只服从那些我们接受的原则"；然而在康德那里，道德法则是运用于一切有理性的存在者的，"如果康德的公式不能运用于那些并不接受这个公式的理性存在者，那么这个公式就不能是一个道德法则"。②因此，在帕菲特看来，如果康德要为普遍法则能运用于一切有理性的存在者这一主张辩护，就必须放弃自律原则。

很明显，帕菲特对康德自律公式的批判，是建立在对康德的"意志"和"理性"这两个概念之关系的片面理解之上的。在康德那里，意志具有选择的自由，它既可以选择按照理性的法则去行动，也可以选择不按照理性的法则去行动。③我们已经在3.1中指出，自由意志作为自我立法的意志，

---

① 参见 Parfit, *On What Matters, I*, pp. 685–686。

② Ibid.

③ 康德在不同时期曾分别用意志（Will）和任意（Willkür）来表达这种选择的自由。邝芷人曾对这两个概念进行了详细的区分。他看到，在《道德形而上学奠基》中，康德首先把意志视为实践理性，认为这是理性在道德上的运用，实践理性的立法也可以被称为意志的自我立法，或者说是意志自律。但是，康德同时还提出，理性无法完全决定意志，因为意志也受感性欲望的影响，从而导致意志的他律。这时，意志又不完全等同于实践理性了。很明显，在《道德形而上学奠基》中，康德把自律和他律都归于"意志"这一概念了。在《实践理性批判》中，康德提出一个与"意志"相关的概念，即"任意"（邝芷人把它译为"意念"）。它是受感性欲望影响的，是一种他律，与自由无关；而意志则与自律相关，因而是自由意志。（转下页注）

与纯粹实践理性密不可分，后者也能够不依赖于经验条件而先天地颁布法则。既然自由意志和纯粹实践理性都能够独立于经验质料要素而颁布普遍有效的法则，那么二者在本质上就可以被看作一回事了。"这种理性……作为实践理性，或者作为一个理性存在者的意志，必须被它自己视为自由的。"（4:448）然而，这只是意志和理性的关系的一面。在康德那里，行为者的意志具有选择的自由：它既可以选择按照理性颁布的道德法则行动，从而使自由意志和纯粹理性变成一回事；也可以选择不按照道德法则去行动，从而成为不道德的意志。在《单纯理性限度内的宗教》中，康德把人的这种不按照道德法则行动的倾向称为"恶的倾向"，并把它看作一种不可以被想象为"与生俱有"的，而是被设想为由人"自己招致"的倾向。也就是说，不按照道德法则的要求去行动的恶的倾向是人自由选择的结果，它主动地把出自道德法则的动机置于其他（非道德的）动机之后。康德也把这种恶劣或败坏叫作"人心的颠倒"，即它作为一种自由任性的运用，把道德次序弄颠倒了。康德认为，即便人可以自由地选择不按照道德法则去行动，但这并不构成对自律的反对，因为它并不与自律公式相冲突，因为人可以自由地选择按照道德法则去行动的这个选项仍然保留着。总之，正如科斯嘉德所指出的，在康德那里，"被理性支配和被你自己支配是一回事"[①]。而在帕菲特看来，如果我选择不按照道德法则去行动，那么自律公式就一定会陷入矛盾。

3.2.3 普遍法则公式的困境

康德的普遍法则公式也没有逃过帕菲特的批判。所谓"普遍法则公

（接上页注）而在《道德形而上学》和《单纯理性限度内的宗教》等后期作品中，康德又认为任意也是自由的，它推动人产生行动的准则。也就是说，人们采取什么行为准则，全凭其任意的自由选择：他可以选择遵照道德法则行事，也可以采纳自爱原则来行事。邝芷人认为，在这里，康德似乎在用"选择"这个概念来界定自由任意。自由任意能够选择不同的行为准则，这就是道德判断人的善恶的根据。参见邝芷人：《康德伦理学原理》，文津出版社，1992年，第3—6页。

[①] 科斯嘉德：《工具理性的规范性》，载徐向东编：《实践理性》，浙江大学出版社，2011年，第407页。

式"，就是指"要只按照你同时能够意愿它成为一个普遍法则的那个准则去行动"。帕菲特用思想实验的方式指出，普遍法则公式至少面临如下几种反对意见：混合准则反对、门槛反对和理想世界反对。

所谓"混合准则反对"是说，康德的普遍法则公式只适用于完全好的或完全坏的准则，却无法适用于混合的准则。这里的混合准则是说，如果我们总是依据这些准则行动，那么有些行为在道德上是错误的，而有些行为则是为道德所允许的。[①]典型的混合准则案例就是"利己主义者的善行"和"永不撒谎"的案例。前者是说，一个利己主义者为了获得奖赏而搭救落水儿童（同时具有获得奖赏和救人的准则）。帕菲特认为，虽然为了获得奖赏没有什么道德价值，但是为了获得奖赏而救人就具有道德价值了；然而，康德的普遍法则公式会不正当地谴责这一行为。在"永不撒谎"案例中，帕菲特认为，虽然撒谎一般都是错误的，但是有时候为了救人而对行凶者撒谎的准则（同时具有救人和撒谎的准则）并不是错误的；然而，康德的普遍法则公式会错误地允许"永不撒谎"的准则，就像康德在《论出自人类之爱而说谎的所谓法权》一文中所说的那样，"这是一个神圣的、无条件地颁布命令的、不能通过任何习俗来限制的理性命令：在一切说明中都要真诚"（8:427）。在帕菲特看来，混合准则反对表明，康德的普遍法则公式会不正当地谴责道德上正当的行为或支持道德上错误的行为，因而这个公式是失败的。

所谓"门槛反对"是指，普遍法则公式要求准则必须成为普遍法则，能够为所有人所意愿；但是实际上，有些情况下的对错取决于多少人依此准则来行动，而普遍法则公式无法面对这一反对。换言之，普遍法则公式无法面对这种情况：如果许多人都依照这个准则去行动，那么会产生坏的结果；但是，如果只是少数人如此行动，那么结果就是中性的乃至是好的。[②]也就是说，只有依此准则行动的人达到一定数量，或者说超过一定门槛时，行为才是错误的。帕菲特给出的案例，是讨论"不生孩子，致力于哲

---

① 参见 Parfit, *On What Matters, I*, p. 293。

② 参见 ibid。

学"这一准则。帕菲特分析道，如果是康德本人或者是少数人依此准则来行动，那么这在道德上并不是错误的。但是，如果意愿每个人都依此准则来行动，那么这个准则就明显是不适当乃至是错误的。如果我们依照康德的普遍法则公式，那么我们只能是要么肯定、要么否定这一准则。然而，无论是肯定还是否定它，这都是错误的。总之，康德的公式无法面对这一门槛反对。

理想世界反对与门槛反对相反，它是说，"康德的公式会错误地要求我们以某种方式来行动，即使在因为其他一些人并不如此行动，我们的行动就会使事情变得糟糕的情况下也是如此"①。也就是说，如果有足够多的人都依此准则来行动，那么就会产生好结果；但是如果只有少数人如此行动，那么结果就会非常坏。而康德的普遍法则公式无法处理这种情况。例如，"永不使用暴力"这一准则是可以为普遍法则公式所要求的。但是，如果在"二战"时，除了德国之外的其他国家都遵守这一准则，而放弃武力反抗纳粹德国的暴行，那么结果就会很坏。然而，康德的公式依然会谴责使用武力反抗纳粹的准则和行为，这明显是错误的。帕菲特指出，之所以称这个反对为"理想世界反对"，是因为正如科斯嘉德所指出的，康德的普遍法则公式是为理想状态而设计的，是为作为理想世界的目的王国而设计的，而不管它在现实世界可能导致的灾难性后果。②但在帕菲特看来，即便普遍法则公式真如科斯嘉德所解释的那样，它也无法应对这一理想世界反对。

3.3 帕菲特对康德伦理学的改造

在建构自己的康德式后果主义的过程中，帕菲特对康德伦理学进行了两个方面的改造。一方面，他对康德的绝对命令公式进行了契约论的改造；也就是说，他尝试用契约论的观点来重构康德的绝对命令公式，特别是普遍法则公式。另一方面，他对康德的价值理论进行了后果主义的改造，即

---

① Parfit, *On What Matters, I*, p. 314.

② 参见 Korsgaard, *Creating the Kingdom of Ends*, p. 149。

通过把康德的价值理论划分为有待尊重的价值和有待促进的价值，从而把它与后果主义的最大化理论结合起来。下面，我将分别论之。

3.3.1 对绝对命令公式的契约论改造

虽然帕菲特与科斯嘉德、伍德、奥尼尔、希尔和赫尔曼等人一样批评康德的普遍法则公式，但是他并没有像这些新康德主义者那样认为普遍法则公式没有什么价值，从而转向强调人性公式和自律公式的意义。在帕菲特看来，如果经过某种康德式的修正，普遍法则公式就会取得惊人的成功，就能实现康德所力图找到的道德最高原则。

帕菲特首先批判了关于普遍法则公式的三种当代理解模式，它们分别以内格尔、罗尔斯和威廉斯（B. Williams）为代表。

内格尔认为，在我们问能否合理地意愿"每个人都依照我们的准则去行动"为真时，康德的意图是让我们去想象，我们将处于每一个他人的位置，且在相关方面类似于这些他人。这个提议使康德的公式类似于扩大版的黄金规则，它要求我们力图想象自己将处于数以亿计的他人之境地。帕菲特认为，康德关于普遍法则公式的论述，并不支持内格尔的这种解读。事实上，康德在《道德形而上学奠基》中，也明确批评过"爱人如己"和"己所不欲，勿施于人"这样的黄金规则，认为它们并不是建立在理性的基础上，从而不具有真正的普遍性。

与内格尔不同，罗尔斯认为，当我们运用普遍法则公式时，康德是想让我们去想象，当我们对自己或自己的处境或状况一无所知时，也就是说，在"无知之幕"的背后，我们在不知道自己是男人还是女人、富裕还是贫穷、幸运的还是需要帮助的等这些情况下，我们能够合理地意愿什么。帕菲特也反对这种解读方式，因为在讨论普遍法则公式时，康德从未建议我们应当设想对我们自己或者自己的处境一无所知。

以威廉斯为代表的第三种解读认为，当康德提出普遍法则公式时，他试图让我们从想象的不偏不倚的旁观者视角来判断我们的准则。但是，帕菲特同样反对这种解读。他认为，康德在讨论普遍法则公式时，从未要求我们把自己想象为不偏不倚的旁观者。①

那么，是否在当代思想家中，就没有关于普遍法则公式的合适解读呢？帕菲特的答案是否定的。在他看来，当代契约论者斯坎伦提供的第四种解读是比较好的解读方式。斯坎伦的契约论提供了这样一种说明：

> 它认为，一个行为如果其实施在那种境遇下会被一般行为规则的任何一套原则所禁止，那么，这个行为就是不正当的；这种一般的行为规则是没有人能够有理由将其作为明智的、非强制的普遍一致意见之基础而拒绝的。②

斯坎伦也提到，这种"没有人能合理拒绝"的原则相比于传统契约论的"每个人都能合理接受"的原则更加优越，因为"对于契约主义来说，基本思想是对每一个人的可证明正当性的观念（其根据是，他或她都不能合理地拒绝）。'一致接受'则是这一条件得到满足的结果，但其自身并非基本观念"③。帕菲特认为，斯坎伦式的契约论思想可以简化为这一原则：每个人都应当遵循没有人能合理拒绝的原则。④ 和斯坎伦一样，帕菲特也认为，"没有人能合理拒绝"的原则比"每个人都能合理接受"的原则更加可取，因为前一原则能够排除一些具有强烈牺牲精神的人去赞同一个本可以合理拒绝的原则（参见本书 1.2.2 的论述）。帕菲特进一步指出，如果我们借用斯坎伦的公式来改造康德的普遍法则公式，那么就会使得康德的公式更加合理，从而避免伍德、赫尔曼、希尔和奥尼尔等人的反驳。

帕菲特借鉴斯坎伦的公式指出，康德的普遍法则公式，即"要只按照你同时能够意愿它成为一个普遍法则的那个准则去行动"这一公式，需要从以下几个方面加以修正。

---

① 参见 Parfit, *On What Matters, I*, pp. 338-339。

② 斯坎伦：《我们彼此负有什么义务》，第 163 页。

③ 同上。

④ 参见 Parfit, *On What Matters, I*, p. 360。

首先，我们需要把公式中的"你"改为"每个人"或"所有人"，从而把"你意愿自己的准则成为一个普遍法则"改为"每个人能够合理地意愿我们的准则成为普遍法则"。之所以要做这样的修正，是因为一个个体所合理意愿的东西并不一定是每个人都合理意愿的东西。通过把"你意愿"改为"每个人都普遍意愿"，帕菲特就从康德的普遍法则公式中发展出一种"康德式的契约论公式"。它可以表达为：

> 每个人都应当遵循那些其普遍可接受性是每个人都合理地意愿的道德原则。[1]

或用斯坎伦式的契约论模板，表达为：

> 每个人都应当遵循没有人能合理拒绝的原则。[2]

在帕菲特看来，之所以称这种修正为契约论的修正，原因在于，"所有人的普遍同意"或"没有人能合理拒绝"这种核心观念，通常都被人们看作契约论思想的核心。在帕菲特看来，这样改造后的普遍法则公式能够避免门槛反对，因为门槛反对关注的是门槛或人数的多少，而这个康德式的契约论公式已经回避了对人数的计算。

其次，普遍法则公式不应该被运用于行为者的准则，而应当被运用于行为。正如前面提到的混合准则反对所指出的，康德的准则会不正当地允许错误的行为，或者谴责正当的行为。既然不同的准则都会产生相同的行为，那么在进行道德判断时，把判断的对象改为确定的行为而非不同的准则，也许会避免很多混淆。因此，如果把准则替换为行为，那么修改后的公式就是：

---

[1] Parfit, *On What Matters, I*, p. 342.

[2] Ibid., p. 411.

我们的行为是错误的，除非它被某种道德原则所允许，这种道德原则是我们可以合理地意愿每个人都接受的。[1]

在帕菲特看来，这样的改造避免了上述混合准则反对，因为它根本就不再判断行为者的准则，而是判断确定的行为。

帕菲特总结道，借助斯坎伦式的契约论对普遍法则公式进行改造，能够实现真正的不偏不倚性和确定性。他说道：

契约论者诉诸的原则是，如果我们都以使得我们的选择充分不偏不倚的某种方式去选择的话，那么该选择对于所有人来说都是合理的。一些契约论者主张，为了达到这种不偏不倚性，诉诸这种原则就足够了，即如果每个人都需要对这些原则达成共识，那么该原则对每个人都是合理的。其他的契约论者，如罗尔斯，则添加了一个无知之幕。康德式的契约论者达到不偏不倚的途径，是诉诸在每一个人都认为自己有能力去选择每个人都会接受的原则的情况下，每个人都能够合理地选择什么。在这里是通过一致同意的要求来达到不偏不倚的，不需要达成任何协议或无知之幕。[2]

这里的问题是，契约论也只是一个程序。通过这个"一致同意"或"没有人能合理拒绝"的程序，人们能够得出什么结果呢？帕菲特的回答是，这种康德式的契约论必须与一种规则后果主义相结合，才能获得真正的成功。他说道：

我已经主张，康德的普遍法则公式面临某些决定性的反驳。为了避免这些反驳，康德的公式必须被修正。就其经修正的最好形式而言，

---

[1] Parfit, *On What Matters, I*, p. 299.

[2] Ibid., pp. 401–402.

该公式要求我们遵循这样的原则，即它被普遍接受是每一个人都能够合理地意愿或者选择的。我已经论证，并不存在每个人都能够合理地选择但却明显并非最优的原则。因此，正如我也论证过的，除非每个人都能够合理地选择最优原则这一点是真的，否则该公式就不可能成功。除非在其经修正的形式中蕴含规则后果主义，否则康德的普遍法则公式就不可能成功。[①]

这就引出了帕菲特对康德公式的第三个修正，即在帕菲特看来，康德的普遍法则公式想要成功，就必须包含一种后果主义结论，因为每个人都普遍意愿或选择的原则，只能是所有原则中的最优原则，而最优原则又只能是"产生最好后果的原则"，或者说是"使得事情进展得最好的原则"——这被帕菲特称为"后果主义的标准"。[②] 这样，从普遍法则公式就可以发展出一种后果主义理论。它可以这样表达：

1）每个人都应该遵循最优原则，因为只有这些原则才是每个人都能够合理地意愿其为普遍法则的。[③]

2）最优是说，如果每个人都依照这些准则来行动，那么事情的进展方式将会是不偏不倚地最好的。[④]

3）普遍同意的最优是说，对这些原则的普遍同意将会使得事情进展得最好。[⑤]

帕菲特认为，这样的改造能够避免理想世界反对。还以上面提到的"永不使用暴力"这一准则为例。它虽然可以为普遍法则公式所要求，但它

---

① Parfit, *On What Matters, I*, pp. 402–403.

② 参见 ibid., p. 374。

③ Ibid., p. 411.

④ Ibid., p. 375.

⑤ Ibid., p. 277.

在战争的情况下是行不通的。我们需要把它修改为:"不使用暴力,除非某些他人使用了侵犯的暴力,在这种情况下允许运用限制性的暴力,如果它是我保护自己或他人的唯一可能的方式的话。"① 在帕菲特看来,这个修正的版本充分考虑了普遍法则公式在现实世界可能导致的灾难性后果,因而在后果上是最优的,也是人们所无法合理拒绝的。

结合上述三种修正,帕菲特提出了一种把康德伦理学、后果主义和契约论这三种理论结合在一起的三合一理论。它在形式上是康德式的,在内容上是后果主义的,同时结合了契约论原则,因而可以称之为"康德式的契约论后果主义"。不过,在讨论这种理论之前,我们有必要考察一下帕菲特的价值理论,因为通常来说,任何一种后果主义学说都必须预设一种价值承诺。

3.3.2 对康德价值论的后果主义改造

虽然像罗尔斯这样的康德主义者认为,康德伦理学的基本特征是坚持"权利优先于善"这样的义务论立场,但是像赫尔曼、科斯嘉德和希尔等康德主义者则承认,康德伦理学中包含重要的价值理论,如自在目的、善良意志等。赫尔曼甚至认为,康德伦理学的最基础概念就是"善",因此它最好被理解为一种"关于价值的伦理学"。② 但是,这些思想家否认康德所讨论的这些价值是有待促进或者说需要被最大化的价值,而是坚持认为它们仅仅是被尊重的价值,从而像赫尔曼和科斯嘉德一样坚持一种以价值为中心的义务论而非后果主义。帕菲特反对这种观点。在他看来,康德伦理学中明显存在几种有待产生并需要被促进或最大化的价值。

帕菲特首先把价值分为两类:被尊重的价值和被促进的价值。前者涉及诸如国旗、活古树、肖像、宗教绘画及死者躯体这类事物,它们具有某

---

① Parfit, *On What Matters, I*, p. 315.

② 参见 ibid., p. 235。

种象征的、历史的或联想的价值，是要求人们尊重和保护的。我们通常拒绝用国旗当抹布、用古树做火柴、用宗教绘画做标靶等。但对于它们，我们仅限于尊重和保护，而不能促进，它们也不涉及最大化问题。与被尊重的价值不同，被促进的价值是需要人们尽力去实现其最大化的。例如，如果人们认为快乐或者偏好是有价值的，那么人们就有足够的理由去促进对快乐或偏好的满足。

具体到康德的"价值"或"目的"概念，帕菲特指出，虽然像赫尔曼、科斯嘉德和希尔等人指出的那样，康德所说的"人是目的"或者"理性本性"具有绝对的和无条件的价值，但它们是有待尊重而不是要被促进的价值。除此之外，康德仍然承认存在几种有待产生的目的或价值，并且它们是我们应该努力促进或实现的。其中，第一种需要产生或促进的价值是"拥有善良意志"，因为基于康德的观点，无论以哪种方式，拥有善良意志都是我们应当努力达成之事。康德在《道德形而上学奠基》中也曾明确指出，理性的"真正使命必定是产生一个并非在其他意图中作为手段，而是就自身而言就是善的意志"（4:396）。第二种有待产生或促进的价值是"目的王国"。按帕菲特的解释，目的王国就是一种可能的事态或未来的世界，如果人们都拥有善良意志并且出于自律而行动，那么就可以产生或促成这个理想世界。第三种这样的目的是"至善"。至善作为一种可能世界，是"目的王国"再加上"幸福"这个要素，它要求在未来的理想状态中，每个人都拥有最高的德性，并且能够获得与其德性相配的一切幸福。康德也多次强调，人们有义务尽力去促进"至善"这个目的（对于"至善"问题，我将在第6—8章详细讨论，并且遵循一种与帕菲特不完全一样的思路）。

除了上述三种价值之外，帕菲特认为可能还有第四种这样的目的，即"理性存在者本身"。虽然赫尔曼等人主张，理性存在者是被尊重而非被促进的对象，但是，帕菲特却论证道，康德称理性存在者的"存在本身就具有绝对价值"。那么，如果宇宙中不存在这样的理性存在者，这也将会是"纯粹的浪费、徒劳、无价值"。从康德的这些评论中可以看出，"理性存在者的持存是具有最高价值的、有待产生的一种目的"[1]。他进一步指出：

> 依照康德的观点，就像拥有善良意志一样，理性在部分程度上也是一个有待产生或促进的目的。我们应该运用我们的理性，并且努力通过发展我们的理性能力而变得更加理性。[2]

当然，需要指出的是，虽然康德认为我们应当努力发展和使用我们的理性能力，但这种发展更多的是关注世界上既有的理性存在者的理性的完善，而较少关注理性存在者在数量上的增加（也就是增加人口，使得人这种理性存在者在这个地球上乃至宇宙中变得越来越多，虽然这也并不违背康德的原则）。

总之，在帕菲特看来，康德所谈到的这四类价值都不宜被理解为仅仅需要被尊重的价值，它们也都包含着被促进的要求。因此，那种把康德式的价值一概地理解为被尊重的价值的看法，是不符合康德的文本和思想的。

帕菲特进一步指出，"价值"和"善"（或者"好"）并不总是相等的。当我们说某种东西有价值时，并不是说这个东西一定是善的或者是好的。例如，说理性本性是有价值的，并不意味着理性本性就是"善"或"好"本身，因为有理性本性的人完全可以违反道德法则的要求而去作恶。因此，正如赫尔曼所说的那样，理性本性这种价值代表的是一种"道德地位"；也就是说，它具有被道德评价的资格。例如，"恶人"也有理性本性，也是有价值的，但这不意味着他就是"善"的或"好"的。理性本性是一个人可以被评价为"善"或"恶"的道德资格。因此，帕菲特认为，康德可能不会接受"有价值的就等于善的"这样一种观点：

---

[1]　Parfit, *On What Matters, I*, p. 240.

[2]　Ibid., p. 241.

　　当康德主张所有理性存在者都有他所谓的尊严这种价值时，他并不是说所有理性存在者都是善的。我曾说过，康德的意思是一切理性存在者都具有某种应当被尊重的价值，既然他们应当仅以某些方式被对待。这种价值是一种地位，或者是赫尔曼所称的"道德地位"。而这种价值被许多传统观点所忽视了。[①]

帕菲特认为，在上述几种能够被促进的康德式价值中，最能体现后果主义最大化的是"至善"这种价值。这是因为，至善作为理想的完善世界中的价值意味着，每一个人都既是完全有德或者说道德上善的，而且还享有与此德性相配的一切幸福。但是，这种理想世界并不是现成的，而是需要人们努力去促进或实现的。康德还多次强调，每个人都应该努力促进这种至善。帕菲特把它称为康德的"至善公式"，它要求"每个人都应当总是努力促进一个具有普遍德性和配享的幸福的世界"[②]。

帕菲特认为，康德的这一公式明显具有后果主义特征，因为如果每个人的德性都与其幸福相匹配，那么这当然就是最好的；而在理想的未来世界里，情况确实会是所有人都是有全德全福的。但是，在那些不完满的世界里，该如何看待德性和幸福呢？有些人认为，在这种世界里，最好的结果仍然是满足德性与幸福之间的精确匹配。但帕菲特认为，这好像不太符合康德的观点。他举例道：

　　假如没有人有德性和幸福，或者每个人都既邪恶又悲惨，在这两种情况下，德福也是相称的。但这样的世界显然比如下这种世界更差，其中每个人都有很多的德性和很多的幸福，只是其中有些人的幸福与其应得稍有出入。这样我们就可以假定，依据康德的观点，如果有更多的德性和应得的幸福，即使二者不那么匹配，这样的世

---

① Parfit, *On What Matters, I*, p. 243.

② Ibid., p. 245.

界始终也是更好的。①

在帕菲特看来，当康德要求我们尽力促进至善时，他已经在讨论一种后果主义的规范理论了。因此，从康德的价值论出发，是完全可以得出一种后果主义的结论的。

但是，以斯坎伦为代表的批评家指出，帕菲特对康德价值理论的后果主义解释，是从一个完全不同于康德的出发点来进行的，因为在康德那里，理性及其实践能力，或者说人的理性行为能力是根本出发点，道德法则的普遍性和有效性都来自它，用斯坎伦的话说就是，"绝对命令的权威和内容都在于理性行为能力本身"②。而在帕菲特那里，理性并不具有这种功能，因为帕菲特的立场是坚持理由优先于理性；也就是说，是理由而非理性给人们的行为提供了合理性的根据。在他看来，当我们有理由（reasons）时，我们就是合理性的（rational）。

这里随之而来的问题就是，理由又从哪里来呢？帕菲特认为，理由是由对象或客体给出的，这被他称为"客体给予理由"（object-given reasons）。也就是说，如果一个对象是人们有意愿去做的，那么人们就有去做它的理由，因而人们的行为也就是合理性的。反过来，如果人们有理由去做某事，就说明这事是有价值的。

基于客体给予理由理论，帕菲特反对主观的基于欲望（desire-based）的理由理论，认为这种观点是任意的，不具有客观性，它导致的结果就是根本没有理由，没有什么东西是真正重要的。他进一步指出，客体给予理由理论本质上就是一种客观的基于价值的（value-based）理由理论，因为客观价值能够为我们提供行为的客观理由，而价值本质上就是某事因其自身而值得做或使得某些结果为好或为坏的事实。

帕菲特最终指出，康德的至善理论完全可以是一种后果主义的价值理

---

① Parfit, *On What Matters, I*, p. 245.

② Ibid., p. 118.

论，因为至善公式要求每个人都应当总是努力去促进一个包含普遍德性和相应幸福的世界，而后果主义就是一种以价值为基础的观点。[①]下面，我们就来考察帕菲特所建构的康德式的后果主义。

3.4 康德式的契约论后果主义

前面已经指出，在帕菲特看来，康德的普遍法则公式要想获得成功，除了要接受斯坎伦式的契约论的修正之外，还要接受后果主义的改造。然而，正如我们在第 1 章中指出的，后果主义也可以划分为不同的种类。那么，帕菲特想要用哪种后果主义修正普遍法则公式呢？帕菲特认为，由于直接的行为后果主义是自我挫败的，所以不能用它来改造康德的公式，而必须用规则后果主义来改造康德的公式。

正如 3.3 所指出的，帕菲特认为，所有类型的后果主义都具有一个相同的后果主义标准，即什么能使得事情进展得最好。他接着把后果主义划分为直接后果主义和间接后果主义，其中直接的后果主义（如行为后果主义）将后果主义标准直接运用于一切事物："不仅用于行为，也运用于规则、法律、习惯、欲求、情绪、信念、财富分配、地球的大气状态，以及其他一切能够使事情变得更好或更坏的事情。"[②]直接后果主义还可以再分为事实相关的（fact-relative）和信念相关的（belief-relative），其中前者认为"每个人都应当总是做任何实际上会使事情进展得最好的事情"，而后者则认为"每个人都应当总是做或努力做任何最有可能使事情进展得最好的事情，或更准确地说，做任何会使事情的进展在预期上最好的事情"[③]。与直接后果主

---

① 帕菲特并没有进一步展开对康德式至善后果主义的论证。当然，他的目标也不在于此，他要做的是发展出一种结合康德主义、契约主义和后果主义的三合一理论，而非某种单纯的康德式理论。前面已经提及，本书的第 6—8 章将会详细论证一种康德式的至善后果主义，它在结论上与帕菲特一致，但在论证方式和目标上都不同于帕菲特。

② Parfit, *On What Matters*, I, p. 374.

③ Ibid.

义者不同，间接后果主义者将后果主义标准既直接地用于某些事情，又间接地用于其他事情。例如，规则后果主义者将此后果主义标准直接地用于规则或原则，但又间接地用于行为。他们会说：每个人都应当遵循这样的规则，按照这样的规则去行动将使得事情进展得最好。很明显，依照规则后果主义，最好的规则就是如果人们都普遍遵守将会产生最好后果的规则，而最好的行为并不一定是产生最好后果的行为，而是为最好的规则所要求或允许的行为。

帕菲特认为，行为后果主义实际上是自我挫败的，因为它要求每个人都努力做能够产生最好后果的任何事情，然而由于事实上人们对行为及其后果的考虑和计算往往会出错，因此这些努力往往都以失败告终。此外，行为后果主义也会如威廉斯批判的那样，侵犯个人生活的完整性。帕菲特批评道：

> 如果每个人都努力做任何使事情进展得最好的事情，那么这些企图常常都会失败。在预测可能行为的效果时，人们经常会犯错，或者以对自己有利的方式欺骗自己。例如，我们会轻易相信，我们的偷窃或撒谎是能够得到证成的，因为我们错误地相信，我们的行为带来的利益将会超过加给他人的负担。如果我们全都是行为后果主义者，这还会损害或削弱某些有价值的实践或制度，比如说要求信任的许诺实践。如果每个人都有行为后果主义的动机，那么这在其他方面会很坏，因为如果几乎每个人都总是努力使事情变得最好为真，那么我们大多数人将不得不失去太多强烈的爱、忠诚、个人目标和其他构成我们的幸福的诸多东西，以及使得我们的生活以其他方式值得去过的动机。①

在帕菲特看来，既然直接功利主义并不是能够使得事情进展得最好的原则，那么我们就不能用它来修正康德的普遍法则公式。反过来说，康德

---

① Parfit, *On What Matters*, I, p. 404.

的公式也并不要求人们都成为直接的后果主义者。

在排除了直接后果主义原则之后，帕菲特开始尝试建构康德式的规则后果主义。他首先回到我们前面讨论过的康德式契约论公式，该公式要求：

> KC（Kantian Contractualism）：每个人都应当遵循那种每个人都能够合理地意愿它们成为普遍法则的原则。①

那么，人们能够意愿什么原则成为普遍法则呢？帕菲特的回答是：最优（optimific）原则。什么是最优原则呢？帕菲特的回答是："如果每个人都力图遵守这些原则，事情就会不偏不倚地变得更好。"②在帕菲特看来，事实上是存在着这种原则的，它们是在不偏不倚的、非个人的意义上产生最好后果的原则，即"从不偏不倚的视角看，这种后果是每个人都会有最大理由想要的，或者是希望产生的"③。很明显，这种从不偏不倚的和非个人的视角而来的最优原则，就是规则功利主义的原则。他由此得出了自己的康德式规则后果主义，其公式表达为：

> KRC（Kantian rule Consequentialism）：每个人都应当遵循最优原则，因为这些原则是每个人都能够合理地意愿它们成为普遍法则的仅有原则。④

在分别得出康德式契约论和康德式规则后果主义之后，帕菲特进一步努力把这两个公式结合起来，也就是要把康德主义、契约主义和后果主义结合起来，建立所谓的"三合一理论"。他的论证步骤如下：

---

① Parfit, *On What Matters, I*, p. 407.
② Ibid., p. 251.
③ Ibid., p. 372.
④ Ibid., p. 411.

首先是斯坎伦的契约论公式：

每个人都应当遵循没有人能合理拒绝的原则。

然后是康德主义的论证：

A）如果我们不能合理地意愿两个原则中的一个成为普遍法则，那么必定存在着使我们强烈拒绝这个原则的事实。

B）如果每个人都能合理地意愿另一个原则成为普遍法则，那么就没有人能同样强烈地拒绝这个替代原则。

C）既然我们对第一个原则的拒绝强于每个人对替代原则的拒绝，那么我们就能够合理拒绝这个原则。

D）如果仅有一个相关原则是每个人都能够合理地意愿它成为普遍法则的，那么就没有人对这个原则的拒绝能够像对任何替代原则的最强拒绝那样强。

E）没有人能合理拒绝某个原则，如果存在对它的任何替代原则的更强拒绝的话。

因此

F）如果仅有一个相关原则是每个人都能合理地意愿它成为普遍法则，那么就没有人能合理拒绝这个原则。

G）既然存在对任何替代原则的更强拒绝，那么这些替代原则都能够被合理拒绝。

因此

H）如果仅有一个相关原则是每个人都能合理地意愿它成为普遍法则，那么这个原则就是没有人能合理拒绝的唯一相关原则。

I）只存在一组每个人都能够合理地意愿它们成为普遍法则的原则。

因此

　　J）这些原则就是没有人能合理拒绝的仅有原则。①

　　帕菲特也把自己的这种论证称为"趋同论证"，因为它把康德的普遍法则公式和斯坎伦的契约论公式结合起来了。

　　帕菲特认为，这种趋同论证到这里还没有结束，因为这一结合起来的康德式契约论也包含规则后果主义，只有把康德主义、契约主义和后果主义都结合起来，才能实现真正的趋同。而把三种理论结合在一起的理论，被帕菲特称为"三合一理论"。它可以这样表述：

　　一个行为是错误的，当且仅当，或者恰恰当这类行为为某种原则所不允许。这种原则是：
　　1）它是那种一旦成为普遍法则就会使事情变得最好的原则之一，
　　2）它是那种每个人都能合理地意愿其成为普遍法则的原则之一，且
　　3）它是一个没有人能合理拒绝的原则。

更为简洁的表达是：

　　TT（Tripple Theory）：一个行为是错误的，当且仅当它被某个原则所驳斥的时候，这个原则是能够产生最优后果的、唯一可被普遍意愿的且不能被合理拒绝的原则。②

　　在该公式中，"能够产生最优后果的"是一种后果主义的表达，"可被普遍意愿的"是一种康德主义的表达，而"不能被合理拒绝的"是一种斯坎伦式的契约论的表达。通过结合这三种理论，帕菲特就完成了对其"康

---

① Parfit, *On What Matters, I*, pp. 411–412.

② Ibid., p. 413.

德式契约论后果主义"的论证。

但是，正如前面所述，帕菲特煞费苦心建立的康德式契约论后果主义，其目的并不是仅仅为了改造康德伦理学，特别是其普遍法则公式。帕菲特并不愿意仅仅成为一个当代的"新康德主义者"，他还有更宏大的目标或愿望，即把上述三种重要的规范理论即康德主义、契约主义和后果主义结合起来。在他看来，这三种理论看似不同甚至相互冲突，然而实际上，它们不过是从不同的侧面回答相同的问题，就像是从不同的侧面攀爬同一座山峰一样。也就是说，这三种理论虽然道路不同，但是目的或终点都是一样的，都是为人类提供正当行为的道德标准。在帕菲特看来，这三种理论之间的分歧并非如人们通常认为的那样深刻。如果能够用一种理论把它们统一起来，那么我们就能够克服由于日常的分歧而造成的道德怀疑主义乃至虚无主义，而这正是道德领域中的"真正重要之事"。这也是其鸿篇巨制《论重要之事》所要处理的最核心的问题。

3.5 质疑与回应

帕菲特的康德式契约论后果主义得到了广泛的关注，也受到了许多批判。《论重要之事》的第二卷就收入了四篇批评论文，它们分别是：伍尔芙（S. Wolf）的《游山之旅》（"Hiking the Range"），伍德的《作为自在目的的人性》（"Humanity as End in Itself"），赫尔曼的《方法的不匹配》（"A Mismatch of Methods"），斯坎伦的《我怎么不是康德主义者》（"How I Am not a Kantian"）。而在《论重要之事》正式出版之前，帕菲特就组织过对该书初稿的研讨会，并形成了论文集：《帕菲特〈论重要之事〉评论集》（*Essays on Derek Parfit's* On What Matters）。在这本论文集中，也有多篇论文涉及对他的康德式的契约论后果主义的评论和批评。而达尔沃在其著作《第二人称观点》中，也对帕菲特的这种理论提出了质疑。这里，我们简要梳理对帕菲特的几种批评，以及帕菲特对相关批评的回应。

莫尔根（S. Morgan）认为，帕菲特对康德伦理学的改造是不成功的，因为帕菲特在论证道德的最高原则时，已经预先设定了后果主义，虽然帕菲特否认自己有这样的预设。在莫尔根看来，帕菲特的实践合理性观念本身就是结果导向的（outcome-oriented），它会引导行为者去采取后果主义的态度，而这并不会给反后果主义者或者康德主义者提供支持。莫尔根这样重构帕菲特的论证过程：

> 我认为，帕菲特的推理是以如下方式进行的。他从一个行为者问自己该如何能够使事情进展得对自己最好这个图景开始。很明显，这个行为并没有采纳一种道德观点。帕菲特接着想象，这个行为者问自己如何去行动，以至于事情进展得对自己最好，且在他有意做某事的情境下会使得别人也有这样的想法。但是，这仍然没有把行为者引向一种道德观点。因此，他然后让这个行为者追问，每个人都会问他／她，使得事情进展得对他／她最好的哪些原则可以得到认可。依据帕菲特，采纳这些原则会引导行为者摆脱其自身偏倚性的观点，并拥有道德观点。但是在我看来，通过这种进路，行为者最终采纳的道德观点无疑是后果主义的，它聚焦于全体利益的最大化，既然这是行为者从一开始推理就预设了的。①

而在莫尔根看来，一种真正的康德式伦理学应当把人类自由及其在个体选择中的表现看作根本重要的，而这在帕菲特的道德理论中却根本不重要。

达尔沃主要质疑帕菲特从康德式契约论出发推出规则后果主义的做法。在他看来，契约论在本质上关注的是道德主体相互之间的责任和尊重，而这些都是第二人称关系；而涉及第二人称关系的理由就是第二人称理由，它不同于基于状态或后果的理由，因为"一个第二人称的理由，它的有效性依赖于预设的权威和人们之间的责任关系，因此也依赖于理由在人与人之间传达

---

① Morgan, "Can There Be a Kantian Consequentialism?", in Suikkanen and Cottingham eds., *Essays on Derek Parfit's* On What Matters, Wiley-Blackwell, 2009, p. 59.

的可能性。在指令、请求、主张、非难、抱怨、承诺、契约、同意、命令等等之中传达或预设的理由，在这个意义上都是第二人称的。若非它们在第二人称交谈中的作用，这些理由就根本不会存在。它们的第二人称特性解释了它们的行动者相关的性质。由于第二人称理由总是根源于行动者彼此之间的关系，它们在根本上总是行动者相关的"①。在达尔沃看来，平等主体之间的第二人称关系预设了第二人称理由，而第二人称理由又是针对第二人称关系的。它是说，其中一方因为提出要求而成为权威，而另一方因为被要求而承担责任。而契约论是明确表达这种第二人称关系和第二人称理由的理论，因为所有契约论理论的共同点都"包含如下观点：我们作为平等道德人亏欠彼此的道德义务的内容，应该被解释为，从使得个体作为道德人出于平等地位（因此表达了对人本身的尊重）的视角出发的（假设性的）合同、选择或'契约'的结果"②。达尔沃认为，康德式的契约论也毫无例外地体现了这种第二人称观点，它表达的是"作为平等的基于第二人称权威的人的尊严"，而不是帕菲特所建构的规则后果主义。他批评道：

> 帕菲特（2004）最近的这个论断："康德主义的契约论"蕴含了规则后果主义，后者的观点是，我们应该服从那些对它们的普遍接受会带来最佳后果的原则。……这个论证的主要问题在于，它忽视了正当原则按照一个契约理论所具有的形式，也就是它们通过相互责任在产生相互尊重方面的作用。契约论者一般而言能够认可不偏不倚的由后果给予的理由的存在，她也能够以不威胁到任何她承诺的东西的方式，出于论证的目的同意，一个个体牺牲自我利益以便促进不偏不倚的更好的后果，这可以是理性的。但是，与这点一致的是，她仍然能够否认，这样一种后果排序自身，为道德义务或权利的原则提供了正确类型的理由。③

---

① 达尔沃：《第二人称观点：道德、尊重与责任》，章晟译，译林出版社，2015年，第8—9页。
② 同上书，第317页。
③ 同上书，第325—326页。

在达尔沃看来，契约论者虽然不会否认后果考量，但是出于第二人称观点，具有尊严的平等主体在处理相互关系时，关注的重点是相互之间的权利和义务，而非后果。因此，在第二人称观点看来，从后果出发并不能推出任何正当性理由或者原则。而帕菲特的康德式契约论后果主义对最优后果的强调，是一种推导正当理由或原则的错误类型。因此，他得出结论说：

> 康德式的契约论者似乎也可以承认，她的观点在纯粹形式的意义上是规则后果主义的一个版本，而不用放弃任何具有根本理论重要性的东西。……我的观点是，即使它们不令人信服，即使康德主义的契约论在纯粹形式意义上是一种形式的规则后果主义，也没有任何具有理论重要性的东西依赖于这一点。[1]

总之，在达尔沃看来，如果契约论者坚持基于行为者相关的第二人称立场，那么就不能采取从最优后果中推导出道德行为的正当理由或原则的方式；而如果强调平等和尊重的第二人称视角更符合康德的普遍法则公式，那么帕菲特关于康德式契约论后果主义的主张就并非是最可取的。

帕菲特认为，达尔沃并没有看到，康德伦理学中存在两种价值，即前面讲到的需要被尊重的价值和需要被促进的价值，从而把康德所说的价值都理解为需要被尊重的价值，并把自己的第二人称观点运用到这种价值之上。而帕菲特自己关注的是另一类价值，即需要被促进的价值。而对于这种价值来说，从最优后果的角度来思考它们，就并非如达尔沃所质疑的那样是不可取的。

斯坎伦、伍尔芙和赫尔曼等人也都质疑帕菲特的康德式契约论后果主义是否是"康德式的"。斯坎伦尖锐地指出，帕菲特试图用趋同论证来建构的三合一理论，其有效性依赖于新理论必须接近于三种原初理论，这样才

---

① 达尔沃：《第二人称观点：道德、尊重与责任》，第327页。

能体现三种理论之间所具有的趋同性。然而遗憾的是，帕菲特对契约论、康德主义和后果主义都做了大幅度的修正，以至于他的三合一理论在多大程度上能够代表上述三种理论的原初样式都是有疑问的。更进一步，如果三合一理论不能代表上述理论中的任何一种，那么帕菲特的目标，即证明三者在从不同侧面攀登同一座山峰，就必定以失败告终，因为三合一理论并不能代表三种理论中的任何一种。

对于斯坎伦的质疑，帕菲特的回应是大胆的。他认为，如果偏离康德的原初理论能够让康德的理论变得更加合理或者更加具有说服力，那么这种偏离就是必要的，同时也就是"康德式的"。例如，在用行为改造康德的"准则"概念时，帕菲特就明确指出：

> 人们或许会反对，如果我们通过取消"准则"概念来修正康德的公式，我们就不再是讨论康德的观点了。这种主张是对的，但是并不构成反对。我们是在追问，康德的公式是否能够帮助我们决定哪类行为是错误的，并帮助我们揭示这些行为为什么是错误的。如果我们以明显必要的方式修正这些公式，我们就是在发展一种康德式的道德理论。我相信，康德对"准则"概念的使用并不是他自己的理论中有价值的部分。因此，就不再使用这个概念来说，我们并没有失去任何值得坚持的东西。[1]

这里，帕菲特再次重申了他并不局限于康德的理论框架本身，因为这个框架在他看来是有缺陷的。他的终极意图是，通过修正康德伦理学，而使后者更加合理。

伍尔芙也质疑帕菲特的趋同论证。她认为，康德主义、契约主义和后果主义作为三种重要的规范理论，它们的意义或许并不在于它们的趋同性，而在于它们相互之间的区别和差异，因为它们关注人类道德行为的不同方

---

[1]　Parfit, *On What Matters, I*, pp. 298–299.

面；而这些方面都具有重要意义，甚至它们之间的紧张关系或冲突，也表达了人类道德生活的深刻性和复杂性，我们应当承认和重视这种差异而不是试图调和它们。她甚至认为，即便这些理论之间不能调和，或者用帕菲特的话来说不能"趋同"，那么对人类的道德生活来说，这也不是什么灾难。相反，帕菲特的趋同论证恰恰忽视或消解了这三种理论之间的差异性，而差异性才是这些理论的意义之所在。

帕菲特不同意伍尔芙的质疑。在他看来，如果否认存在最终的统一的道德原则，放任不同甚至相互冲突的道德原则指导行为，那么必定会产生道德怀疑主义乃至道德虚无主义，而他努力建构的三合一理论正是要克服道德怀疑主义和道德虚无主义。

赫尔曼质疑的是帕菲特建构康德式契约论后果主义的论证方法。在她看来，帕菲特杂糅了康德主义和后果主义的方法，而这两种方法之间并不是完美"匹配"的；相反，二者之间具有巨大差异。在赫尔曼看来，如果强行以后果主义来解读康德的普遍法则公式，那么这不仅歪曲了康德的原初立场，还会失去康德伦理学中有价值的部分。例如，帕菲特关于理由优先于理性的观点，明显不同于康德。他从最优后果出发来论证道德原则的思路，也是和康德伦理学的框架不相容的，因为在康德那里，纯粹实践理性是出于形式原则独立于一切质料要素而颁布道德法则的。康德明显是坚持理性先于理由而非理由先于理性的，他也不从后果本身是否最优出发来考虑行为是否正当。

正如对斯坎伦的回应一样，帕菲特认为，如果我们以某种方式修正了康德的理论，从而使其更具合理性的话，那么我们就是在发展某种康德式的理论。同时，他也指出，自己的方法和康德的方法之间，并非像赫尔曼所说的那样，有那么大的差距。

但是，即便像帕菲特认为的那样，达尔沃、斯坎伦和赫尔曼等人对他"超出康德伦理学的基本框架，从而是非'康德式的'"的批评是站不住脚的，那么这是否意味着，帕菲特对康德绝对命令的批评和改造就是成功的呢？在我看来，情况并非如此。这里，我还可以尝试提出一种新的反驳。

该反驳认为，在帕菲特那里，后果主义并非如他所述，是从绝对命令出发得出的结论，而是他从一开始就预设的前提。进而，如果从后果主义的预设或前提出发，那么他对康德绝对命令的批评和改造都是外在的，因为康德并不预设后果主义，而他用以为义务论奠基的绝对命令程序也是内在地一贯的，并不具有帕菲特所指出的那些缺陷或不一致。因而，康德和康德主义者都有理由拒绝这种改造。

需要说明的是，认为后果是帕菲特的前提而非结论的主张，并非是我首先提出来的。赫尔曼、沙卡和莫尔根等研究者都认为，帕菲特的论证是奠基于对后果的强调之上的。[①] 在这里要做的，只是把这种观点进一步贯彻到帕菲特对绝对命令的批判和修正中，指出他的批判和修正完全是外在的，而绝对命令本身在康德那里确实是内在地一贯的，其中并不存在帕菲特所批评的那些缺陷。

首先来看混合准则反对。当帕菲特指责绝对命令无法面对混合准则反对时，他仍然预设了后果主义的考虑。康德也曾经举例讨论过"利己主义者的善行"和"永不撒谎"案例。对于前者，康德区分了出于义务和合乎义务。他认为，一个商人为了获得更多的利益而做到童叟无欺，虽然是合乎义务的，但是这种行为本身并没有什么道德价值，因为道德要求的是出于义务而行动。也就是说，在康德那里，根本不存在混合准则共同起作用的情况：要么对道德义务的敬重压倒其他考虑，要么反之。同理，对于"永不撒谎"来说，康德认为，诚实作为一个完全义务，是不容许有例外情况发生的，即便是出于仁爱（这样的不完全义务）而撒谎也是不被允许的。所以，这里也不存在混合准则。而帕菲特之所以认为"为了奖赏而救人"的混合准则具有道德价值，其标准或许是救人具有较高的后果价值。而在康德那里，只有当救人的义务压过了对奖赏的考虑时，这样的准则才具有道德价值。

---

① 参见 Herman, "A Mismatch of Methods", in Parfit, *On What Matters, II*, pp. 83–115; Sarkar, *Kant and Parfit: The Groundwork of Morals*, pp. 87–99; Morgan, "Can There Be a Kantian Conse-quentialism?", p. 59。

　　为了避免混合准则反对，帕菲特提出把道德评判的对象由"准则"转变为"行为"，因为在他看来，不同的准则可以产生相同的行为。那么，如果不考虑这些混合的准则而评价确定的行为，就会避免混淆。然而，这种改造并不优于康德的论述。首先，它仅仅回避了对不同的准则进行道德评判，而康德却明确提出了判断不同准则的标准（出于义务与合乎义务）。其次，在康德那里，根本不存在混合准则同时起作用的情况，因此也并不存在要避免混合准则的要求。再次，即便道德评价的对象是行为，那么仍然可以依照康德，去追溯作为其内在根据的准则，并非一定像帕菲特认为的那样，只能依据行为所造成的现实后果。

　　再来看门槛反对。帕菲特以好的结果和坏的结果为标准，认为普遍法则的要求涉及对人数多少的计算，涉及一个门槛。他以"不生孩子，致力于哲学"为例来建构门槛反对。其实在康德那里，类似于帕菲特所说的这种假言命令，确实可以涉及手段和目的之间的考虑甚至计算。然而对康德来说，定言命令根本不涉及人数的计算，它只涉及准则与法则之间的契合与否，并不考虑程度的差别，更不以结果的好坏来判断准则的对错。可见，与混合准则反对一样，帕菲特提出的门槛反对也只不过是反对一个自己立起来的稻草人而已。

　　帕菲特帮康德解围的策略，是把公式中的"你"修改为"每个人"或"所有人"，从而依据契约论的"所有人都同意"或"没有人能合理拒绝"来改造绝对命令。这有点类似于哈贝马斯要把康德的"独白的伦理学"改造为"对话的伦理学"的做法。然而在康德那里，绝对命令根本不涉及契约论的"一致同意"或者"互惠性"等主张。有人认为，康德对目的王国成员之间"相互立法"的论述体现了这种"一致同意"或"互惠性"，因为在这里，他人好像对我具有权威性。然而，这是表面现象。实际情况是，由于我是一个自由且自律的理性存在者，他人颁布的法则必然就是我所同意或认可的法则。因此，他人实际上并不对我具有权威性。因此，对康德来说，把"你"修改为"每个人"或"所有人"，其实都是无意义的同义反复而已。

最后来看理想世界反对。帕菲特借用科斯嘉德等人的观点认为，绝对命令是为理想状态而设计的，而不管它是否会在现实世界造成灾难性后果。诚然，在康德那里，道德法则确实是由纯粹实践理性颁布的，它并不来自对经验世界的现实考量。然而，说它只是为理想状态而设计的，只是对它的片面理解。对于康德来说，即便道德法则的来源不是经验世界，它还是能够被运用于经验世界。康德提出的"应当意味着能够"原则就是说，来自非经验世界的道德的"应当"要求，在经验世界中是有实现的可能性的。

帕菲特认为，从先前提出的契约论程序中得出后果主义结论，才是解决理想世界反对的唯一方案，因为它允许人们在不同的方案中进行计算和选择，最终选出最优原则，而最优原则就是"使得事情进展得最好"的后果主义原则。然而，康德的立场是一贯的，即虽然他的理论并不一定否认道德原则会产生最优后果，但后果既不是他论证道德原则的最终目的，也不是他论证道德原则的前提。在康德那里，从形式性的绝对命令出发，并非不可以得出一贯的道德原则，而这个道德原则也并不面临理想世界反对。

通过对上述批评与回应的梳理，我们可以得出如下结论。首先，帕菲特的康德式契约论后果主义具有重要的理论意义，它不仅有助于改变那种康德伦理学与后果主义完全不相容的严格义务论的传统观点，又有助于丰富后果主义的多样性。重要的是，帕菲特在建构自己的康德式后果主义的过程中，同许多非后果主义的当代新康德主义者如达尔沃、赫尔曼、斯坎伦和伍尔芙等就康德伦理学展开了全面的探讨和争论，这极大地促进了康德伦理学研究的当代发展。

其次，正如上述批评者所指出的那样，帕菲特在许多地方都偏离了康德伦理学的原初立场。在康德那里，实践理性的"可普遍化"并不是契约论式的"普遍同意"。重要的是，在康德的绝对命令中，理性的自律和自由具有基础地位，而它在帕菲特那里并不占有重要地位，取而代之的福利的不偏不倚。这样，虽然帕菲特的理论为我们重新理解康德伦理学与后果主义伦理学提供了很好的契机，然而其中存在着过度阐释和改造康德伦理学的情况，以至于很多批评者认为，他所谓的"康德式的后果主义"根本不是"康德式的"。

最后，通过对比帕菲特和康德对道德最高原则的前提和论证步骤的不同论证，我认为，帕菲特对绝对命令的批评和改造都是外在的，而康德自己的理论是自洽的，其中并不存在帕菲特所说的那些困境或自相矛盾。

4. "人是目的"与康德式的义务论后果主义

康德的"人是目的"理论常常被用来解释"权利优先于善"这一义务论主张，即人们不能为了追求更多的善而牺牲无辜者的权利，因为无辜者和其他人一样，具有不可比拟的价值，具有不可侵犯的权利，这种权利需要被尊重而非被牺牲（参见 1.2.2 对罗尔斯、诺齐克等人的讨论）。相反，后果主义通常被用来为"善优先于权利"这一主张辩护，即为了追求更多的善，我们可以牺牲无辜者的权利。这两种观点相互对立，前者指责后者会为了追求利益而牺牲无辜者的权利，而后者指责前者会为了个人权利而不顾公共利益。

卡米斯基试图对这一争论做出回应，而他的回应策略就是建立一种康德式的义务论后果主义。卡米斯基认为，虽然康德在论证道德原则的来源时是一个义务论者，但他关于"人是目的"的道德原则却蕴含着一种后果主义的双层价值理论，即"促进理性本性发展的条件"和"促进幸福"。因此，通过适当的解释和重构，我们可以从康德基础层面的义务论中发展出一种促进双层价值的康德式规范后果主义，也即康德式的义务论后果主义。卡米斯基还指出，这种康德式的规范后果主义，相较于传统义务论和后果主义，更有助于解决有关诸如"权利与善何者优先"的争论。

本章主要讨论卡米斯基的康德式后果主义。其中，4.1 讨论康德的道德价值理论；4.2 讨论卡米斯基对康德伦理学的两个层面即基础层面和规范层面的划分（基于这种划分，卡米斯基指出，康德在基础层面上的义务论立场有可能产生一种规范层面的后果主义立场）；4.3 讨论卡米斯基的康德式双层价值理论，即"理性本性"和"幸福"；4.4 讨论卡米斯基的康德式的义务论后果主义；4.5 讨论卡米斯基的理论所引起的各种争论；4.6 总结卡米斯基理论的意义和局限。

4.1 康德论"人是目的"

许多康德研究者特别重视"人是目的"或人性公式所具有的理论和现实意义，认为康德把人看作自在目的的人道主义原则包含了人类道德的真正核心。[①]但是，对于什么是自在目的，自在目的与其他目的之间有什么样的关系，以及如何理解由自在目的而来的"目的王国"概念，研究者们却有不同的观点。

在康德那里，自在目的是某种其自在的存有本身就具有某种绝对价值的东西。对于什么是自在目的，康德最直接的回答是：人就是自在目的（4：428）。但是，说人是自在目的仍然是笼统的，因为人的受禀好影响的主观目的根本不可能是自在目的。在康德那里，作为自在目的的人总是与其理性能力相联系，人只有作为理性存在者才有可能成为自在目的（4：428，430，435）。康德又把理性存在者称为人格（Person），"因为他们的本性已经凸显出他们就是自在目的本身，即某种不可以仅仅被当作手段来使用的东西，因而在这方面就限制了一切任意（并且是一个被敬重的对象）"（4：428）。也就是说，人格不同于只具有相对的手段价值的事物，它具有客观的绝对价值，因而能够体现自在目的。在《实践理性批判》中，康德曾详细地解释了"人格"这一概念。他说道：

---

① 参见 Rawls, *Lectures on the History of Moral Philosophy*, ed. Herman, Harvard University Press, 2000, pp. 181–216; Korsgaard, *Creating the Kingdom of Ends*, pp. 106–132; Wood, *Kantian Ethics*, Cambridge University Press, 2008, pp. 85–105; Dean, *The Value of Humanity, in Kant's Moral Theory*, Oxford University Press, 2006, pp. 175–243; O'Neill, *Constructions of Reason: Explorations of Kant's Practical Philosophy*, Cambridge University Press, 1989, pp. 126, 144。

这个东西无非就是人格，也就是摆脱了全部自然机械作用的自由和独立，但同时却被看作一个存在者的能力。这个存在者服从于自己特有的也即由他自己的理性给出的纯粹的实践法则，因而就个人既属于感官世界同时又属于理知世界而言，他服从于自己的人格。（5:87）

可以从两个层面理解这段话：从消极层面上讲，人格体现的是人相对于感官世界的因果性的独立性；从积极层面上讲，人格体现的是人能够运用自己的理性来颁布道德法则并服从它的主动性。因此，当康德提出"任何时候都要把人格中的人性当作目的，而不能仅仅当作手段"这一人性公式时，他所说的"人格中的人性"就只能是指人性中的理性本性，而非自然本性。依据这些论述，诸如罗尔斯、赫尔曼、奥尼尔、科斯嘉德和伍德等研究者都认为，自在目的就是指人的理性本性。[①] 这种理解也能找到康德文本的支持，他在《道德形而上学奠基》中曾多次明确指出：理性本性是作为自在目的本身而存在的（4:428-430, 435）。

有观点认为，说理性本性作为自在目的并具有无条件的绝对价值，明显是与康德在《道德形而上学奠基》第一章中的观点相冲突的，因为在那里，康德认为只有善良意志才具有无条件的绝对价值。因此，诸如迪恩和马尔霍兰（L. A. Mullholland）等研究者把自在目的看作善良意志而非理性本性。在他们看来，把善良意志理解为目的本身，不仅符合康德关于善良意志具有无条件价值的论断，也与康德之后提出的"意志自律"概念相一致。[②] 然而，这种主张有两个缺陷。其一是缺乏文本依据，无论是在《道

---

① 但是，对于如何理解理性本性，评论家们又有不同的看法。例如，罗尔斯把理性本性理解为拥有善良意志和善良道德品格的能力（Rawls, *Lectures on the History of Moral Philosophy*, p. 188）；科斯嘉德把它理解为一种"赋予目的的能力"（Korsgaard, *Creating the Kingdom of Ends*, pp. 17, 110, 346）；伍德把它理解为一种设定目的并且把目的组成为系统整体的能力（Wood, *Kantian Ethics*, pp. 119-120）；希尔把它理解为一种立法并且按照道德法则行动的能力（Hill, *Human Welfare and Moral Worth: Kantian Perspective*, Oxford University Press, 2002, pp. 40-41）。

② 参见 Dean, *The Value of Humanity, in Kant's Moral Theory*, pp. 24-64；马尔霍兰：《康德的权利体系》，赵明、黄涛译，商务印书馆，2011年，第114、143页。

德形而上学奠基》还是在《实践理性批判》中，康德都鲜有把自在目的直接等同于善良意志的文本表述；其二是，这种解释有把理性本性和善良意志对立起来之嫌。在康德那里，理性本性和善良意志之间本没有不可逾越的鸿沟。在《道德形而上学奠基》第一章中，康德明确指出，理性的使命就是产生一种自在的本身就是善良的意志（4:389）。在接下来的第二章中，康德又指出，当理性完全规定意志且意志的准则与理性的法则完全一致时，"意志无非就是实践理性了"（4:412）。但是，善良意志和理性本性之间还是有差别的。在许多研究者如帕菲特和赫尔曼看来，理性本性是判断一个存在者是否具有"道德地位"的根本条件；也就是说，当一个存在者具有理性本性时，我们就可以说他是一个道德存在者，可以说他拥有了在道德上被评为善或恶的资格（见 3.3.2 的讨论）。这样看来，一个理性存在者或其行为可以是善的，也可以是恶的。与此不同，善良意志则是无条件善的（4:385），它不能被评判为恶。因此，从善良意志和理性本性之间的区别和联系来看，把自在目的理解为理性本性，无论从文本还是从概念关系上来看，都是更加符合康德的论述的。

康德的自在目的是一种特殊的目的，我们可以从两方面来理解它：从消极方面来看，自在目的是一种限制性条件，它限制人们的任意性的主观目的，使得主观目的绝对不能与它相违背；从积极方面来看，自在目的是一种设定目的的能力，这些被设定的目的作为善良意志的质料是有待去追求和实现的对象，也是可以分为不同层次的，甚至可以是互为手段和目的的。但自在目的不是被设定的，它也不是需要去实现的对象[①]，因为它本身就是现实的，其价值是绝对的、客观的和无条件的。正如赫尔曼所说：

> 作为理性意志活动的最后目的，理性本性作为价值是绝对的和非量级的（nonscalar）。它是绝对的，因为不存在任何其他种类的价值或

---

① 这里可以对比 3.4 介绍过的帕菲特的观点。在他看来，理性本性和善良意志也都是有待促进的价值，而非仅仅是值得尊重的价值。

者善，可以为它之故而把理性本性当作一个手段。它是非量级的，因为1）它不是一个包含一切层级的价值的最高价值，2）它不是可累加的：表现理性本性的事情的增多不会提升世界的价值内容，对理性本性的尊重的例子的增多也不会使任何人或事在尊严上有量级的移动。根本就不存在这样的量级。[①]

但人们对赫尔曼观点的疑虑是，如果这种超越了被设定的目的体系并且能够自行设定目的的自在目的不是一种要被实现或促进的目的，那么它还是目的吗？因为正如前面讨论的，康德在对目的下定义时，把目的看作对"一个对象的现实性包含在其概念中"的表达；也就是说，目的在他看来是需要人们通过对一个客体的概念的表象而去实现该客体的。而在赫尔曼那里，作为自在目的的理性本性自身就是现实的，而非理想的，因而也是不需要实现的，这好像是与康德关于目的的定义相矛盾。于是，就有了马尔霍兰这样的困惑："在严格意义上，理性本性根本就不是目的，因此令我们困惑的是：为何康德要用'目的自身'这一表达来指涉它呢？"[②]

马尔霍兰的困惑好像也是很有道理的。如果从被设定的目的的角度来看，作为自在目的的理性本性确实不是这种目的，因为理性本性是现实的，而非理想的，它并非是一个有待实现或促进的关于客体的概念，而仅仅是需要被尊重的对象。人类的有道德的行为不是促进了理性本性，而只是表达了它。正如赫尔曼所看到的，道德行为的增加或减少并不使理性本性增加或减少，不会使理性本性更有价值或无价值。此外，被设定的诸目的在一个目的系统中可以是互为手段和目的的，因而其价值都是有条件的。而自在目的作为设定目的的能力，完全超出了这个被设定的目的系统，它具有无条件的绝对价值。

那么，把理性本性表述为自在目的是否就是一个错误呢？我并不认为

---

① Herman, *The Practice of Moral Judgement*, Harvard University Press, 1993, p. 238.
② 马尔霍兰：《康德的权利体系》，第115页。

这是一个错误。在我看来，康德之所以把自在目的也称为一种"目的"，并将其与其他被设定的目的放在一起讨论，还是有其合理性的。首先，自在目的作为客观目的与其他主观目的具有相似性，它们都是某种对象或客体，都可以充当意志自我规定的根据——只不过，一种是需要被限制的主观根据，另一种是具有无条件价值的客观根据。其次，自在目的与被设定的目的都与道德法则密切相关——只不过，被设定的目的是依赖道德法则的目的，其价值是由道德法则或实践理性规定的；而自在目的作为"独立自主"的目的，是能够"成为确定的法则的根据"的目的。再次，从目的系统总体来看，自在目的实际上构成了被设定的目的的前提条件，因为有条件的目的必须以一个无条件的目的为前提；不然，在条件序列中就会有一个无穷的倒退；而在康德那里，自在目的就充当了这样一个无条件的目的的角色。① 对于这样的无条件的目的，任何其他目的都不能与它相违背，它也是一切手段的最高的限制性条件。"目的的主体，即理性的存在者自身，任何时候都必须不单纯作为手段，而是作为所有手段使用的至上的限制性条件，也就是在任何时候都必须同时作为目的而成为一切行动准则的根据。"（4:438）最后，如果我们采用赫尔曼和斯坎伦等人的方法，把目的划分为值得尊重的和值得促进的，而将理性本性作为值得尊重的目的来看待，那么它作为目的的理由也是很充分的，虽然像帕菲特这样的哲学家或许不同意这种简单化的理解（见 3.3.2 的讨论）。总之，虽然与被设定的目的不同，但"自在目的是目的"的观点仍然是可以成立的。墨菲（J. G. Murphy）也指出，理性本性作为自在目的"明显是一种非常特殊的目的。但它却不失为一种目的"②。

---

① 科斯嘉德也认为，有条件的目的必须以一个无条件的目的来赋予其价值，而这个能赋予价值的无条件的目的就是自在目的。她进一步指出，理性本性作为一种无条件的目的，具有两种重要含义："首先是，它作为一个无条件的目的必须永远不能被行为所违背。它并非其他目的中的一个目的，不能与其他目的相提并论。第二种含义在某种意义上给第一种含义提供了理由：它作为一个无条件的目的，是我们所有其他目的具有善性的条件。如果人性不被看作无条件的善，那么就不可能有客观上善的其他事物。"参见 Korsgaard, *Creating the Kingdom of Ends*, p. 125。

② 墨菲：《康德：权利哲学》，吴彦译，中国法制出版社，2010 年，第 74 页。

康德有时也把具有理性本性的理性存在者看作自在目的。不过，一个理性存在者能够成为自在目的，是有条件的。这个条件就是：理性存在者必须是自我立法或意志自律的。这是因为，如果一个理性存在者是自在目的，那么他必须不能从被设定的目的那里寻找自己善的条件，而是必须把自己看作善的。把自己看作善的唯一条件，就是把自己行动的意志准则看作普遍的道德法则；或者说，自己颁布法则，自己遵守。这被康德称为理性存在者的意志的自我立法。此外，理性存在者之所以能够遵守自己给自己颁布的普遍法则从而具有无条件的善，其唯一的理由就在于，理性存在者同时把道德法则看作自己的意志为自己颁布的法则。这被康德称为理性存在者的意志自律。在康德看来，只有自我立法和意志自律才真正体现了理性存在者的尊严，使得理性存在者超越于其他目的之上而成为自在目的。

康德进而指出，如果每一个理性存在者都把自己看作自在目的，同时也把其他理性存在者看作自在目的，那么这样的理性存在者所构成的系统联合体就可以被称为"目的王国"。"目的王国"是一个道德共同体概念，康德想用它表达"目的"和"法则"这两个核心概念的协调一致。一方面，"目的王国"是一个关于目的的整体的概念，它包含1）作为自在目的的个体的理性存在者，2）与该个体互为目的和手段以及其他互为目的和手段的理性存在者，3）每个理性存在者可能为自己设定的特定目的。另一方面，这些不同的目的之所以能够在目的王国中结成系统整体，在于它们都与道德法则具有紧密关系：每一个理性存在者都既认为自己服从普遍法则，又把自己看作这普遍法则的颁布者，因而作为自在目的从属于目的王国；所有理性存在者都依据普遍法则与他人发生联系，都把自己的完善和他人的幸福当作自己的目的，从而构成理性存在者之间的互为目的和手段的关系，构成一种目的和手段的系统联合关系而从属于目的王国；每一个理性存在者都依照普遍法则，排除来自经验爱好的偶然目的，追求自己的同时作为义务的目的，从而构成目的与道德法则的协调一致而从属于目的王国。因此，目的王国并不是任意目的的集合，而是建立在意志自律的基础上，并且与普遍法则相一致的目的共同体。①

正如本章开始所指出的，许多当代研究者特别重视康德的"人是目的"所具有的理论和现实意义，也尝试从这一观念出发建构自己的道德哲学理论。例如，赫尔曼和科斯嘉德等人在"人是目的"的基础上建立了一种"基于价值的义务论"。这种观点认为，人作为具有理性本性的存在者，其存在本身就是自在目的，就具有无可替代的价值。因此，尊重人性这一无条件的价值就是每一个人的义务。

与赫尔曼和科斯嘉德等人不同，卡米斯基也像帕菲特和斯坎伦等人那样，把价值划分为被尊重的价值和被促进的价值，并进一步指出，康德关于"人是目的"的理论不仅包含着尊重人性这一价值的义务论要求，同时也包含着促进人性发展的后果主义要求，从而最终得出结论说，"康德的核心原则要求所有人都被看作目的而非仅仅是手段，这就是一个产生后果主义结论的原则"②。基于这种理解，卡米斯基提出了一种基于"人是目的"原则的康德式后果主义。卡米斯基说道：

> 实际上，康德的道德理论，如果被恰当地理解，将产生一种饶有兴趣的后果主义规范理论。我把这种理论称为"康德式的后果主义"。③

下面，我将详述卡米斯基所尝试建构的康德式的后果主义。

4.2 卡米斯基论康德伦理学的两个层面

为了建构自己的康德式后果主义，卡米斯基像黑尔一样，把伦理学理

---

① 科斯嘉德认为，"目的王国"概念和"至善"概念一样，都是善事物的理想全体，因而二者是一回事（Korsgaard, *Creating the Kingdom of Ends*, p. 241）。然而，在康德那里，作为道德目的的至善与目的王国还是有重大区别的。对于这一区别，我将在第 6 章中详细论述。

② Cummiskey, *Kantian Consequentialism*, p. 5.

③ Ibid., p. 3.

论划分为基础理论和规范理论两个层面；并认为，虽然康德伦理学在基础
理论层面上是义务论的，但是在规范理论层面上可以是后果主义的。

4.2.1 基础理论与规范理论

伦理学的基础理论涉及人的行动所依照的规范原则来自哪里，或者说
人们如何论证有关规范原则的理论。伦理学的规范理论，涉及人们需要依
照哪些规范原则去行动，而不涉及这些规范原则的来源是什么。卡米斯基
认为，后果主义伦理学和康德伦理学都具有上述这两个层面。就后果主义
来说，基础的后果主义是"一种关于规范原则的证明的理论；也就是说，
一个基础的后果主义者坚持认为，只有目的的善可以证明一个规范原则"[①]；
以密尔的功利主义理论为例，它的基础理论就是证明幸福（获得快乐和免
除痛苦）是唯一的善，而所有其他值得欲求的东西"之所以值得欲求，或
者是因为内在于它们之中的快乐，或者是因为它们是增进快乐避免痛苦的
手段"[②]，并由此进一步得出"最大多数人的最大幸福"这一功利主义的最高
原则。而规范层面的后果主义只关注基本规范原则的结构，而不管这些原
则是如何得到证明的。"对我们的意图来说，如果一个规范理论的基本规范
原则，无论其如何被证明，都能告诉我们去促进特定目的并且不涉及基本
的以行动者为中心的限制或者消极义务对积极义务的基本优先的话，那么
这个规范理论具有一种后果主义的结构。"[③]还以密尔的功利主义为例。它
在规范层面上关注的是人们的所有行为或规则是否能够符合"最大多数人
的最大幸福"这一原则，对于这一原则是如何被确定的，并非规范层面所
要考察的。概言之，基础后果主义是要论证，唯有目的的善性才是人们依
照这些规范原则去行动的理由，它要告诉我们这些规范原则是如何得出的；
而规范后果主义告诉人们，行为的规范原则就是去促进特定目的，它不关
注规范原则是怎么得出的。

---

① Cummiskey, *Kantian Consequentialism*, p. 589.

② 密尔：《功利主义》，第 9 页。

③ Cummiskey, *Kantian Consequentialism*, p. 589.

卡米斯基指出，上述这两个层面是颇为不同的，因为人们可以在基础层面上持不同观点，而在规范层面上都坚持后果主义——例如，"道德语言的逻辑（黑尔），一种罗尔斯式的契约一致（海萨尼），一种理性的直觉（西季威克），一种神圣的命令，以及许多其他可能性可以证明一种后果主义的规范理论"[①]。也就是说，规范层面的后果主义不一定都来自密尔式的基础后果主义。卡米斯基依此指出，人们常常把康德伦理学和后果主义伦理学对立起来，其实很多时候是混淆了这两个层面，认为基础层面的义务论立场必然会导致规范层面的义务论立场——甚至康德也这样理解。然而事实是，规范层面的后果主义不必来自基础层面的后果主义，从基础层面的义务论立场也不必然得出义务论的规范理论。这里还存在另外两种可能，即从基础层面的后果主义理论发展出规范层面的义务论，以及从基础层面的义务论发展出规范层面的后果主义理论。因此，上述几种理论的关系可以图示如下：

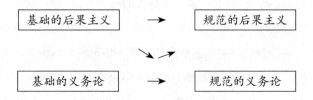

卡米斯基认为，康德在基础层面是持义务论立场的，但是从中是有可能产生规范的后果主义的，正如从基础层面的后果主义理论中也能够产生规范层面的义务论一样。

在直接讨论卡米斯基的从康德的基础义务论推出规范后果主义的论证之前，我们可以先来讨论另外一种论证方向，即从基础后果主义推出规范义务论的做法。如果这种做法可行的话，那么这也能间接证明卡米斯基的划分是有道理的。

在《义务论——功利主义的宠儿与奴仆》一文中，丹麦学者索伦森认

---

① Cummiskey, *Kantian Consequentialism*, p. 589.

为,“义务论”这一范畴,是“从属于且始终从属于一个功利主义的意识框架的”[1];因此,像罗尔斯这样的功利主义反对者不应该称自己为义务论者。他指出,在伦理学史上,构造“义务论”这个新词的人与发明功利主义的人都是边沁;而在边沁那里,义务论根本就不是以与功利主义相对立的姿态出现的,因为义务论被边沁建构为功利主义的一部分。边沁在一部未竟手稿(1834 年以《义务论》为题出版)中把伦理学理论划分为两个部分,即“理论部分”和“实践部分”。其中,理论部分将美德和邪恶、快乐和痛苦联系起来进行讨论,指出快乐和痛苦作为“真实的实体”能够解释美德和邪恶这种“虚构的实体”;而实践部分则是讨论促进快乐和减少痛苦的规范的理论,它又被划分为“私人义务论”和“公共义务论”,并最终都通向“促进人类福利”这一总目标。最终,边沁把义务论看作“关于幸福论的艺术与科学的一个分支”[2]。可以看出,边沁对于伦理学的理论部分和实践部分的划分,与前面提到的卡米斯基关于伦理学的基础理论与规范理论的划分非常类似。边沁划分的理论部分,类似于卡米斯基所说的基础理论,它把道德价值奠基在苦乐感受之上,对道德原则的来源做了基础层面的后果主义论证;而边沁划分的实践部分,类似于卡米斯基所说的规范部分,即在规范层面上讨论实现人类福利这一最终价值的各种义务。除了这个相似之处外,边沁和卡米斯基还都认为,规范层面的义务论显然可以来自但又并不必然来自功利主义的基础理论。边沁指出,“义务论”这个术语并不专指功利主义者,一个义务论者,只要他与“幸福或不幸”无关,也可以是“禁欲的”或其他任意的。[3]也就是说,二人都认为,义务论的规范理论既可以来自功利主义的基础理论,也可以来自其他理论,至少不必然来自义务论的基础理论。虽然边沁和卡米斯基在对伦理学的划分上具有相同之处,但二人的具体目的还是不同的:边沁是要从功利主义的基础理论得出义务论的规范理论;而卡米斯基则正相反,他要从康德的义务论的基础理论得

---

[1] 索伦森:《义务论——功利主义的宠儿与奴仆》,第 8 页。

[2] 转引自同上,第 12—13 页。

[3] 转引自同上。

出后果主义的规范理论。^①下面，我将详细考察他的这一论证。

4.2.2 基础层面的义务论

依据之前提出的关于基础层面和规范层面的划分，卡米斯基首先指出，康德伦理学在基础层面上是义务论而非后果主义的，因为康德的基础理论是从人的理性行为能力而非从特定的质料性客体（如边沁和密尔所论证的快乐和痛苦）出发来论证道德原则的合理性的；这使得康德不同于那些基础后果主义者，因为在康德那里，理性本性并不是一个需要被促进的目的或价值，而是一个需要被尊重的目的，它本身就有无条件的价值。^②也就是说，在卡米斯基看来，后果主义的基础理论是要论证规范原则来源于一种需要被促进的质料性的目的和价值，而康德的基础理论并不具有这种特征。他说道：

> 康德基础理论的核心是这个论题，即理性行为的概念产生实质的规范原则；这就是说，一个人作为理性行为者意欲一个行为，他就必须接受特定的规范原则作为行为指引。^③

卡米斯基接着指出，在《道德形而上学奠基》和《实践理性批判》中，康德一再强调，理性存在者的纯粹实践能力能够独立于一切质料要素来颁布普遍的道德法则，从而以义务或命令的形式来规范人的行为准则。依此

---

① 当然，这里还有一个重要的不同，即在索伦森所描述的边沁那里，义务论仅仅是一种规范层面的理论。也就是说，边沁并不承认一种基础层面的义务论。而在卡米斯基那里，义务论既可以是基础层面的，也可以是规范层面的。很明显，卡米斯基也是站在当代视角而非立足于边沁的理论框架来讨论义务论的。如前所述，在卡米斯基看来，义务论并不是一种只涉及规范层面而与基础层面无关的理论。值得进一步指出的是，卡米斯基不同于罗尔斯等当代义务论者的关键点在于，他认为，从康德式的义务论基础理论中并不必然得出义务论的规范理论（这是罗尔斯等当代义务论者，甚至也是多数后果主义者所持的观点）。他的目的，是从康德式的基础义务论那里建构出一种后果主义的规范理论。

② 对比 3.3.2 中帕菲特有关理性本性也是一种有待促进的价值的论述。

③ Cummiskey, *Kantian Consequentialism*, p. 9.

很容易可以看出，康德对道德的规范原则的基础论证是形式性的：道德原则之所以能够被采纳，不是因为它能够促进某种目的，而是因为它来自纯粹的实践理性；它并不为质料性的目的或客体所决定，而仅仅是形式的，并且必然是普遍有效的。这体现在康德的普遍法则公式中，即"要只按照你同时能够意愿它成为一个普遍法则的那个准则去行动"。因此，卡米斯基总结道：

> 我们将看到，康德并不从一个目的的善性开始，进而前进到一个"正当"或"义务"的概念。相反，他从"义务"概念开始，进而前进到"价值"概念。①

卡米斯基强调，康德虽然在基础理论层面是从形式性的"义务"概念出发前进到"价值"概念的，但这并不意味着"价值"概念就是不重要的。相反，康德也承认，所有行为都是具有目的的，无目的的行为几乎是无法想象的，甚至纯粹实践能力本身也是一种有目的的能力，因为"对这些目的漠不关心，亦即对它们毫无兴趣，就是一个矛盾：因为这样它就不会规定行动的准则（后者在任何时候都包含着一个目的），因此就不会是实践理性了"。因此，在康德的基础理论中，"目的"也是十分重要的概念。卡米斯基借鉴赫尔曼和科斯嘉德等当代新康德主义者的观点，把理性本性当作基础的目的。他说：

> 既然所有行为，包括道德行为，都具有一个目的，那么康德继续衍生出一种适合作为基础或者规定根据的、作为这样一种绝对命令的目的。他认为，道德行为的目的必须是理性本性本身。首先，因为它提供一种客观因而普遍的目的；其次，因为理性选择是所有可能价值

---

① Cummiskey, *Kantian Consequentialism*, p. 9. 此处可以对比 4.1 中赫尔曼等人的"基于价值的义务论"观点。与卡米斯基不同，赫尔曼等人认为，康德伦理学也是基于"善"这一根本价值的。

的源泉，并且在一种解释的意义上是被所有理性行为者所预设的。[1]

卡米斯基进一步论证道，既然一切道德行为都必须预设目的，那么义务论和后果主义在基础理论上的争论就不在于是否能够用目的来解释义务，而在于用哪种目的来解释义务了。正如 1.1.2 所指出的，后果主义的"目的"概念有两个重要特征：其一是，目的可以被看作非道德或前道德的，例如经典功利主义所预设的幸福（或快乐）这一目的作为人的自然生理或心理体验，本身是与道德无关的；其二是，关于目的的最大化原则，它要求尽可能地促进目的的最大实现。与此不同，在康德那里，理性本性在基础层面作为目的而存在。它一方面不是非道德或前道德的，而是内在于道德本身的；另一方面，它不需要被最大化，而仅仅是需要被尊重的目的（详见 3.3.2）。进一步来说，康德式的义务论的基础理论认为，理性本性本身不仅能够产生义务（例如，把人当作目的而非仅仅是手段），也能产生行为者依照义务去行动的动机；而后果主义的价值理论虽然能产生义务，但是并不一定产生依照义务去行动的动机，动机还需要从其他地方去寻找。卡米斯基认为，这种价值上的区别涉及内在主义和外在主义之争。

在《内在主义、实践理性与动机》一文中，罗伯逊（J. Robertson）详细考察了内在主义和外在主义的含义和表现形式。在他看来，内在主义是这样一种观点，即"一个把某种行为判断为好的行为者，应该会感到一种去促进该行为的推动力，不管她是否实际上那么做了"[2]。而外在主义则是这样一种观点，它认为，"规范陈述之真并不依赖于这个事实：该陈述所运用的人，在她应该被该陈述触动的情况之外（当然是之外）的任何情况下，都会受到激发"[3]。也就是说，在内在主义者看来，行为者"应当"行动的理由，应该成为其行为的动机，去推动他做"应当"所要求的事情。而在外在主义者看来，行为者"应当"行动的理由，并不构成行为者行动的动机；也就是说，

---

① Cummiskey, *Kantian Consequentialism*, pp. 9–10.

② 罗伯逊：《内在主义、实践理性与动机》，载徐向东编：《实践理性》，第 352 页。

③ 同上。

虽然行为者知道自己“应当”做某事，但他并没有这样做的动机；这时，如果他按照“应当”去行动，那么他就是出于外在的理由而行动的。罗伯逊指出，对“内在的”和“外在的”的不同理解，会造成不同的划分标准，从而把同一个道德哲学家划分到不同的阵营里。以休谟和康德为例。如果我们把“外在的”理解为来自行为者外部的要求，那么休谟和康德都属于内在主义者，因为前者认为道德的理由来自行为者的情感，后者认为道德来自行为者的实践理性；如果我们把道德理由理解为与道德激情相对立的实践理性，那么很明显，康德是内在主义者，而休谟是外在主义者；如果我们接受弗兰克纳的解释，认为外在主义是把义务看作独立于行动者的欲望和需求的道德要求意义上的，那么康德就是外在主义者，而休谟则属于内在主义者。[1]

为了避免上述混淆，罗伯逊详细区分了内在主义和外在主义的三种不同立场，即强健的内在主义、弱化的内在主义和外在主义。它们的关系可以表示如下：

关于道德理由和动机之间关系的三种立场[2]

	强健的内在主义	弱化的内在主义	外在主义
道德理由和动机之间是否具有概念联系？	是	是	否
道德理由是否依赖于动机方面的偶然事实？	否	是	否
道德动机是否可以被合理地选择？	否	是	是

通过这种划分，罗伯逊对许多当代道德理论家也进行了归类，其中科斯嘉德和内格尔是强健的内在主义者；威廉斯和富特（P. Foot）是弱化的内在主义者；雷尔顿（P. Railton）和帕菲特是外在主义者。[3]罗伯逊进一步

---

[1]　参见罗伯逊：《内在主义、实践理性与动机》，第353页。

[2]　参见同上，第357页。

[3]　参见同上。

指出，康德属于强健的内在主义传统，这个传统"滥觞于苏格拉底和激进的智者，并在近代的卢梭和康德那里得以再现，继而成为 20 世纪各种主观主义的一个流派"①。

卡米斯基也认为，康德伦理学是内在主义的，因为在他看来，康德也认同道德理由和行为者的动机具有一致性。他说道：

> 康德伦理学的基本方法是一种内在主义的方法。他认为，在道德和行为的理由之间具有一种必要的连接。这意味着，首先，道德原则给行为者提供行为的决定性理由。此外，如果一个行为者推断出一个行为是道德上需要的，那么这个行为者将会具有做这个行为的动机。道德动机的强度依赖于行为者慎思中的理性的重要性，及其对行为者意志的竞争性影响。②

然而，这里产生的一个问题是，在许多人看来，内在主义是行为者中心的，因为内在主义理论要求，行动的理由必须也是行为者的动机。若以这种观点看，那么后果主义的价值论就不是内在主义的，因为后果主义的"最大化后果价值"这个行动理由是一个超越于具体行为者动机的不偏不倚的理由，它并不必成为行为者行动的动机，因此是行为者中立的。这样来看，后果主义属于外在主义范畴。而如果康德属于内在主义，那么他的理论就必然是与后果主义相冲突的。③

卡米斯基不同意这种观点。一方面，他认为，既然义务论者和后果主义者在基础理论层面都预设了价值，因此就不能把是否有价值承诺看作内在主义和外在主义彼此区分的标准。此外，他还指出，虽然后果主义的价值具有不偏不倚和可普遍化的特征，但这并不意味着（像许多后果主义者认为

---

① 罗伯逊:《内在主义、实践理性与动机》，第 370 页。

② Cummiskey, *Kantian Consequentialism*, p. 25.

③ 第 5 章在讨论里奇和卡根的康德式后果主义时，会对行为者中立与行为者中心的区分做进一步的讨论。

的那样）价值是行为者中立的，它仍然可以包含一个 "行为者中心的约束"。另一方面，虽然后果主义包含着行为者中心的约束，但是它并不（像许多义务论者那样）承认一种对最大化后果价值的行为者中心的约束，因为既然义务论者也预设价值，那么最大化价值对于义务论者来说也是题中应有之义。以康德关于客观目的和主观目的的论述为例，卡米斯基说道：

> 如此解释后果主义，事实上是对所有主观的和 "任意的" 目的的一种行为者中心的约束。既然一个道德原则必须是普遍和无条件的，那么道德很明显就是对主观的和偶然的欲求的一种约束。然而，后果主义也可以在这个意义上是一种约束。因此，虽然不偏不倚的道德对某人的倾向或其他的个人筹划有所约束，但它不必包含对最大化善的行为者中心的约束。事实上，正如我们将会看到的，甚至仍然不清楚的是，对善的最大化的行为者中心的约束是否是可普遍化的。①

也就是说，在卡米斯基看来，虽然康德式的客观价值理论包含着对行为者的某种约束（对主观的和偶然的目的的约束），但它并不蕴含着对善的最大化的约束。进一步来说，既然康德式的价值理论不包含对最大化善的这种约束，那么它就有包含追求最大化善的可能性。卡米斯基的这个论证，为他后面建立康德式的后果主义规范理论提供了基础。

4.2.3 规范层面的后果论

卡米斯基进而指出，虽然康德在基础理论层面坚持义务论主张，但这并不必然导致他要建立一种义务论的规范理论，因为基础理论层面的义务论既能产生义务论的规范论，也能产生后果主义的规范论。在卡米斯基看来，后果主义完全可以满足康德的基础理论所要求的普遍化和形式化要求。首先，从形式化来说，无论是密尔的 "功利原则" 还是黑尔的 "普遍规定"

---

① Cummiskey, *Kantian Consequentialism*, p. 26.

的主张，它们都和康德理论一样追求普遍性，并都由此导向了后果主义的规范理论。其次，对于康德所强调的道德原则的形式性（非质料性），卡米斯基认为，人们可以采取两种理解。第一种理解是把形式看作与目的完全无关的东西。但是这样做，一方面不符合前面指出的康德关于目的的论述，另一方面也使得康德伦理学有可能陷入像黑格尔等人所说的"纯粹空洞和无内容"的指责。因而，我们最好采用第二种理解，即形式性要求并不是完全拒绝一切目的，它甚至必须预设一种客观的目的作为道德原则的来源；它要拒绝的，只不过是把来自自然本性的主观的和偶然的目的作为道德原则的来源。而这种客观的目的，正是康德在讨论绝对命令时所提出的作为目的本身的人的理性本性。卡米斯基因此总结道：

> 实际上，即使康德对基础后果主义论证的反对是合理的，康德的规范理论仍然可以具有一种后果主义的结构。从原则上看，一个在重要的基础问题上是一个康德主义者的人，仍然可以捍卫后果主义的规范理论。[1]

依此，卡米斯基给自己规定的任务，就是从康德义务论的基础理论中"重构"出一种后果主义的规范理论。之所以说是"重构"，是因为康德本人并没有为这种规范后果主义提供辩护；相反，康德在规范层面也是一个义务论者。因此，要从康德的基础义务论中发展出一种规范后果主义，这必定是对康德理论的"重构"。

4.3 "人是目的"与双层价值理论

如前所述，卡米斯基不认为康德的道德原则像黑格尔等人批评的那样是完全形式化的；相反，康德在将主观目的等质料要素排除出道德原

---

[1]　Cummiskey, *Kantian Consequentialism*, p. 590.

则的来源时，也将作为客观目的的理性本性预设为道德原则的基础。卡米斯基进一步指出，这种客观目的完全可以为一种规范后果主义理论奠基，因为规范的后果主义虽然奠基于一种目的理论或价值理论，但并非要奠基于康德所批判的主观目的，它完全可以奠基于康德式的客观目的之上：

> 然而，在这一点上，康德只是推论说，采纳道德原则的理由不是倾向或"欲求能力"的主观的和偶然的目的（或客体）。所有具有这种来源的原则都是"质料的"原则。既然后果主义原则不需要预设所有理性存在者都独立于他们的义务感而在事实上欲求他们应当去促进的善的目的，那么后果主义的原则就不必是"质料的"原则。一个义务的后果主义者可以努力追求促进善，这不是出于一个去这样做的自然倾向，而是由于这是去做正当的事情。①

因此，在他看来，从康德的基础理论出发，可以发展出一种后果主义的规范理论；并且可以论证，它既优越于康德自己的义务论的规范理论，也优越于其他版本的后果主义理论。

不过，在进入卡米斯基对康德式的规范后果主义的论证之前，我们有必要进一步讨论他的康德式价值理论，因为在他看来，规范层面的后果主义必然是以促进这种价值为最终目的。他进而指出，从康德的"自在目的"这一无条件价值出发，我们可以提炼出两种价值理论，其中一种与康德强调的人的理性本性相关，另一种与康德所强调的人的自然本性相关。下面，我将分别论之。

4.3.1 尊重人性与促进人性的条件

正如我们在前面已经指出的，卡米斯基非常重视康德的"人是目的"

---

① Cummiskey, *Kantian Consequentialism*, p. 48.

公式，并认为依照这个公式可以得出，理性本性作为客观目的是所有主观目的的条件。卡米斯基进一步依照当代新康德主义者科斯嘉德对目的公式的阐释，把理性本性看作理性选择能力，这种能力通过选择而赋予其选择的对象（目的）以价值，而它本身则成为一种绝对的、无条件的最终价值。科斯嘉德对康德自在目的的重构步骤大致如下：

> 1）理性行为者通过他们的选择赋予事物以价值：我们并不因为我们认为特定事物是善的就选择它们，而是认为由于我们选择了它们，它们才是善的；
>
> 2）由此，理性本性必须被认为是所有价值的最终条件；
>
> 3）作为所有价值的最终条件，它必须被认为是无条件的善；
>
> 因此，4）理性本性必须被认为具有一种不被其他的善所分享的特殊价值。①

卡米斯基完全认同科斯嘉德对康德自在目的的这种重构，认为理性本性是具有无条件价值的善，它能赋予其他事物以价值，并且是所有其他价值的条件。但是，在如何对待理性本性这一无条件价值的问题上，卡米斯基走上了与科斯嘉德完全不同的道路。在科斯嘉德看来，理性本性作为无条件的价值，是被尊重而非被促进的对象；以此为基础，她建立起了以尊重人的价值为基础的义务论的规范理论。与科斯嘉德不同，卡米斯基试图以自在目的为基础建立一种后果主义的规范理论。

卡米斯基不像帕菲特那样，认为理性本性是有待促进或发展的对象，而是像科斯嘉德、希尔和赫尔曼等学者那样，认为在康德那里，作为自在目的的理性本性是一个要被尊重而非被促进的对象，因而他想要构建的规范后果主义无法直接把促进理性本性当作后果价值。但是，他另辟蹊径，

---

① 转引自 Stratton-Lake, "David Cummiskey, Kantian Consequentialism", *Philosophical Quarterly* 1999, 49, p. 424。

把要促进的后果价值改造为促进理性本性的"存在条件",如保障个人理性本性得以正常发展的各种社会环境。也就是说,虽然理性本性不是直接的促进目的,但是最大化促进理性本性正常发展的各种社会条件仍然具有重要的后果价值。因此,卡米斯基得出结论说,康德关于目的自身(理性本性)的论述,其本身内在地包含着一种规范的后果主义,即最大限度地保障和促进理性本性正常发展的各种条件,因为"如果我们赋予理性本性的价值超过所有其他价值,那么我们应当努力追求最大化地促进理性本性的繁荣"[1]。

4.3.2 促进幸福

卡米斯基进一步论证道,除了理性本性之外,我们还可以从康德义务论的基础理论中推演出另一个重要目的,即幸福。我们知道,在康德那里,幸福作为一切爱好的满足是经验性的,不能成为道德法则的规定根据。但是,康德也多次强调,作为有限的理性存者,人总是把幸福作为目的来追求,因为对幸福的追求属于人的自然本性。而自然倾向本身也并非就是恶的;相反,它本身就具有向善的禀赋。它们本身并非值得谴责的东西,要铲除它们不仅是徒劳的,而且这样做也是有害的和应当谴责的(6:28)。康德对幸福有很多不同的论述,有些地方看起来好像还是相互冲突的,比如关于自身的幸福是否是义务的观点。[2]卡米斯基依据佩顿(H. J. Paton)的观点,认为在康德那里存在两种不同的幸福观点。他说道:

> 第一种观点是把幸福看作一个人的倾向的全体或看作快乐的最大可能的量。从这个观点看,善良的行为就是最有效地达到这个非道德地被给予的目的的手段的行为。第二种观点是把幸福看作有序的与和

---

[1] Cummiskey, *Kantian Consequentialism*, p. 90.

[2] 第6—7章会进一步讨论康德的"幸福"概念。

谐的目的序列。从这个观点看，理性必须不能仅仅规定一个既定目的的手段；它也必须使倾向和他们的目的结合为一个幸福的观念。如康德提出的，这涉及一个"想象的理想"。我们必须想象实现不同的可能的目的序列是什么样子的。这个想象的过程能导致对原初倾向和目的序列的重要修正。它会改变特殊倾向的力量甚至是实存。因此，尽管全部过程预设了我们从一个给定的倾向序列开始，特殊倾向及其相关强度却远非是不变的。①

在这里，卡米斯基比较看重第二种幸福观点，认为它可以被看作人们的自然倾向的价值的条件；也就是说，一种自然倾向是否具有价值，要看它是否促进了作为"有序的与和谐的目的序列"的幸福观念。因此，卡米斯基认为，出于这种理解的幸福原则和自爱或自身幸福的原则是完全不同的，因为正如前面所述，后者作为经验性原则是无法普遍化的。他进而指出，最大化地促进普遍幸福这一后果主义的规范原则，不仅不与康德的义务论基础理论相冲突，甚至就是它的必然结论。

卡米斯基详细地重构了普遍幸福原则与绝对命令之间的相容性，其大致结构如下：

1）存在一种诸如依照道德原则而行动的事情。

2）道德原则是普遍地和无条件地具有约束性的；它们适用于所有理性存在者（CPrR20–21）。

3）自爱（自我幸福）的原则不是无条件地和普遍地具有约束性的（CPrR21–26）。

因此，从1）、2）和3）可知

4）道德原则不是奠基于自爱的。

5）"所有质料原则本身都是相同和同类的，且属于自爱或自我幸

---

① Cummiskey, *Kantian Consequentialism*, pp. 71–72.

福的一般原则",因为它们都预设了被偶然给予的欲求(CPrR22)。

因此,从4)和5)可知

6)所有质料原则都不适合作为道德法则;所有这类原则"都毫无例外是经验的,无法提供实践法则"(CPrR21)。

7)"如果一个法则的所有质料,即意志的每一客体都被设想为其规定的根据,都被从法则中抽离,所剩下的就只不过是给出普遍法则的单纯形式"——剩下的就是其立法形式或法则本身(CPrR26-29)。

因此,从6)和7)可知

8)道德意志是被其准则的立法形式所单独规定的。

因此,从2)和8)可知

9)道德原则规定意志,是由于它们的普遍立法形式;纯粹实践理性的基本法则就是"要只按照你同时能够意愿它成为一个普遍法则的那个准则去行动"(CPrR30)。

因此,从4)和9)可知

10)由于准则总是涉及目的,而可普遍化的目的必然不是自爱的目的,而是作为必然的自然本性的目的的幸福这一目的,必须出于对所有理性存在者都平等有效的规定根据而被采纳,那么它就是与绝对命令的基本立法形式相容的。

因此,从9)和10)可知

11)既然康德式的价值理论并不排除幸福原则,甚至要求促进这种幸福,那么幸福目的就和理性本性的繁荣一样,构成了康德式后果主义要促进的对象。

综上,这里的结论就是

12)康德式的规范后果主义包含着两个重要的目的或价值,即促进理性本性的繁荣和幸福。

卡米斯基进一步指出,虽然康德式的规范后果主义要求促进理性本性的繁荣和幸福这两个重要价值,但是这两个目的并不具有同等重要的价值。

相反，他认为，这两种价值有优先等级之分。他完全接受科斯嘉德关于理性本性具有无条件的价值而幸福只具有有条件的价值的主张，进而认为，理性本性词典式地优先于幸福：

> 理性本性是无条件有价值的，因为它是所有其他价值的条件。既然具有无条件的价值与作为目的本身存在是等价的，那么从它之中就得出，理性本性作为一种目的本身而存在。从这个论证中得出，理性本性以及其存在的必要条件，都不可以为了促进幸福或其他有条件的价值而被牺牲。无条件的价值词典式地优先于有条件的价值。既然理性本性（R）是幸福（H）的价值的条件，那么就得出，R 必须词典式地比 H 更有价值。[1]

他进一步指出，虽然要求促进理性本性的繁荣和幸福这两个目的，但是前一目的优先于后一目的，并对后者构成约束，而"对于康德式的后果主义来说，促进理性本性的繁荣的要求是一种行为者中心的要求。它甚至是对某人自己的善的最大化的一种行为者中心的约束。实际上，最大化幸福也是为这个要求所约束和限制的。康德式后果主义与标准义务论之间的明显区别仅仅是，它不承认对善的最大化的行为者中心的约束"[2]。也就是说，追求最大化幸福是必要的，但其前提是不以牺牲理性本性的繁荣为代价；如果这两重价值之间发生冲突的话，那么理性本性是要优先于幸福这一价值的，我们切不可为了幸福而牺牲理性本性。例如，我们不能为了多数人的幸福而牺牲少数人的生命，因为生命是理性本性的载体。很明显，以这种方式理解的双层价值理论，与功利主义的快乐主义和满足偏好的价值观都是大相径庭的。也正是在这个意义上，卡米斯基认为自己的双层价值理论是"康德式的"。

---

[1] Cummiskey, *Kantian Consequentialism*, p. 76.

[2] Ibid., p. 90.

4.4 康德式的义务论后果主义

卡米斯基认为，通过对康德的基础理论和双层价值的重构，我们可以尝试建构一种康德式的规范后果主义。它的最高原则就是："最大化促进双层价值：理性本性和幸福。这里，理性本性词典式地优先于幸福。"[①] 他认为，如果还要保留"义务论"这种说法的话，那么这种康德式的后果主义可以被称为"康德式的义务论后果主义"。[②] 也就是说，它是奠基于康德式的基础义务论的规范后果主义。

4.4.1 内涵和特征

卡米斯基通过以下五个要点来论证这种康德式的义务论后果主义的独特之处。第一，我们必须保护并促进理性本性的繁荣发展。如果依照康德，理性本性具有绝对价值且是目的本身，那么我们就必须尊重它并且维护它，以使它的正常发展和运用不受阻碍。这个要求可以从两方面来理解。从消极方面来说，我们不能以破坏或危害理性行为能力的方式去行动。从积极方面来说，我们应当积极促进理性本性的正常发展和运用。卡米斯基认为，积极方面的理解蕴含着一种规范后果主义，因为如前所述，虽然像科斯嘉德这样的学者已经指出，理性本性本身不是被促进的对象，但是，由于理性本性的发展和运用需要适当的环境和条件，它因此还是有必要去被促进或提高的。因此，要实现理性本性的繁荣，人们就必须促进相应的外部环境和条件。卡米斯基说道：

> 理性本身是具有绝对价值的目的本身的理念表现出一个我们被要求去促进的最高的道德目标：我们应当努力促进为理性行为能力的一

---

① Cummiskey, *Kantian Consequentialism*, p. 99.

② 参见 ibid., p. 48。

般发展和运用所需要的诸条件，或更加简洁地说，我们需要去促进理性本性的繁荣。①

当然，卡米斯基也看到，仅仅这一点还不足以表明，从康德的价值理论中必然能够推导出一种规范后果主义，因为康德自己的义务论的规范理论也承认、维护并发展理性本性。不过，在康德那里，发展自身的禀赋属于不完全义务，而如果要从中推导出一种后果主义而非义务论，就必须提出不偏不倚地、最大化地促进这一价值的要求。

而康德式的义务论后果主义的第二个要点就涉及不偏不倚的要求。不偏不倚的要求就是说，我们要把所有有理性本性的人看作和我们自己一样，具有相同的价值或重要性。这被卡米斯基称为"等价论证"。这个等价论证和边沁的"每个人都算作一个，没有人可以算作多于一个"的原则类似。它强调的是，如果一个人把自己看作价值的源泉，那么他也就必须把其他每一个行为者看作价值的源泉。因此，无论他赋予自己及其目的以什么样的价值，他也必须因此赋予其他每一个行为者及其目的以什么样的价值。简言之，等价论证就是强调，所有行为者都具有同等的实践重要性或相等的价值。卡米斯基进一步指出，依据等价论证，我们必须同等地看待所有具有理性本性的存在者的价值，在促进理性本性的繁荣时，要不偏不倚地计算每一个人。这种不偏不倚性使得康德式的规范后果主义不同于利己主义和其他主观主义理论。卡米斯基借用内格尔等人关于行为者中立和行为者中心的理论来解释这种理论的独特性：

> 用内格尔的话说，理性本性就是一种行为者中立而非行为者相关的价值。大致来说也就是，理性本性对任何理性行为者来说都是价值。利己主义者停在半路，或者说那些主观主义的替代者认为，每个人的幸福或理性本性只对那个人来说是善的。以这个观点看，善是行为者

---

① Cummiskey, *Kantian Consequentialism*, p. 87.

相关的。而康德的观点认为，在每个行为者都有理由把其他任何行为者的理性行为能力视作一个目的的意义上，每个人的理性本性对其他任何行为者来说都是一个目的。以这个观点看，善是不与特殊的行为者相关的。在这个意义上，它是行为者中立的价值。①

康德式的义务论后果主义的第三个要点涉及最大化的要求。卡米斯基指出，虽然理性本性不是某种我们要去最大化的东西，但是它要求最大化地促进为理性行为能力的繁荣所需要的条件，同时要求某种类似于最大化理性的欲求满足或者正确的偏好满足的东西。这就是说，虽然我们可以承认科斯嘉德、赫尔曼和希尔等人的主张，认为理性本性是被尊重而非被促进的对象，但这并不与最大化原则相冲突。我们不仅要最大化那些保证理性本性得以繁荣的条件，还要最大化幸福，这都是康德式的双层价值论所必然要求的。

义务论的规范理论出于行为者中心的约束，强调行为者依照义务或规则本身去行动的重要性，并不强调最大化地促进善。康德式的义务论后果主义虽然也承认行为者中心的约束，但与义务论的规范理论不同的是，这样理解的后果主义所约束的是所有主观的和任意的目的，但是它不造成对客观目的（的条件或环境）的最大化的约束。相反，它需要我们最大化地去促进为理性行为能力和幸福所需要的那些条件。这就是康德式的义务论后果主义的第四个要点，它是行为者中心的约束，但同时也强调最大化。卡米斯基说道：

> 对于康德式的后果主义来说，促进理性本性的繁荣的要求是一种行为者中心的要求。它甚至是对某人自己的善的最大化的一种行为者中心的约束。实际上，最大化幸福也是为这个要求所约束和限制的。康德式后果主义与标准义务论之间的明显区别仅仅是，它不承认对善

---

① Cummiskey, *Kantian Consequentialism*, p. 88.

的最大化的行为者中心的约束。①

与第四个要点紧密相关的第五个要点认为，为了实现最大化价值的要求，人们就不能把促进理性本性的条件和幸福看作一个不完全的义务，而是必须"尽其所能"地追求目的和价值。卡米斯基说道：

> 作为一个理性行为者，我必须要么采取必要的和可行的手段，以及充分的手段，来实现我的目的，要么就放弃（或者改变和调整）这些目的。既然为绝对命令所要求的目的是必要的，因此是不能简单放弃了事的，那么人们就必须采取必要的和可行的手段来实现这些目的（如果目的之间相冲突，那么就必须由目的本身的要求来改变和调整这些目的）。但这仅仅是说，就一个人被理性规定而言，他必须尽其所能去促进道德的目的。但"尽其所能"就是最大化地做他能做的事情；因此，我需要合理地去最大化地促进道德上客观有效的目的。②

也就是说，卡米斯基并不同意康德在《道德形而上学奠基》和《道德形而上学》中把自我完善和帮助他人看作不完全义务的主张。出于后果主义的最大化要求，人们必须尽最大努力去追求和实现价值。

通过对上述五个要点的论述，我们可以把卡米斯基的康德式后果主义的规范性要求归纳如下：人们应当不偏不倚地尽最大努力去促进康德式双层价值的最大化实现。

卡米斯基强调，他建构的这种规范后果主义之所以是康德式的，是因为它来自当代新康德主义者所珍视的康德的"人是目的"这一核心理论；它之所以是后果主义的，是因为它包含着一个最大化促进双层价值的规范

---

① Cummiskey, *Kantian Consequentialism*, p. 90.

② Ibid., p. 91.

理论。如前所述，他也把这种出自康德式的基础义务论的规范后果主义称为"康德式的义务论后果主义"。①

4.4.2 意义和价值

卡米斯基认为，相较于康德式的规范义务论和传统的规范后果主义，康德式的义务论后果主义至少有两个优点。

首先，它有助于更好地解决传统义务论和后果主义关于权利和善何者优先的争论。以罗尔斯和斯坎伦为代表的当代义务论者认为，康德的"人是目的"理论可以用来解释"权利优先于善"这一主张，即人们不能为了追求更多的善而牺牲无辜者的权利，因为无辜者和其他人一样，具有不可比拟的价值和不可侵犯的权利，这种权利需要被尊重而非被牺牲。例如，康德对"诋毁清白之人"②和"出于仁爱而撒谎"③等案例的讨论就表明了，人们不能为了某种善而侵犯别人的权利。相反，后果主义者通常为"善优先于权利"这一主张辩护，即为了追求更多的善，我们可以牺牲无辜者的

---

① 参见 Cummiskey, *Kantian Consequentialism*, p. 48。

② 在《实践理性批判》中，康德以该案例来说明来自纯粹实践理性的道德法则相对于幸福原则或自爱原则所具有的优先性。康德说道："就连经验也证实了我们心中的这种概念秩序。假设某人为自己淫欲的偏好找借口说，如果所爱的对象和机会都来到他面前，那么这偏好对他来说是完全不可抗拒的：如果在他遇到这种机会的房子前面竖起一个绞架，在他享受过淫欲之后马上把他吊在上面，他在这种情况下是否还会不克制自己的偏好呢？人们可以很快猜出他会怎样回答。但如果问他，如果他的君王以同一种毫不拖延的死刑相威胁，无理要求他为君王想以莫须有的罪名来诋毁的一个清白人提供伪证，此时无论他对生命的热爱有多大，他是否会认为有可能克服这种热爱呢？他会这样做还是不会这样做，这也许是他不敢做出保证的；但他必定毫不犹豫地承认，这样做对他来说是可能的。因此，他做出判断，他能够做某事乃是因为他意识到他应当做某事，并在自身中认识到通常没有道德法则就会依然不为他所知的自由。"（5：30）当代义务论者认为，康德的这个案例为"权利优先于善"提供了一个证明。

③ 在《论出自人类之爱而说谎的所谓法权》一文中，康德认为，即便真诚（说真话）会伤害到自己或者他人，人也没有撒谎的权利。他说道："因此，谁说谎，不管他这时心肠多么好，都必须为由此产生的后果负责，甚至在民事法庭前负责，并为此受到惩罚，不管这些后果多么无法预见，因为真诚是一种必须被视为一切能够建立在契约之上的义务之基础的义务，哪怕人们只是允许对它有一丁点例外，都将使它的法则动摇和失效。"（8：427）当代义务论者也认为，康德的这种观点体现了诚实作为法权和义务相对于善的优先性。

权利。例如，密尔对"允许偷窃和抢劫"的论证就表明，为了更大的善或利益，侵犯无辜者的权利是可以得到道德辩护的。①这两种观点相互对立。前者认为，后者会为了追求利益而侵犯或牺牲无辜者的权利，而权利本应该相对于利益具有优先地位；我们不能为了利益而侵犯或牺牲无辜者的权利。后者则认为，前者具有在某些特殊情况下会为了某些个人权利而不顾公共利益的弊端；而实际上，这些个人权利虽然在一般情况下具有优先性（是符合利益最大化原则的），但是它们在某些特殊情况下都是可以出于更大的利益的考虑而被压倒的。卡米斯基认为，面对上述两种冲突的观点，康德式的义务论后果主义可以提供一种解决之道。他的论证分为两个方面。一方面，他认为，出于双层价值理论，且理性本性词典式地优先于幸福，人们决不能为了某些利益或幸福就随意牺牲无辜者的权利乃至生命。他说道：

> 作为理性能力优先于幸福的结果，对功利主义的许多典型的直觉性反对都不能被运用于康德式的后果主义了。例如，多数人的轻微头痛，即便是在原则上，也不能以牺牲少数人的生命或自由的代价得到减轻。②

另一方面，他认为，由于理性本性具有普遍的平等性，因此所有具有理性本性的存在者都是平等的。③这个论断是可以从康德那里得出的，因为

---

① 密尔在《功利主义》中讨论功利和正义的关系时指出，虽然一般的正义原则比其他的道德要求具有更重要的意义，但是在某些特定情况下，其他义务也可以压倒正义原则。密尔举例说："为了救一个人的性命，偷窃和抢劫必需的食物和药品，或者劫持唯一能救命的医生并强迫他进行救治，也许不仅是可以被允许的，甚至还是一种义务。"（密尔：《功利主义》，第79页）当代后果主义者（甚至义务论者如罗尔斯）认为，密尔的这种观点明显表达了善对于权利的优先性。

② Cummiskey, *Kantian Consequentialism*, p. 16.

③ 需要指出的是，卡米斯基在这里所说的具有理性本性的存在者，实际上仅仅是指作为有限的理性存在者的人，其他可能的理性存在者如上帝和天使并不是他所探讨的对象。

"既然尊重其他人格的道德要求奠基于所有人格的平等的道德地位,那么康德的论证预设了所有人格的平等价值或尊严。这类存在者是可以比较的,并且这种比较描述了所有人格的平等的客观价值"①。更进一步,如果在所有具有平等的理性本性的存在者之间存在着比较的可能性,那么在涉及理性存在者之间的自由、权利或生命的取舍时,为了保障更多的理性存在者而牺牲少数无辜者看起来就是合理的了。卡米斯基说道:

> 所有理性存在者的基本平等(fundamental equality)要求他人的利益可以在某些时候超过我自己的利益,并且因此道德要求我有义务牺牲自己的生命或自由。在这些情况下,如果我"被牺牲了",我并没有被仅仅用作手段。相反,我的牺牲是由一个我作为自由而真诚的理性行为者必须赞同的原则所要求的。当然,我可以倾向于不接受我的命运或者不按我应该去做的来做;但是,我的牺牲仍然并没有侵犯我的自律或权利。②

总之,在康德式的义务论后果主义看来,牺牲无辜者的生命是被允许的,只不过这种牺牲是为了保障更多的生命,而不是为了保障其他人的幸福或者利益。

其次,康德式的义务论后果主义还有另外一个优越性,即相对于功利主义和罗尔斯的正义理论,它能够产生一种更加可靠的敏于分配的正义原则(distribution-sensitive principle of justice)。以罗尔斯为代表的权利论者指责功利主义理论家缺乏分配敏感性。这表现在两个方面:一方面,功利主义者只看重利益或福利的最大化,而不关注利益或福利在利益相关者之间的分配问题;另一方面,为了追求利益或福利的最大化,功利主义者往往会忽视那些处于少数地位的个体所遭受的损害,从而导致分配不公正。与

---

① Cummiskey, *Kantian Consequentialism*, pp. 129–130.

② Ibid., p. 16.

功利主义者不同，虽然罗尔斯也承认会存在分配不公的问题，但他并不忽视或无视这种不公，而是力图解决这一难题。罗尔斯提出的差别原则认为，只有当社会不公平有利于社会中的最少受惠者时，这种不公平才是正义的。他甚至认为，最少受惠者的任何轻微损失都无法用任何数量的最多受惠者的获得来补偿。

卡米斯基认为，罗尔斯的差别原则虽然是敏于分配的，但是却取消了最大化的合理性；而他提出的康德式的义务论后果主义既敏感于分配，又坚持了最大化原则，是一种较好的替代功利主义和罗尔斯式正义论的理论，因为它重新解释了社会善品分配的基础或条件。

首先，与罗尔斯一样，我们不能像功利主义者那样，仅仅为了最大化社会的一般幸福而来分配诸如权利、自由、教育、医疗、权力、机会、收入和财富等社会善品，因为依据双层价值理论，理性本性优先于幸福，而上述社会善品对于保障理性本性是必需和根本的。因此，在最大化幸福之前，必须首先满足这些基本善品的公平分配。他说道：

> 不像功利主义者，康德式的后果主义需要一种双层价值理论。理性本性的正当的优先性在善理论中产生一个规范等级。在决定去做什么的时候，理性存在者的实存以及他们的理性选择能力的发展和自由运用，相比于最大化幸福是更加重要的。存在双层价值，且理性本性（为了所有实践意图）词典式地优先于幸福。双层价值产生了这样的要求，即在我们考虑最大化幸福之前，先最大化地促进理性行为能力的必要条件。[1]

其次，与功利主义者一样，既然社会基本善品和幸福对于作为理性行为者的人来说都是必不可少的目的，那么我们就有义务去最大化地促进这些目的。一个有良知的康德式行为者"具有一个基本义务，即去尽其所能

---

[1] Cummiskey, *Kantian Consequentialism*, p. 156.

地努力促进所有理性行为者的自由和幸福"①。基于此,卡米斯基认为,康德式的义务论后果主义能够为什么是社会善品以及如何分配这些社会善品提供更加有力的证明,从而优越于功利主义和罗尔斯的正义理论。

4.5 质疑与批评

卡米斯基对康德伦理学的后果主义重构引起了广泛的关注和争论。以卡根、帕菲特和里奇为代表的学者认为,卡米斯基的努力打开了一扇重新理解康德伦理学以及康德伦理学与后果主义伦理学之关系的窗户。② 然而,更多的学者对他的这种康德式后果主义提出了质疑。这里,我们以迪恩和科斯嘉德为例,来讨论当代新康德主义者对卡米斯基的批评。

迪恩主要批评了卡米斯基对康德的价值理论的后果主义重构,认为卡米斯基对康德式后果主义的论证实际上依赖的是一个"非康德式的价值理念"。迪恩指出,在卡米斯基那里,康德的"价值"可以概念性地优先于并独立于理性行为者的"选择"。然而迪恩认为,康德的价值理论根本不支持这种观点,因为"康德式的价值概念是:拥有价值就是理性选择的(这种或那种)客体。就卡米斯基没有给出理由来驳斥康德的价值解释来说,其理论并不能建构起康德理论不可避免地导向规则后果主义的结论"③。因此,卡米斯基错误地描述了后果主义者和康德对价值的不同区分,认为康德伦理学的核心是绝对命令的人性公式,可以从中导出后果主义的规范理论(因为它赋予每个行为者的理性本性以平等的价值),并进而推

---

① Cummiskey, *Kantian Consequentialism*, p. 159.

② 例如,卡根认为,卡米斯基的康德式后果主义是对康德伦理学支持义务论而非后果主义进行挑战的"重要先驱"(Kagan, "Kantianism for Consequentialism", p. 152)。帕菲特认为,自己得益于卡米斯基对康德伦理学的这种后果主义讨论(Parfit, *On What Matters, I*, p. xlv)。里奇则在卡米斯基的康德式后果主义的启发下,提出了一种"后果主义的康德主义"观点(Ridge, "Consequentialist Kantianism", pp. 421–438)。我们在第 3 章已经讨论过帕菲特的康德式后果主义,接下来的第 5 章将会讨论卡根和里奇对康德伦理学的后果主义解读。

③ Dean, "Cummiskey's Kantian Consequentialism", *Utilitas* 2000, 12, pp. 25–40.

出要最大化这种价值。然而，迪恩同意科斯嘉德、赫尔曼和希尔等人的观点，认为从人性有价值中不能推出要促进人性这种价值，因为并非所有价值都是要被促进的；对于康德伦理学来说，人性或理性本性的价值是被尊重的对象，而非被促进的对象。迪恩进一步指出，虽然卡米斯基做出了让步，承认要促进的价值并非人性价值本身，而是保障理性本性得以发展的条件，但这仍然是不符合康德伦理学框架的，因为在康德那里，发展自身的禀赋也仅仅是一个不完全的义务，它根本不涉及最大化问题。因此，迪恩批评道：

> 卡米斯基的理论既非康德式的，也非功利主义的。存在三种义务范畴：对自己的理性本性的义务，尊重他人本性的义务，促进他人目的的义务。但康德只是说，要考虑他人的目的并且有时促进它，而卡米斯基把促进他人的目的变成普遍的。卡米斯基认为，我们必须发展和运用理性能力；而传统康德主义认为，我们有该义务，但并不涉及最大化。后者同样也不涉及最大化他人的自然本性。但卡米斯基不仅要求每个人必须限制对其他理性行为者的破坏，或对他人的非理性行动的诱惑，而且要求每个人都要尽可能最大化地使他人免受破坏和诱惑——不仅有时要采取步骤保证他人的福利和自由，而且要把它们最大化。①

迪恩进一步指出，在卡米斯基那里，康德式的后果主义需要不偏不倚地和最大化地促进理性设定的目的；然而，标准康德伦理学只是需要考虑他人的目的。因此，卡米斯基的价值是后果主义的而非康德主义的，因为对康德来说，所有价值都由道德法则决定，或者说由理性行为者的选择决定。迪恩最终坚持认为，即便康德的原则把理性本性看作目的自身，它也并不包含最大化的要求。

---

① Dean, "Cummiskey's Kantian Consequentialism", pp. 28–29.

科斯嘉德也明确反对卡米斯基对康德伦理学的后果主义重构。4.3 已经指出，科斯嘉德虽然很努力地阐发康德的人性公式的内涵和意义，但与卡米斯基不同，她支持一种基于尊重人性价值的义务论而非后果主义的规范立场。在她看来，我们确实可以过一种有价值的或善的生活，但是这并不意味着我们必须不偏不倚地去最大化这种价值和善，因为价值和善都是与行为者相关的，不同行为者对善的理解都不一样甚至是相互冲突的；如果用集合的方式把这些价值和善结合在一起，并不一定会真正产生善的“最大化”。因此，后果主义所追求的善或价值的最大化，本身并不具有任何实质的意义。她说道：

> 我不认为善的最大化理念——越过人格之间或者人格和其他动物之间的边界对善进行加总——具有任何清晰的意义。尽管我相信善本质上是关系性的，但我认为某种东西是善的，必须是由于它对某个存在者——对某个人或某个动物——来说是善的。把我的善与大卫的、莉迪亚的、斯蒂芬的和克里斯托弗的善仅仅集合在一起，并非明显对每个人来说都是善的，因为我们并不构成一个集合的人格，并且对这个人格来说，这个集合的东西是一个善。越过了人格之间的边界的集合的善并不真正地是一种“得到最大善”的理智方式。①

除了批评后果主义集合性的最大化原则外，科斯嘉德还指出，后果主义还持有一种有缺陷的善或价值观念，因为无论功利主义者或后果主义者提出何种价值或善的理论，这种价值或善观念都是有争议的。例如，对于古典功利主义者所倡导的快乐这一价值来说，密尔的论证是，既然每个人都追求快乐，那么我们把快乐最大化，即追求最大多数人的最大快乐就是合理的。然而在科斯嘉德看来，快乐看起来是可以加总的，但实际上并非

---

① Korsgaard, "Natural Goodness, Rightness, and the Intersubjectivity of Reason: Reply to Arroyo, Cummiskey, Moland, and Bird-Pollan", *Mataphilosophy* 2011, 42(4), pp. 381-394.

如此。这是因为，当我们说每个人都追求快乐时，这种快乐是与个人相关的；但是当我们追求集合性的总体快乐时，这个快乐就已经不再与个人相关了。因此，快乐这种善观念并不是可以加总的。她说道：

> 与卡米斯基所说的相反，我不认为功利主义的唯一问题是它赞同这种观点，即行为乃是生产（action is production）。我认为，它还有一种在概念上有缺陷的善观念在起作用，即以实际上并不可加总的方式使得善看起来好像是可加总的。①

科斯嘉德指出，与后果主义不同，在康德的理论中，善或价值的产生来源于对行为者及其相互关系的性质的考察。例如，当我们把自己和他人都看作自在目的的时候，这里就产生了把自己和他人都看作目的而非仅仅是手段的义务要求，但它并不涉及价值的最大化，而仅仅是要求尊重价值，因为"康德并不认为存在某种一般的义务去促进甚至最大化那种受特定的义务论约束所限制的善。毋宁说，他认为，促进他人的善且正当地和诚实地对待他人，是把他人当作目的本身来尊重的两个方面"②。因此，卡米斯基把康德尊重价值的义务论原则刻画为促进价值的后果主义原理，在根本上就是错误的。

通过对卡米斯基的批评，科斯嘉德总结了后果主义和她所捍卫的康德主义之间的根本区别。她说道：

> 我认为，我们在思考这个（人性）公式时可以看出，后果主义者和康德主义者对于什么是伦理学的主旨（subject matter）有不同的观点。这与把行为看作生产的观念有关。后果主义把伦理学的主旨看作我们的行为产生的结果，并且这样来看伦理学的主要问题：我们应当

---

① Korsgaard, "Natural Goodness, Rightness, and the Intersubjectivity of Reason: Reply to Arroyo, Cummiskey, Moland, and Bird-Pollan", pp. 381-394.

② Ibid.

旨在产生什么结果？我们应当产生什么？我们如何使这个世界变成可能最好的世界？而在另一方面，康德主义者把伦理学的主旨看作我们的相互关系和相互作用的性质，这既包括我们自身也包括他人。因此，康德主义者这样来看伦理学的主要问题：我应当如何对待这个人？在这种情况下，我对他、对我们自己担负有什么？我怎样才能适当地处理与他的关系？我们之间的相互影响应该像什么？ ①

在科斯嘉德看来，虽然康德主义者也会强调促进他人的善（如帮助他人），但是这种要求与后果主义的最大化原则无关，它不过是尊重他人人格或人性的一种表现而已。而在这一点上，即便后果主义的集合是理智的，它在追求集合的最大化的过程中也会允许把人们当作手段来利用的可能性存在。这是因为，“在原则上，后果主义允许你破坏诺言，履行不公正，冒犯权利，奴役无助者，诸如此类，如果这样做能带来足够的善的话”②。科斯嘉德对后果主义的这个批判承接了 4.4 已经讨论过的权利与善的优先性之争，这里就不再展开论述了。

4.6 小 结

本章主要讨论了卡米斯基在康德“人是目的”公式的基础上所建构的康德式的义务论后果主义。他首先把康德伦理学划分为两个层面，即基础层面和规范层面，指出康德在基础层面的义务论立场其最好的结果是从中发展出一种后果主义的而非义务论的规范理论，虽然康德并没有这么做。他随后依据当代新康德主义者科斯嘉德对康德的“自在目的”概念的重构，从中推出自己的双层价值理论，并最终提出康德式的义务论后果主义理论，指出道德的最高原则就是最大化地促进理性本性的繁荣和幸福。

---

① Korsgaard, "Natural Goodness, Rightness, and the Intersubjectivity of Reason: Reply to Arroyo, Cummiskey, Moland, and Bird-Pollan", pp. 381–394.

② Ibid.

　　然而，卡米斯基在处理理性本性和幸福这两个目的上都偏离了康德的立场。正如迪恩和科斯嘉德等人指出的，在康德那里，理性本性是被尊重而非被促进的对象，它作为自在目的并不包含最大化要求。康德虽然认为我们有义务发展和运用理性能力，但这只是一个不完全义务（6:444-447），它并不涉及最大化这一问题。但卡米斯基不仅要求每个人都要把他人看作自由的，还要求采取步骤保证他人的福利和自由，而且把它们最大化，这已经突破了康德伦理学框架所能够容纳的范围。对于幸福问题，康德虽然认为促进他人的幸福是一个同时是目的的义务，但它仍然只是一个不完全的义务，人们只是有必要考虑他人的目的并且有时促进它（6:450-454）。而卡米斯基把促进他人幸福的目的变成了不偏不倚地和最大化地促进理性设定的目的。因此，虽然卡米斯基声称他的理论由于是奠基于康德的内在主义和"人是目的"的价值理论之上，因而是"康德式的"，但他对康德伦理学的相关概念的重构仍然存在着过度阐释的嫌疑，以至于批评者如迪恩和科斯嘉德等人认为，他所谓的"康德式的后果主义"根本不是"康德式的"。

　　即便如此，卡米斯基的后果主义理论仍然具有重要意义。首先，它为我们重新理解康德伦理学与后果主义伦理学的关系提供了很好的契机。与黑尔、海萨尼和帕菲特等人一样，卡米斯基的理论有助于改变那种认为康德伦理学是与后果主义伦理学完全不相容的严格义务论的传统观点。其次，卡米斯基在建构自己的康德式后果主义的过程中，同许多非后果主义的当代新康德主义者如科斯嘉德和迪恩等人就康德伦理学展开了全面的探讨和争论，也极大地促进了康德伦理学研究的当代发展。再次，卡米斯基对康德式后果主义的论证，特别是他有关行为者中立和行为者中心，以及把康德伦理学划分为基础理论和规范理论的观点，给里奇和卡根提供了灵感。他们从这些视角出发，尝试提出不同于卡米斯基的康德式后果主义理论，而这正是下一章要讨论的主要内容。

5. 行为者中心/行为者中立与康德式的后果主义

4.2 已经提及，行为者中心与行为者中立的区分是由当代道德哲学基于对道德价值与行为者关系的认识而提出的对立观点。行为者中心的立场认为，道德价值是特殊的、具体的善，是对特定行为者而言的善，它会对特定的个体行为者产生一种约束，这种约束要求行为者不能进行某种行动，即便这种行动造成的侵犯能够避免更大的同样侵犯。而行为者中立的立场认为，道德价值和道德要求并不指向某个特定的行为者，并对他产生实际的约束作用，而是从非个人性的价值和要求出发，对人们提出一般性的要求。① 一些研究者进一步把这种划分与义务论和后果主义之间的划分结合起来指出：行为者中心的立场是一种典型的义务论立场，它强调个人视角、有所偏倚性和个体选择权；而行为者中立的立场是一种典型的后果主义立场，它强调非个人视角、不偏不倚性和无选择权。还有一些研究这把这种区分运用于对康德伦理学的研究，并认为康德伦理学可归属于行为者中心的义务论范畴，甚至行为者中心的约束就是一种康德式约束，它与后果主义的行为者中立观点相对照。②

---

① 参见 Nagel, *The View from Nowhere*, Oxford University Press, 1986, pp. 152-153; Parfit, *Reasons and Persons*, Oxford University Press, 1986, p. 143; Kagan, *The Limits of Morality*, Oxford University Press, 1989, pp. 74-75; Scheffler, *The Rejection of Consequentialism: A Philosophical Investigation of the Consideration Underlying Rival Moral Conceptions*, Clarendon, 1982, p. 80; 徐向东编：《后果主义与义务论》，第 19—29 页。

② 参见 Darwall, "Agent-centered Restrictions from the Inside Out", *Philosophical Studies* 1986, 50(3), pp. 291-319; Scheffler, "Agent-centred Restrictions, Rationality, and the Virtues", （转下页注）

然而，以里奇和卡根为代表的研究者反对这种划分。在他们看来，康德伦理学并不必然坚持行为者中心的立场，也并不必然和后果主义者相冲突。[①]他们进而指出，通过适当的解释，康德伦理学可以被看作行为者中立的，是可以与后果主义相容的，甚至可以把康德伦理学看作后果主义的一种特殊样式。本章将详细讨论里奇和卡根所倡导的这种类型的康德式后果主义，具体内容划分如下：5.1 将详细梳理行为者中心和行为者中立这两种理论，以及基于行为者中心与行为者中立的划分而对康德伦理学和后果主义的一般阐释；5.2 讨论里奇的后果主义的康德主义；5.3 讨论卡根的免于约束的康德式后果主义；5.4 讨论上述探讨的意义和局限。

5.1 行为者中心 / 行为者中立与康德伦理学

5.1.1 行为者中心与行为者中立

行为者中心和行为者中立的区分最初与内格尔关于客观理由和主观理由的区分相关。内格尔指出，如果所有普遍的理由都包含了一个自由的行为者，那么它们就是主观理由；反之，如果它们不包含一个自由的行为者，它们就是客观理由。[②]后来，帕菲特把这种主观理由表述为行为者相关的理由，把客观理由表述为行为者中立的理由。[③]而内格尔不仅接受了帕菲特的这种表述，还对它们做了更为清晰的界定：

（接上页注）*Mind* 1985, 94, pp. 409–419; Hurley, "Agent-centered Restriction: Clearing the Air of Paradox", *Ethics* 1997, 108, pp. 120–146; Kamm, "Non-consequentialism, the Person as an End-in-itself, and the Significance of Status", *Philosophy and Public Affairs* 1992, 21, pp. 354–389。

① 参见 Cummiskey, *Kantian Consequentialism*, p. 21; Ridge, "Consequentialist Kantianism", pp. 421–438；Kagan, "Kantianism for Consequentialists", pp. 111–156; Mack, "Deontic Restrictions Are not Agent-relative Restrictions", *Social Philosophy and Policy* 1998, 15, pp. 61–83。

② 参见 Nagel, *The Possibility of Altruism*, Princeton University Press, 1970, p. 90。

③ 参见 Parfit, *Reasons and Persons*, p. 143。

如果能够以一种一般的形式给出一个理由，且这个形式并不包含对具有这个理由的人的一种本质指向，那么这个理由就是一种行为者中立的理由。例如，如果做或者想要做某事能够减少世界上的不幸的数量对任何人来说都是一个理由，那么它就是一个中立的理由。另一方面，如果一个理由的一般形式包含着对拥有它的那个人的一种本质指向，那么它就是一个行为者相关的理由。①

有些学者用行为者中心／行为者中立这一区分来表述帕菲特和内格尔的上述界定。例如，里奇认为，行为者中心与行为者中立的区分与价值是否指涉具体的行为者相关：如果价值指涉具体的行为者，那么它就是行为者中心的，反之就是行为者中立的。他还通过一个对比来说明这一区分：对于快乐主义的利己主义者来说，快乐价值具有行为者中心的特征，因为在他看来，快乐作为善是有价值的，不过仅仅是针对利己主义者本人而言。与快乐主义的利己主义者不同，对于快乐主义的功利主义者来说，快乐价值具有行为者中立的特征，因为在他看来，快乐作为善有价值，并不针对某些特定的行为者，而是对所有人而言都是善的，是人们都应该努力促进的一般善。概言之，对于行为者中心而言，"快乐对于某个行为者是善的"；而对于行为者中立而言，"快乐是一般地善的"。②

卡根进一步指出，行为者相关或行为者中心的理由或价值能够支持一种行为者中心的约束（他常常把它简称为"约束"）。③他说道：

> 支持约束的理由不可能是行为者中立的；相反，它们必须是行为者相关的。……如果温和派能够确立行为者相关的理由之存在，并且

① Nagel, *The View from Nowhere*, pp. 152–153.

② Ridge, "Consequentialist Kantianism", pp. 423–424.

③ 达尔沃和舍弗勒等人用的是"agent-centered restrictions"这一概念，而卡根用的是"agent-centered constrains"，或简化的"constrains"这一概念。当然，还有研究者如马克（E. Mack）用"agent-relative restrictions"，卡姆（F. Kamm）用"agent-relative constrains"来表达相同的含义。

论证它典型地在道德上是决定性的，那么他就会确立一种行为者中心的约束之存在。[①]

那么，到底什么是行为者中心的约束呢？卡根把它理解为"禁止行为者以某些特定的方式去反应，即便这种反应可以最好地促进总体善"[②]。舍弗勒也使用这个概念，并把它看作"至少有时候在如下情况下也不允许侵犯，即侵犯能够要么避免从一种非个人的视角看是具有同样分量的、来自同一个约束的更多侵犯，要么避免其他至少是可反对的事件，而且这种侵犯没有产生其他道德上的相关后果"[③]。以"电车难题"为例，坚持行为者中心的约束的观点会认为，行为者不应当把自己的朋友推下桥梁，虽然他的死亡会阻止电车脱轨，从而拯救电车上更多人的生命。[④] 在《反对后果主义》一书中，舍弗勒对这个概念做了详细描述：

> 一个行为者中心的约束是这样的一个约束，它至少有时候在如下情况下也不允许侵犯，即侵犯能够要么避免从一种非个人的视角看是具有同样分量的、来自同一个约束的更多侵犯，要么避免其他至少是可反对的事件，而且这种侵犯没有产生其他道德上的相关后果。设想一种理论，该理论存在着某种约束 S，至少某些时候，在如下情况下也不允许侵犯 S，即这样做会避免更大数量的对 S 的同等分量的侵犯，且不产生其他道德上相关的结果。现在，S 是一个行为者中心的约束，

---

① Kagan, *The Limits of Morality*, p. 75.

② Ibid., p. 73.

③ Scheffler, *The Rejection of Consequentialism: A Philosophical Investigation of the Consideration Underlying Rival Moral Conceptions*, p. 80.

④ "电车难题"有很多种情形。这里提出的其中一种情形是：你正和你的朋友站在一座桥上，这时你看到一辆载着 10 个人的有轨电车失去了控制，疾驶向这座年久失修的桥。除非你能让这辆电车停下，否则它将会跌下一个陡峭的悬崖，而车上的 10 个人将会丧生。唯一能让这辆电车停下来的方法，是把你的朋友推到它的面前去。与电车的碰撞将会使你的朋友性命不保，但这却能让电车在悬崖前停住。

由于这个理论中包含 S，那么就不存在非行为者相关的原则来从最好到最坏地排列总体事态，虽然这将总是允许产生如此刻画的最好事态。例如，如果最好的总体事态被解释为一个包含对 S 的最小侵犯的事态，那么它至少有时候不允许一个行为者去产生这个事态，如果他只能通过实际上施行一种对 S 的最小侵犯来这样做的话。这样，行为者中心的约束是对个体行为者的行动的限制，它优先于对非个人的总体价值的计算。[1]

卡根和舍弗勒都举过这样一个例子来帮助人们理解这个约束，即禁止杀死一个无辜的人，即使杀死这个人可以把将要被杀死的无辜者的总数降到最低。[2]

这种行为者中心的约束除了反对较小的相同侵犯外，也明显反对 4.4 提到的密尔的观点。密尔认为，为了救一个人的性命（产生最好事态），一个人可以采取偷窃和抢劫必需品的方式，甚至是劫持医生并强迫他进行救治（对一些约束的较小侵犯）。

行为者中立指的是，道德价值和道德要求并不指向某个具体的行为者，而是从总体性的价值出发，对人们提出一般性的要求。

从上面的论述中可以明显看出，行为者中心的立场在看待问题时明显具有个人视角，而行为者中立的立场则具有非个人视角。所谓"个人视角"，也就是从行为者本人的个体视角来看待问题，而"非个人视角"则是从超出行为者本人的普遍视角来看待问题。个人视角会具有某种偏倚性，它更加关注个人筹划在道德判断中的重要性，或者用威廉斯的术语来说，它会更加关注"个人完整性"。而非个人视角则具有不偏不倚性，它并不给予个人筹划以更大的价值；用边沁的名言来表达就是，"每个人都算作

---

[1] Scheffler, *The Rejection of Consequentialism: A Philosophical Investigation of the Consideration Underlying Rival Moral Conceptions*, p. 80.

[2] 参见 Kagan, *The Limits of Morality*, p. 4; Scheffler, "Agent-centred Restrictions, Rationality, and the Virtues", pp. 409-419。

一个，没有人可以算作多于一个"。也就是说，从行为者中立的不偏不倚的非个人视角来看，行为者的个人筹划和关切在道德评价中并不具有额外的分量或价值，因为为行为者的行为提供辩护的理由不是私人性的，而是依赖于他人或社会整体的。对于这种个人性和非个人性，及其与行为者中心和行为者中立的关系，内格尔在《平等与偏倚性》一书中做了很好的概括。他说道：

> 虽然作为非个人立场的首要后果的无偏倚性态度在决定任何可接受的结果时都会举足轻重，但它必须以某种方式与个人立场调和起来。调和的途径是通过寻求这样一些原则，它们承认每个人生活中的那些目标的重要性，并确定它们一般应当被给予多大分量。为了在伦理学之中容纳个人立场，我们需要一种关于行为者相关的行动理由的理论，这样的理由由普遍原则所确定，但仍然不可消除地关涉作为理由之承载者的行为者的特征或环境。与之相反的是行为者中立的理由，它们取决于人人都应当看重的东西，无论这种东西与他的关系如何。[①]

5.1.2 行为者中心与义务论约束

研究者们普遍认为，行为者中心的立场属于义务论立场，而行为者中立的立场属于后果主义立场。例如，达尔沃指出，后果主义是"一种关于正当的行为者中立理论"，义务论则不是行为者中立的，而是"经常包含行为者中心的原则的理论"。[②]里奇指出，"义务论约束在某种意义上是行为者中心约束"的假设是如此普遍，以至于二者经常被用作同义词了。[③]迈克诺顿和罗林也指出，所有后果主义者都选择出一组行为者中立的价值来排列

---

① 内格尔：《平等与偏倚性》，第 43—44 页。

② Darwall, "Agent-centered Restrictions from the Inside Out", p. 293.

③ 参见 Ridge, "Consequentialist Kantianism", p. 425。

一系列可能世界。相反，义务论者往往诉诸行为者相关或行为者中心的理由。[①] 卡根甚至直截了当地指出，义务论和约束之间是可以相互证明的，即一个义务论原则必然包含行为者中心的约束，而包含行为者中心的约束的理论也必然是义务论的："我认为这样说是公平的，就一种理论包含约束来说，它在正常情况下被考虑为义务论的。"[②] 舍弗勒也认为，行为者中心的约束通常也被称为义务论约束，因为义务论也会禁止一个行为者去做违反义务要求的行为，即便这个行为能够减少对同一个义务的更多违反。[③] 徐向东总结道：

> 后果主义的理论被认为是中立于行动者的理论，因为它认为每个人都有理由促进某个共同的目的。相比较，义务论的理论是典型的相对于行动者的理论，因为这种理论认为不仅确实存在着相对于行动者的道德理由，而且，当这种理由与中立于行动者的道德理由发生冲突时，它们不能被后者所推翻。[④]

一般来说，后果主义者大多强调价值的优先性，而价值在后果主义那里又总是不依赖于个体行为者的观点而被设定的；也是说，它是被非个人地设定的。因此，后果主义具有典型的行为者中立而非行为者中心的立场。相反，义务论者并不求助于非个人性的价值。在他们看来，如果行为的规则和理由不可避免地涉及这个行为者，那么他就有责任依照规则和理由去行动，而不考虑这个行动能否带来非个人性的最优后果。

在《为义务论辩护》一文中，迈克诺顿和罗林为义务论的行为者中心立场提供了以下三种辩护：首先，存在着一些来自特殊关系的义务，它们是与行为者密切相关的。例如，我因为与某些特定的个人具有某种关系而

---

① 参见徐向东编：《后果主义与义务论》，第 35—39 页。
② Kagan, "Kantianism for Consequentialists", p. 142.
③ 参见 Scheffler, "Agent-centred Restrictions, Rationality, and the Virtues", pp. 409–419.
④ 徐向东编：《后果主义与义务论》，第 24—25 页。

对他们有应尽的义务。这些关系的例子包括：父母对孩子、配偶对配偶、朋友对朋友的关系，还包括单纯的契约关系，例如立约人与受约人、债务人与借贷人之间的关系。在这些情形中，行为者与他人的特殊的关系产生了相对于行为者本人的特殊义务。其次，存在着这样的约束，它禁止某些类型的行为，即使履行这些行为在特定的情形中会使社会在某种程度上"更好"。比如，人们一般认为，杀死无辜者、折磨人、撒谎或欺骗都是错误的，即使这些行为是为了追求其他的好目标而被实施的。这样看来，如果人们坚持这种行为者中心的约束，那么这就意味着人们坚持了义务论，而拒绝了后果主义。最后，义务论所具有的行为者中心立场允许一种"选择权的可得到性"。后果主义，特别是直接后果主义，会提出一个过高的要求，即要求人们在任何时候都应该追求最优的一般后果，从而要求人们为此目标做出持续的和巨大的牺牲，甚至拒绝人们对个人计划或目标的选择。而义务论者一般都会接受选择权，认为一个人即使给予自己的计划以超过后果主义所要求的分量，他也可能在做正确的事情。①

舍弗勒也承认义务论包含着行为者中心的约束，同时也承认这种约束具有反对后果主义的直觉的吸引力。但是，他质疑这种反对的有效性，进而质疑义务论。他说道：

> 我认为，标准的义务论观点很明显是矛盾的，我们通过考察义务论中所包含的我所说的"行为者中心的约束"这一概念就能清楚地说明这种矛盾。……包含着行为者中心的约束，给了传统义务论以反后果主义的巨大力量和直觉上的吸引力。尽管它们与日常道德有很大的契合性，但行为者中心的约束还是让人困惑的。这是因为，采取某种道德上可以被反对的行为，就能够将同样的可以被反对的行为的数量降到最低，且不产生其他相关的道德后果，这时仍然禁止采取这种行为，这样做为什么是合理的呢？将道德上可以被反对的行为最小化，

---

① 参见徐向东编：《后果主义与义务论》，第35—36页。

这怎么会是道德上不可接受的呢？①

　　从这种质疑出发，舍弗勒进而批判了义务论的行为者中心的约束。他的策略，同样是求助于直觉或常识的合理性。所谓"常识的合理性"，就是追求最大化或最优后果的合理性。例如，当伤害一个人能够避免另外两个人受到同样的伤害时，我们选择伤害这个人就是合理的。因此，即便"避免伤害他人"一般来说是一个道德约束，但是在上述情况下，违反这个约束仍然是合理的，因为它在两个可以被反对的选项中选择了一个较为不坏的选项，并且这个选项既是后果主义的，也是符合人们的常识合理性的。通过诉诸常识合理性，舍弗勒试图驳斥行为者中心的约束和义务论，从而捍卫后果主义。

　　对于后果主义行为者中立的立场会导致行为者因为追求最大化而没有选择权的质疑，舍弗勒又提出了"行为者中心的特权"（agent-centered prerogative）这一概念来回应。所谓"行为者中心的特权"是这样一种特权，即"它允许每个行为者把能量和注意力运用于其自身的计划和承诺，而不管它们在他这样做时在任何非个人的计算中占据的比重"②。也就是说，行为者中心的特权允许行为者有关心自己的计划和承诺的自由或选择权，不必在任何情况下都按照最大化的要求去行动。舍弗勒认为，我们有足够的理由承认选择权的存在，其中最重要的一个理由是，每个人都有自己的筹划和承诺，这些筹划和承诺并非都是非个人性的；这是人性的现实，我们应该尊重这一现实，而非刻意无视或否认它。③

　　但是，承认这种特权，是否就是放弃行为者中立的最大化立场，转而坚持行为者中心的约束的立场呢？舍弗勒否认这种理解。在他看来，承认选择的特权与追求最大化的合理性之间是协调一致的，因为选择的特权

---

①　Scheffler, "Agent-centred Restrictions, Rationality, and the Virtues", pp. 409-419.

②　Ibid.

③　参见 Scheffler, *The Rejection of Consequentialism: A Philosophical Investigation of the Consideration Underlying Rival Moral Conceptions*, pp. 56-58。

就在于允许行为者把道德要求整合到自己的计划或承诺中。例如，如果有人主动把依照后果主义当作自己的计划或承诺，这并非不合理，而且也是不应当对其进行约束的。这样看来，选择权可以排除约束，从而成为一种"没有约束的选择权"。因此，舍弗勒认为，承认选择权并没有转而坚持行为者中心的约束，因为正如我们已经看到的，"一个行为者中心的特权被用来否认行为者总是被要求去产生最好的总体性事态。另一方面，行为者中心的约束被用来否认存在任何非行为者相关的原则来排列行为者总是允许去产生最好事态的事态"①。在他看来，承认选择权具有很大的理论优势，它既能捍卫后果主义，又能避免后果主义所面临的侵犯"个人完整性"的批评。②

针对舍弗勒对义务论者的行为者中心的约束的批评，当代义务论者也进行了各种回应。比如，舍弗勒质疑，人们为什么禁止杀死一个无辜的人，即使杀死这个人可以把将要被杀死的无辜者的总数降到最低。对此，内格尔从权利的角度进行回应，从而为义务论进行辩护。内格尔首先指出，义务论和后果主义一样，也坚持一种价值理论；不过，与后果主义坚持非个人性的价值不同，义务论坚持权利的价值，而权利是一种与行动者相对的而非中立于行动者的价值，因为权利与每个人都相关。内格尔进一步指出，正因为每个人都有权利，他也就有了不可侵犯性。当然，说一个人具有不可侵犯的权利，并不是说这个人不会受到侵犯，而是说他不可以被侵犯，即便对他的侵犯能够把同类侵犯的数量降到最低。内格尔再进一步指出，由于每个人都是不可侵犯的，因此不可侵犯性本身就是内在地具有价值的，它构成了对人们的行为的约束。这样，对于舍弗勒的质疑，内格尔的回答就是：我们是不可侵犯的，因为不可侵犯性是内在地有价值的。依据这个结论，内格尔指出，由于后果主义不承认不可侵犯性，就漏掉了不可侵犯性这个极其重要的内在价值；而义务论包含了这个内在价值，因而

---

① Scheffler, *The Rejection of Consequentialism: A Philosophical Investigation of the Consideration Underlying Rival Moral Conceptions*, pp. 80–81.

② 5.4 将讨论卡根对舍弗勒这一选择权理论的批评。

更为优越；这就是我们接受义务论而非后果主义作为我们的道德体系的一个理由。[①]

综上，以行为者中立和行为者中心这一区分为基础来研究义务论与后果主义之间的优劣，构成了近几十年来英语世界伦理学研究的一个热点。研究者们一般认为，义务论坚持行为者中心的立场，而后果主义则支持行为者中立的立场。

5.1.3 行为者中心的约束与康德式约束

许多当代学者也基于行为者中立和行为者中心的区分来讨论康德伦理学。他们大多认为，康德伦理学属于义务论，坚持行为者中心的立场，有些研究者甚至认为行为者中心的约束就是一种康德式约束。例如，达尔沃曾明确指出，康德是典范的义务论者，他"无疑会接受行为者中心的约束，并拒斥任何关于正当的行为者中立理论。这是为人熟知且毫无争议的（familiar and uncontroversial）"[②]。里奇指出，研究者们普遍把"行为者中心的约束""义务论约束"和"康德式约束"当作同义词来使用。[③] 舍弗勒也认为，可以在康德的道德哲学中划分出如下要素，即关于道德动机的本质的观点（仅仅出于偏好的行为缺乏真正的道德价值）、由理性施加在行为准则上的约束的观点（绝对命令程序）、从绝对命令派生出的实质性道德规范的观点。而如果存在一种受到挑战的真正的康德主义观点，那就是：以这种方式解释绝对命令是可能的，即它被合理地思考为既作为实践理性的要求，也特别支持了行为者中心的约束。[④] 卡米斯基总结道，诸如诺齐克、德沃金、达尔沃、内格尔、墨菲、罗尔斯、范伯格（J. Feinberg）、多纳根（A. Donagan）、弗里德（C. Fried）、沃尔泽（M. Walzer）和理查兹（D. Richards）等人都从不同方面发展了新康德主义的立场。尽管他们在一些方

---

① 参见徐向东编：《后果主义与义务论》，第42—43页。

② Darwall, "Agent-centered Restrictions from the Inside Out", pp. 309-310.

③ 参见 Ridge, "Consequentialist Kantianism", p. 425。

④ 参见 Scheffler, "Agent-centred Restrictions, Rationality, and the Virtues", pp. 409-419。

面有重要区别，但是他们每个人都坚持认为，存在着某种版本的行动者中心的约束的康德式的基本原理。① 以内格尔为例，他在捍卫康德的可普遍化公式时指出，可普遍化公式并不是非个人性的行为者中立的，因为它允许个人性立场的存在。在内格尔看来，行为者中立的不偏不倚并不能保证康德式的可普遍化，因为不偏不倚并不是单独起作用的。对于康德式的行为者来说，他首先具有的是个人性的准则，然后才考虑这些个人目标能否普遍化的问题。因此，内格尔为康德辩护道：

> 普遍的可接受性的理想是对非个人性立场与功利主义的单纯支配的一个真实而又并不空洞的替代物，它允许个人性立场在对普遍原则的辩护中扮演独立的角色，而且它确实解释了为什么某些解决方案在道德上是合理的，而其他的则不然。②

在内格尔看来，康德的伦理学理论虽然强调道德标准的可普遍化，但是这种标准是从对个人动机或准则的评价中产生的；它带有普遍的有效性，因而能够超出个人性，得到非个人意义上的承认。换言之，在康德那里，可以非个人性地普遍化的原则，也不过是个人动机或准则中的合理性的东西本身。

与此相对，这些研究者认为，后果主义者坚持行为者中立的立场，追求不偏不倚的非个人的最大化价值，而这种立场是与康德伦理学正相反对的。例如，达尔沃认为，康德是坚持行为者中心的约束或者义务论的约束的，他在拒斥行为者中立的理论时，也就拒斥了后果主义，因为"后果主义就是一种关于正当的行为者中立理论"③。诺齐克指出，建立在康德"人是目的"基础上的边际约束，实际上也是义务论的约束，它反对"为了社会的整体利益，一些人应承受一些代价以使其他人获得更多好处"的后果

---

① 参见 Cummiskey, "Kantian Consequentialism", p. 593。

② 内格尔：《平等与偏倚性》，第43—44页。

③ Darwall, "Agent-centered Restrictions from the Inside Out", p. 293.

主义主张。[1] 通过这种阐释，康德与后果主义者之间的对立得到了进一步强化。

但是，也有研究者认为，用行为者中心或行为者中立的视角讨论康德伦理学是不适当的，它带来的混淆大于澄清。在这些学者看来，这种研究的最大问题在于，他们认为康德伦理学只能支持行为者中心的约束，与行为者中立并不相容，从而与坚持行为者中立的后果主义也不相容。有不少学者试图指出，通过深入研究，人们会发现，康德伦理学其实并不一定会产生行为者中心的约束。例如，卡米斯基曾指出：

> 实际上，尽管有康德关于特殊道德案例的义务论直觉，他的基本规范原则最好被解释为具有后果主义的结构。为了证明以行为者为中心的约束，一个人需要一个以非价值为基础的基本原理。新康德主义者试图通过诉诸康德把人格看作目的的原则来提供这样一个基本原理。新康德主义者的目标是清晰的：把人格看作目的包含尊重人格，尊重人格包含行动上的行为者中心的约束。然而，我们已经看到，这个目标是成问题的。康德主义的原则本身产生了一种促进一个道德目标的义务：促进理性存在者的必要条件和把他人的目的作为自己的目的的义务是把人性当作目的的本质部分。既然自在目的公式规定了一个我们有义务去促进的道德目标，那么它并不为行为者中心的约束提供一个基本原理，这个约束被限制于追求道德目标时我们能做什么。因此，尊重人格的命令产生一种后果主义的规范理论，而非被欲求的（desired）义务论的规范理论。[2]

与卡米斯基相似，里奇也认为，依据行为者中立和行为者中心的二分法，并把康德伦理学看作行为者中心的，无法帮助我们更好地理解康德伦

---

① 参见诺奇克：《无政府、国家和乌托邦》，第 39 页。

② Cummiskey, "Kantian Consequentialism", p. 615.

理学。他指出，康德关于自由意志具有无条件价值的核心理论，具有行为者中立或目的论的特征；如果行为者中立或目的论是典型后果主义的特征的话，那么康德伦理学也具有这种后果主义的特征。持类似观点的还有卡根，他借鉴黑尔和卡米斯基把康德伦理学划分为基础理论和规范理论的策略指出，即便康德在基础理论的层面是义务论和行为者中心的，但是他在规范理论的层面仍然有可能是行为者中立和后果主义的。这是因为，后果主义的主张，即"以产生最好的总体效果的方式去行动"这一规范性要求，完全能够通过康德义务论的绝对命令公式的检验；然而，这一规范性要求明显不支持一种行为者中心的约束，而是支持行为者中立的约束。

我在第 4 章已经详细讨论了卡米斯基的康德式后果主义，这里不再赘述。接下来，本章主要讨论里奇和卡根从行为者中立和行为者中心这一区分的视角出发对康德伦理学与后果主义之间的关系的讨论。

5.2 里奇：后果主义的康德主义

与卡米斯基从基础理论和规范理论两个层面讨论康德伦理学与后果主义的关系不同，里奇是通过讨论当代道德哲学中流行的关于康德伦理学和后果主义的两个著名区分来建构起后果主义的康德主义的。这两个著名的区分就是：许多研究者认为，后果主义是行为者中立和目的论的，而康德伦理学是行为者中心和非目的论的。因此，在建构自己的后果主义的康德主义之前，里奇首先全面梳理了这两个区分。

5.2.1 行为者中立 / 行为者中心、目的论 / 非目的论

对于行为者中心和行为者中立的区分，我们前面已经进行了详细论述，这里不再展开，只是梳理一下里奇有关该问题的观点。在《后果主义的康德主义》一文中，里奇是这样解释这一组概念的：

> 粗略地说，行为者中心 / 行为者中立的区分，就是价值被指向行

为者（这个指向在这里是起某种真实作用的）和价值没有这种指向之间的区分。简单说来，如果构成价值的原则（即，为价值的实例的描述性条款提供必要且充分的条件）没有向价值指向的行为者的不可消除的代词回指，那么这一种价值是行为者中立的。反之，任何涉及这种价值回指的原则所构成的价值都是行为者中心的。例如，"快乐是善的"这一命题完全包含着，快乐具有一种行为者中立的价值。然而，对于任何行为者，"行为者的快乐对于她是善的（或善从属于她）"这一命题则包含着，快乐具有行为者中心的价值。①

里奇对行为者中心和行为者中立的理解，与前面提到的舍弗勒和内格尔等人的理解并无本质区别。他们都认为，行为者中立的理论预设了一种非个人性的价值；也就是说，这种价值并不指向某个特殊的个人。而行为者中心的理论则强调价值与特殊个体的相关性。

除了运用"行为者中心"与"行为者中立"这一对范畴外，里奇还提炼了"目的论"与"非目的论"这一对范畴。他指出，目的论与非目的论的区分是由当代道德哲学关于道德价值、道德规范和道德行为的关系的讨论产生的对立观点。当我们说一种道德理论是目的论时，我们是在说这种道德理论认为某种目的具有最终价值，它值得被促进，而道德规范和道德行为都必须以促进这一目的价值为指向；或者说，道德规范和道德行为是否有道德价值就在于它们是否促进了这一目的价值。相反，当我们说一种道德理论是非目的论时，我们是在说这种道德理论并不认为有某种必须被促进的道德价值，道德规范和道德行为也不以促进这种道德价值为目的。例如，人们一般把功利主义看作目的论的，而把罗尔斯的契约论看作非目的论的。这是因为，前者主张规范和行为之所以具有道德价值，是因为它们促进了效用这一终极价值；而后者主张，规范和行为的道德价值并不在于它们促进了某种目的或价值，相反，有些保护基本权利的规范和行为是

---

① Ridge, "Consequentialist Kantianism", p. 424.

不能出于促进效用的理由而被舍弃的。①

　　基于行为者中立与行为者中心以及目的论与非目的论的区分，里奇接下来要处理的问题是：为什么大多数研究者都认为康德伦理学是行为者中心和非目的论的呢？他认为，这些研究者大多求助于康德关于"人是目的"的论证，并从中得出上述结论。而得出这个结论大致有三个步骤。第一个步骤指出，在康德那里，"人是目的"意味着，人作为有理性的存在者是被尊重而非被促进的对象，它并不要求我们尽可能多地增加这个世界上的理性存在者，而仅仅是要求我们尊重现存的理性存在者，而这种理解就可以被看作非目的论的。例如，佩蒂特就把非目的论解释为主张相关价值应当被尊重而非被促进。②第二个步骤指出，康德的这个观点要求我们，不能为了促进任何其他目的而不尊重地对待无辜者。也就是说，"人是目的"的主张反对把人仅仅当作实现某种其他目的的手段来使用，因此它是非目的论的。第三个步骤指出，"人是目的"对特定行为者的选择具有直接的约束作用，最典型的案例就是反对特定行为者为了救五个人而杀死一个无辜的人，因为"我不杀死一人去救五人免于被谋杀的理由就是，如果我这样做了，那就会是我而非将会杀害这五人的其他人做了这个杀人行为"③。这就是说，道德价值对特定的行为者具有直接的约束作用，因而是行为者中心的。里奇认为，通过上述三个步骤，就可以得出康德伦理学是行为者中心和非目的论的结论了。

　　在这些研究者看来，康德对"出于仁爱而撒谎"的反对也表现出了行

_____

　　① 据赫尔曼考证，第一个把伦理学分为目的论伦理学和义务论伦理学的是缪尔海德（J. H. Muirhead）。他在1932年出版的《伦理学中的规则与目的》一书中明确提出了这种区分，并把康德划归义务论。参见 Herman, *The Practice of Moral Judgement*, p. 208。弗兰克纳和罗尔斯都采用了这种划分，认为目的论伦理学就是一种把目的善定义为独立于正当的东西，然后再把正当定义为使善目的最大化的东西的理论；并认为，义务论伦理学是一种不脱离正当来解释善，或者不用最大化善来解释正当的理论。他们都认为，康德伦理学强调义务或正当对善的优先性，因而属于义务论而非目的论。参见 Frankena, *Ethics*, Prentice-Hall, 1963, pp. 13–15; Rawls, *A Theory of Justice*, Harvard University Press, 1999, pp. 19–28。

　　② 参见 Ridge, "Consequentialist Kantianism", p. 426。

　　③ Ibid., pp. 425–426.

为者中心和非目的论的特征。康德反对出于仁爱而撒谎的理由，基于"做坏事"和"让坏事发生"之间的区分。他说道：

> 如果你以一次说谎阻止了一个现在要去凶杀的人的行动，则你要对由此可能产生的所有后果负法律责任。但是，如果你严守真诚，则公共的正义不能对你有所指责；而不管无法预见的后果会是什么。毕竟有可能的是，在你真诚地用"是"来回答凶犯他所攻击的人是否在家的问题之后，这个人不被觉察地走出去了，就这样没有落到凶犯的手中，因而行动就不会发生；但是，如果你说谎，说他不在家，而且他确实（尽管你不知道）走出去了，凶犯在他离开时遇到了他，并且对他实施行动，则你有理由作为此人死亡的肇事者而被起诉。因为如果你尽自己所知说真话，则也许凶犯在家中搜索自己的敌人时会受到路过的邻居们的攻击而使行动被终止。(8：426-427)

在这里，"做"指行为者有主动行为，（好 / 坏）事情的发生是行为者本人造成的；而"让"指行为者没有主动行为，（好 / 坏）事情的发生不是行为者本人造成的。[①] 在康德看来，"做"与行为者的行动相关，是需要承担相应责任的；而"让"所导致的事情与行为者无关，他不需要承担相应

---

① 对于"做"与"让"的进一步讨论，可参见 McCarthy, "Harming and Allowing Harm", *Ethics* 2000, 110, pp. 749-779; Bennett, "Negation and Abstention: Two Theories of Allowing", *Ethics* 1993, 104, pp. 75-96; Steinbock and Norcross eds., *Killing and Letting Die*, Fordham University Press, 1994. pp. 280-289; Donagan, *The Theory of Morality*, Chicago University Press, 1977; Quinn, "Actions, Intentions, and Consequences: The Doctrine of Doing and Allowing, Killing and Letting Die", *The Philosophical Review* 1989, 3, pp. 355-382; McMahan, "Killing, Letting Die and Withdrawing Aid", *Ethics* 1993, 103, pp. 250-279; Foot, "Euthanasia", *Philosophy and Public Affairs* 1977, 6, pp. 85-112; Scheffler, "Doing and Allowing", *Ethics* 2004, 114, pp. 215-239; Kamm, *Intricate Ethics: Rights, Responsibilities, and Permissible Harm*, Oxford University Press, 2006; Draper, "Rights and the Doctrine of Doing and Allowing", *Philosophy and Public Affairs* 2005, 33, pp. 253-280; Norcross, "Introduction" to *Killing and Letting Die*, pp. 1-23. 以上文献转引自 Liu Xiaofei, "A Robust Defence of the Doctrine of Doing and Allowing", *Utilitas* 2012, 3, pp. 63-81.

的责任。在当代解释者看来，康德的论证明显支持行为者中心的约束，因而也是义务论的。与康德的这种论证不同，一种行为者中立的和目的论的价值观念好像总是蕴含充足的理由，去把某个人仅仅看作手段，只要这样做将会阻止更多的人以一种平等的、客观的方式被仅仅看作手段即可。因此，在这些研究者看来，"好像没有纯粹的行为者中立的和目的论的价值理论能够解释康德主义者的理念，即不尊重地对待一个人是错误的，即便这样做对于避免更多的（甚至稍微多一点的）不尊重是必不可少的"①。

里奇旗帜鲜明地反对关于康德伦理学和后果主义的这种二分法。在他看来，这种二分法是虚假的，无法帮助我们更好地理解康德伦理学及其与后果主义的关系。他指出，关于康德伦理学的行为者中心和非目的论解释会面临一个重要的反对，即好像康德主义者出于行为者中心的观点，会过于关注自己灵魂的纯粹性，从而缺少对他人和社会福利的关切；就像我们上面提到的康德反对"出于仁爱而撒谎"的论证那样，行为者只关心自己是否做了道德上不被许可的事情，而不关心事情本身是否造成了严重的后果。他说道：

> 义务论理论家总是面临这个反对，即他们的理论当对立于后果主义时，就是自我沉溺的。例如，对于康德的理论，它可能被反驳为，道德上理想的行为者如此关注于她自己的善良意志，以至于她缺少对他人的适当同情和关切。实际上，康德自己的观点好像具有这样一个后果，即理想的道德行为者是如此迷恋于保持她自己的意志的善性，以至于她不愿意说一个谎言，即便这样做对于阻止一个真正可怕的后果是必需的。②

里奇反驳道，康德伦理学不应当承担这样的指责，因为康德伦理学

---

① Ridge, "Consequentialist Kantianism", p. 425.

② Ibid.

并非是行为者中心和非目的论的。为了论证这一主张，他从分析康德的
"自由意志"概念入手，认为康德关于自由意志具有无条件价值的核心理
论，明显具有行为者中立或目的论的特征。进而，如果行为者中立和目的
论是后果主义的典型特征的话，那么康德伦理学也具有这种后果主义的特
征。最终，如果康德伦理学具有这种后果主义的特征，那么康德伦理学与
后果主义之间的距离或分歧就不像许多研究者认为的那么大，甚至可以把
康德伦理学看作后果主义的一种特殊形式。他把自己论证的主要目标表述
如下：

> 既然关于道德价值是行为者中立的和目的论的，以及正当的行为
> 被理解为促进这种价值的设定，经常被认为是定义后果主义的特征，
> 人们可以把握住这篇文章的要点就是这一主题，即后果主义和康德主
> 义之间据说具有的深深鸿沟，将会被证明其实并没有那么深。因此，
> 我们必须在要么是康德主义者、要么是后果主义者之间进行选择的主
> 张，有争议地依赖于一个虚假的二分法；在一个相当强的意义上，康
> 德主义可以被理解为后果主义的一种形式。①

里奇接下来要做的工作，就是把善良意志解释为行为者中立和目的论
的，进而把康德伦理学解释为后果主义的。

5.2.2 善良意志、行为者中立和目的论

他首先指出，康德对伦理学的奠基开始于这样的主张，即除了善良意
志，没有东西能被认为是无条件善的（4:393）。因此，我们可以从康德的
这个评论中获得启发或灵感。但是，里奇认为，为了实现当前的目的，我
们不需要采纳或重述康德自己关于什么使得一个意志成为善良的主张，而
是要把善良意志的条件价值理解为行为者中立的和目的论的。里奇指出，

---

① Ridge, "Consequentialist Kantianism", p. 423.

按照通常的解释，如果把目的论和行为者中立的理论看作最大化价值的理论，那么关于善良意志的目的论和行为者中立的理论就必须把"最大化善良意志在世界中的数量"看作基本原则。然而，这种理解并不符合康德的立场。康德关于善良意志的理论并没有向人们提出促进善良意志在世界中最大化的任务。因此，在里奇看来，"这个思想不是我们必须最大化善良意志在世界中的数量。……基本的想法毋宁是，一个理性行为者已经存在了，如果这个行为者具有善良意志比没有善良意志会使得这个世界变得更好些的话"①。总之，里奇和卡米斯基一样，都接受了当代新康德主义者关于善良意志和理性本性不涉及最大化的主张。

里奇没有采取卡米斯基的进路，即把要促进的对象从善良意志或理性本性转变为它们得以实现的条件或环境。里奇选取的进路是，既然最大化善良意志的道路行不通，那么就反其道而行之。他试图为之辩护的观点就是：我们应当最小化坏的意志而非最大化好的意志，由此来使这个世界变得更好些。他进一步解释道，一个善良的意志在最低限度上就是承认某个适当的道德规则或一套道德规则的意志，而一个坏的意志就是不承认上述规则的意志，即便行为者可以向自己承诺这种规则。②里奇认为，如果我们采取这种最小化坏的意志而非最大化善良意志的策略，那么我们就能避免产生（作为有理性的存在者的）人的更多的荒谬要求。此外，那个最大化善良意志的理论也无法处理这样的情境，即"如果我们对比一个有十个好人且没有坏人的世界和一个有十一个好人且没有坏人的世界，那么这个价值理论无法直接给出理由去偏好一个多于另一个"③。相反，最小化坏的意志的进路则能够避免这些困境。里奇把这样的观点称为"最小-最小值理论"（mimi-min theory）；也就是说，不是最大化世界中善的数量，而是最小化世界中恶的数量；准确地说，是把产生最坏后果的危险性降到最小或最低。

---

① Ridge, "Consequentialist Kantianism", p. 427.

② 里奇认为，之所以对"坏的意志"加上后一句限定，是因为那些非人的动物、婴儿以及一些精神病患者在这个意义上是无法用善恶或好坏来评价的。

③ Ridge, "Consequentialist Kantianism", p. 427.

里奇解释道，这个术语与大家熟悉的"最大-最小值理论"颇为不同，后者表达的是在最坏的情形中促进最大价值，但前者并不表达在最坏的情形中选择最小价值，而是使得产生最小价值的危险降到最低。也就是说，最小-最小值理论关注的核心并不是恶的数量，而是产生恶的危险或机会。他说道：

> 康德主义者可以否认正确的行为就是那个最大化期望的价值的行为，就像被康德主义者看作相关价值的东西所定义的那样，尽管这个价值是目的论的。……或许康德主义者应当认为，一个行为是正当的，正好是就它不像任何其他可用的行为那样能够产生最坏的可能后果而言的。就它告诉我们把带来最坏后果的危险最小化来说，我们可以称之为正确行为的"最小-最小值理论"。……我的"最小-最小值"中的最小并不涉及价值的量，而是涉及产生最小价值的危险。①

里奇进一步指出，这种解释进路明显是行为者中立而非行为者中心的，因为它关注的并非是某个行为者的意志的善恶，而是不偏不倚地从总体的立场上关注坏的意志的减少，或者说，它关注的是最小化产生坏的意志的危险或机会。因此，"最小-最小值理论"的解释进路完全是从非个人的视角描述道德世界的。里奇下面的这段话很好地表达了这个区分：

> 这个解释在一个相当强的意义上是行为者中立的。它在原则上使得一个行为者能够基于对这些世界的完全的和纯粹非个人的描述来排列任何一套可能的世界。相反，依据任何行为者中心的价值理论，这种纯粹非个人的描述永远不能为行为者排列相关世界提供足够的信息。因为依据任何行为者中心的解释，行为者也需要知道她自己在每一个这样的世界中的位置，且这类有指向的信息在定义上就没有被包含在

---

① Ridge, "Consequentialist Kantianism", p. 430.

一种纯粹非个人的描述中。她将需要在能依据适当的行为者相关的价值评估每一个世界之前，首先知道在这个世界中她是哪个行为者（如果能知道的话）。[1]

里奇进一步想要强调的是，为了从行为者中立的不偏不倚的立场出发减少世界中坏的意志，有些坏的意志是可以被允许的。他论证道，虽然人不应当具有坏的意志，但是在阻止更多的坏的意志出现的过程中，我拥有一个坏的意志是可以得到辩护的，因为我的坏的意志只是使得这个世界上减少更多的坏的意志，"好像我的坏的意志是阻止更多坏的意志的一个必要手段。就坏的意志具有行为者中立的、目的论的负价值来说，我应当在 C 中说谎，即便假设在 C 中，说谎是被 GW 规则（即善良意志规则［good will rules］。——引注）所禁止的"[2]。

这里的问题是，要求一个行为者出于行为者中立的理由，为了阻止更多的坏的意志的出现而拥有一个坏的意志，是否会违背关于人性的基本事实呢？毕竟在一般情况下，人们往往都会更加关注自己意志的善恶，而并非他人意志的善恶；也并非总是会出于非个人的理由，为了减少他人拥有坏的意志的目的，就自己去怀有坏的意志。这是人性的事实，而非批评家所谓的只关注个人意志完善的"自我沉溺"。里奇承认，人们在很多时候会优先考虑自己的意志，而非他人的意志。但是，出于行为者中立的立场，他认为，这并不意味着行为者在与他人的比较中具有更重要的地位，也不意味着行为者的意志比他人的意志更有价值。行为者之所以会优先考虑自己的意志，只是因为自己的意志乃是自己能够控制的意志。也正是因为如此，行为者在面对选择时，才能为了减少更多的坏的意志，而选择自己拥有坏的意志。因此，行为者对自己的意志的优先关注，并不与行为者中立的立场相冲突。里奇解释道：

---

[1]　Ridge, "Consequentialist Kantianism", p. 427.

[2]　Ibid., p. 428.

考虑到当前解释的行为者中立的价值理论，那么理想的康德式行为者会出于她的观点认为，坏的意志并非仅仅由于是她的，因而就是格外坏的。实际上，理想的康德式行为者将基于诸可能世界中的哪个世界拥有最少坏的意志来排列这些可能的世界；行为者自身在这些世界中的位置对她来说是不相关的。然而，理想的康德式行为者会更加关注她自己的意志而非他人的意志。……依据这里提出的解释，这个关注并不基于这个自恋式的假设，即理想的康德式行为者认为她自己的意志是格外有价值的（至少从她的观点看），或者她单纯的道德关切是相关价值的实例。毋宁说，依据当前的解释，理想的康德式行为者尤其关注她自己的意志，只是因为她自己的意志是她唯一能够完全控制的意志（又，考虑到恰当的康德式自由意志的图景）。考虑到正确理论的最小-最小值理论，控制的优先等级给了她特殊的好理由去更加关注她自己的意志对 GW 规则的承担，而没有任何自恋的负担。①

5.2.3 后果主义的康德主义

通过以上步骤，里奇认为自己已经完成了对康德伦理学的后果主义证明。在他看来，如果行为者中立和目的论都是后果主义的特征的话，那么康德的自由意志和正当行为理论同样具有这些特征，因此可以把康德伦理学看作一种后果主义的伦理学，可以称之为一种"后果主义的康德主义"。

里奇还强调了他的"后果主义的康德主义"与卡米斯基的"康德式规范后果主义"之间的区别。我们在第 4 章中已经指出，卡米斯基是从行为者中心的康德式基础理论出发，来建构自己的康德式规范后果主义的。而里奇则认为，他根本不需要对康德伦理学进行这种卡米斯基式的划分，而是直接依照后果主义来诠释康德伦理学，并把康德伦理学看作后果主义的一个特殊种类。里奇的这段话详细比较了他和卡米斯基的区别：

---

① Ridge, "Consequentialist Kantianism", p. 435.

　　我的论证所建议的主题是，康德式的规范伦理学可以依照根本的后果主义规范理论来得到理解。这必须区别于这一主题，即一种独特的康德式元伦理学能允许我们推导出作为我们一阶的规范道德理论的后果主义。卡米斯基在某种程度上论证了后一主题，而非前一个。这两个主题以非常不同的方式显示了，后果主义对立于康德主义的争论依赖于一个错误的二分法。这里要为之辩护的主题显示，这两个一阶的道德理论是一致的，其中一个（康德主义）可以作为一个实例来更加图式化另一个（后果主义）。然而，卡米斯基的解释试图指出，一个康德式的元伦理学理论不仅符合而且允许人们推导出一个一阶的道德理论（后果主义）。卡米斯基把他的立场称为"康德式的后果主义"，所以我们可以把这里提出的立场称为"后果主义的康德主义"，尽管这种术语的选择不可避免地有某种任意性。即便区分这两种观点是重要的，也值得指出它们在逻辑上是相容的。一个人可以既同意卡米斯基的论点，即一种康德式元伦理学能够使你达到后果主义，也同意当前的解释，即后果主义与一个康德式的一阶道德理论是一致的。①

　　可以看出，里奇最终还是承认，虽然他和卡米斯基在研究进路上具有重要差别，但他们二人试图达到的目标是一致或相近的，即试图论证康德伦理学与后果主义之间的相容性。

　　里奇也明确指出，他提出的这个版本的康德式后果主义至少具有两方面的重要意义：首先，它消解了有关康德式的道德理论和后果主义的道德理论之间存在尖锐对立的传统教条，因为在里奇版本的"后果主义的康德主义"理论中，好像二者都可以被冠以"后果主义的"和"康德式的"之名。其次，对康德道德理论的恰当评估将部分依赖于他所构建的"后果主义的康德主义"的理论结构。也就是说，他提供的解读方案对于我们理解和评估康德伦理学是具有重要意义的。他说道：

---

　　① Ridge, "Consequentialist Kantianism", p. 423.

存在明显引人注目的理由支持这样一个观点，即就康德式的解释主张善逻辑上优先于正当来说，她必须把善设想为行为者相关的或非目的论的。……这个明显引人注目的论证忽视了康德理论的这一可能性，即把坏的意志的坏性看作它的基本价值预设，并且把这个预设与一种坚定的康德式意志自由观点联结起来；最重要的是，与一个禁止行为者选择最小可能产生最坏可能后果的选项而非最好的被期望的价值的选项的正当行为理论联结起来。这个理论能够解释我们关于特殊案例的与众不同的康德式直观，而不管其价值理论的行为者中立性和目的论性。它也并不明显逊于它的行为者中心的和非目的论的竞争者。[①]

也就是说，里奇的这种后果主义的康德主义优越于（至少并不逊于）对康德伦理学的行为者中心的和非目的论的传统解读模式，因为它超越了行为者中立与行为者中心、目的论与非目的论的狭隘区分。

当然，里奇也并不认为他的"后果主义的康德主义"是一种无懈可击的完善理论。他认为，他的努力仅仅是尝试性的，但这种尝试也是有意义的。正如他在《后果主义的康德主义》一文的最后所指出的：或许后果主义的康德主义将最终证明是无法得到辩护的，但它值得一试。[②]

5.3 卡根：无约束的康德式后果主义

与里奇把"行为者中心""行为者中立"与"目的论""非目的论"这两对范畴相结合来讨论一种"后果主义的康德主义"不同，卡根关注的是康德的普遍法则公式与行为者中心的约束以及选择权的关系。卡根认为，如果能够论证康德的普遍法则公式并非像人们通常认为的那样支持行为者

---

① Ridge, "Consequentialist Kantianism", p. 436.

② 参见 ibid。

中心的约束和选择权，而是相反，那么我们就能够得出结论说，从绝对命令出发，得出的是后果主义而非义务论的规范理论。

卡根分三个步骤来论证自己的"无约束的康德式后果主义"。他首先像黑尔和卡米斯基一样，把康德的道德理论分为基础理论和规范理论，并和他们一样认为，即便康德的基础理论是义务论的，也不表示他的规范理论也必定是义务论的。正如黑尔和卡米斯基所论证的那样，从一种义务论的基础理论中完全可以推出一种后果主义的规范理论。卡根随后讨论了普遍法则公式与选择权的关系，指出绝对命令公式并不像人们通常认为的那样支持选择权，那种出于选择权而认为普遍法则公式不支持后果主义的观点就被推翻了。他最后讨论了普遍法则公式与约束的关系，认为前者与后果主义是相容的，它并不像人们通常认为的那样支持行为者中心的约束，因而也不支持义务论。下面，我将分别论之。[①]

5.3.1 康德的基础理论和规范理论

卡根首先质疑了一个人们通常具有的观念。这个观念认为，康德本人对康德主义伦理学有最终的裁决权，而非康德主义伦理学的众多倡导者的一个重要代表。卡根指出，这种观念会产生两个问题：一是使人们忽视康德弄错康德主义的可能性，毕竟康德伦理学和康德主义伦理学并不完全相同，以康德伦理学的框架为标准来裁剪康德主义伦理学，难免会出现偏差；二是会使人们在用康德的术语建构康德主义伦理学时，感到不必要的压力。卡根指出，人们对待功利主义时则采取了完全不同的态度。人们通常都会把边沁、密尔和西季威克等伦理学家看作一般功利主义理论的重要代表，但并不会认为他们中的某个人对功利主义拥有最终的决定权，这也是功利主义能够得到极大丰富和发展的一个关键要素。相反，在康德主义的发展

---

① 卡根之所以只讨论普遍法则公式而不讨论另外两个公式，是因为在他看来，如果真如康德所说，绝对命令的诸公式都是相等的，从中能够产生相同的道德原则，那么如果从普遍法则公式中能够产生一种后果主义的规范理论的话，从其他公式中也一样应当产生这一理论。因此，为了论证的经济性，只选择一个公式论证即可。而卡根选择的就是最典型的普遍法则公式。

过程中，人们往往"狭隘地聚焦于康德的特殊观点的细节，其代价是失去了对康德主义的更加完整的意义和一般兴趣的领会"①。出于这种原因，卡根给自己提出了一个任务，即讨论一种"康德式的"而非"康德的"理论。"我想为康德主义提供一个导读，它对后果主义者来说可以是一种特殊的运用。"②

当然，卡根也承认，康德主义者和康德在许多问题上都具有相同的观点。比如，康德和康德主义者都认为，普遍法则公式支持一种义务论的伦理学立场。甚至是那些反对义务论的后果主义者也持这种观点，认为康德的和康德主义的理论是典型的义务论学说；并进而认为，要避免义务论，首先就要反对关于道德理论的康德或康德主义解释。

卡根认为，还存在另外一种解读康德和康德主义的可能性，即当康德、一些康德主义者和一些后果主义者主张普遍法则公式支持义务论时，他们实际上都是错误的；而真正的情况可能是，康德的普遍法则公式支持的是后果主义而非义务论。他说道：

> 当然也存在着第三种可能性，即当康德和多数康德主义者在主张普遍法则公式支持义务论时，他们是错误的。如果应当转而证明普遍法则公式实际上支持后果主义，那么在这个意义上人们就会发现，对伦理学基础的康德式解释是有吸引力的，它将实际上提供倾向于后果主义而非义务论的论证。③

为了论证这一可能性，卡根像黑尔和卡米斯基一样，把康德伦理学划分为两个层面，即基础层面和规范层面。其中，基础层面涉及康德对道德的基础和来源的解释，而规范层面则涉及从这一基础产生的特殊的规范原

---

① Kagan, "Kantianism for Consequentialists", p. 111.

② Ibid., p. 112. 这里可参见 1.2.2 中罗尔斯、奥尼尔和卡根等人对"康德式的"这一概念的讨论。

③ Ibid., p. 141.

则。就基础层面来讲，多数后果主义者都主张，规范性道德原则的最终基础在于对总体善的承诺和追求。[①]而对康德和康德主义者来说，道德性的最终基础不是总体的善或价值，而是行为者的理性自律或自由。从这一点来说，基础层面的康德式解释从根本上说就是义务论而非后果主义的。

在我看来，他们的这种划分是具有合理性的，因为伦理学理论在基础层面和规范层面确实是有区别的。例如，西季威克从理性直觉推出规范的后果主义，黑尔从对道德语言的逻辑分析得出规范的后果主义。可见，规范层面的后果主义并非必须预设基础层面的后果主义。再如，规范的义务论既可以来自神圣命令，也可以来自道德情感或实践理性，甚至来自后果主义的基础理论。因此，黑尔、卡米斯基和卡根等人尝试从康德基础层面的义务论出发，探讨一种康德式的规范后果主义是很有意义的，因为如果能够论证它是可能的，这将会给我们提供一个讨论康德伦理学及其与后果主义关系的全新视角。

但是，正如第 2 章和第 4 章所指出的，黑尔和卡米斯基都认为，坚持对道德基础的义务论或康德式解释只是一个方面，要从这种康德式的基础义务论发展出康德式的规范义务论是另一个方面。卡根也认为，如果没有特殊的证明，我们并没有理由认为，从义务论的基础理论出发，必须要产生义务论的规范理论。康德、康德主义者和多数后果主义者或许都忽视了二者之间的区别，从而导致了混淆。卡根指出，如果能够证明康德的普遍法则公式支持后果主义，那么这种后果主义也只能是规范层面的，而非基础层面的。他说道：

> 因此，如果我主张，普遍法则公式可以很好地支持后果主义而非义务论，我所想的主张不是关于基础层面，而是关于规范层面的，这个层面关注原则本身指导的各种行为。普遍法则公式自身可以奠基于

---

① 值得强调的是，与多数后果主义者不同，黑尔和卡米斯基并不认为所有的后果主义规范理论都必须从后果主义的基础理论（对善的承诺）中产生出来，他们支持从义务论的基础理论中发展出来的后果主义规范理论。

一种非后果主义的解释（这当然看起来是真的），但是从普遍法则公式中产生的东西可以是后果主义的而非义务论的规范理论。[①]

也就是说，在卡根看来，即便普遍法则公式来源于义务论的基础解释，但是我们仍然有可能从它那里发展出一种后果主义的规范理论。

5.3.2 普遍法则公式与选择权

我们在 5.1 中已经指出，为了回应对后果主义出于追求最大化而否认选择权的质疑和反对，舍弗勒曾提出了"行为者中心的特权"，允许行为者拥有关心自己的计划和承诺的自由或选择权，不必在任何情况下都按照最大化的要求去行动。他同时也认为，承认选择的特权与追求最大化的后果主义要求是协调一致的，因为选择的特权完全允许行为者把依照后果主义行事当作自己的计划或承诺。

卡根认为，舍弗勒关于选择的特权的论述是混乱的，他并没有给出一个明确的标准，来教导人们在什么情况下应该坚持最大化，在什么情况下坚持选择权，以及当最大化和个人选择权发生冲突时该怎样权衡。

卡根进一步指出，如果给个人观点或选择权以更大的特权，那么或许利己主义就有机可乘了，毕竟利己主义者总是给个人立场以更多的考虑。卡根设想，或许舍弗勒可以通过两种方式来避免利己主义。其中，"第一种方式是发展舍弗勒关于个人独立性对动机和行为能力的影响的研究：作为结果，可以认为，促进善的一般要求将使真正的道德要求缺乏必要的动机支撑，因此道德理论必须至少承认某种行为者中心的特权。第二种方式将会为了承诺和亲密个人关系的存在而强调个人独立性的重要性：它可能主张这种承诺的价值会产生一个积极的理由，该理由可以解释，在道德理论中至少为了个人观点而保留某种道德独立性"[②]。但是，卡根随即分析道，虽

[①]　Kagan, "Kantianism for Consequentialists", p. 142.

[②]　Kagan, "Does Consequentialism Demand too Much? Recent Work on the Limits of Obligation", *Philosophy and Public Affairs* 1984, 13(3), pp. 239-254.

然这两种方式都不会导致利己主义，但是这两种方式是否可以得到充分的辩护仍未可知。如果这两种方式不能得到辩护，那么舍弗勒对行为者中心的特权的论证，以及对总体善的拒绝，就仍然是没有得到充分支持的。如果是这样，那么舍弗勒也就没有真正解决选择权和最大化之间的协调一致问题。

在卡根看来，最大化和选择权之间或许本来就是相互排斥的。他以康德的普遍法则公式与选择权之间的关系为例详细论证了这一观点。卡根指出，一般情况下，多数义务论者都会接受约束和选择，并指责后果主义者有时会允许人们做那些实际上应当被禁止的事情（比如，要求为了救五人而杀一人，违反了"不可杀人"的约束），有时又要求人们做那些实际上是可选择的事情（比如，要求为了总体善而放弃个人筹划，否定了个人的自由选择权）。卡根认为，义务论和约束之间是可以相互证明的，即一个义务论原则必然包含行为者中心的约束，而包含行为者中心的约束的理论也必然是义务论的，"只要存在任何约束（任何禁止行动去产生好的总体善），普遍法则公式就是在支持义务论而非后果主义"[①]。简言之，义务论总是伴随着一种行为者中心的约束，反之亦然。

但是，卡根否认义务论和选择权之间也是可以相互证明的。在他看来，虽然后果主义理论是完全拒绝选择权的，但是义务论却并非如此，它既可以允许有选择权，也可以不允许有选择权。例如，后果主义要求人们为了总体善的最大化而做出重大牺牲，而义务论则允许人们选择拒绝这样做，"义务论者典型地不相信，我们需要牺牲巨大部分的收入去减轻贫困，即便如果我们这样做会拯救许多生命"[②]。因此，如果单独考虑选择权，即便一个理论拒绝选择权，我们也无法断定它是义务论的还是后果主义的。但是，看一个理论是否包含行为者中心的约束，则可以帮助我们很好地判断它是义务论的还是后果主义的，因为义务论支持约束，而后果主义则不支持约束。他说：

---

① Kagan, "Kantianism for Consequentialists", p. 147.

② Ibid., p. 142.

尽管大多数义务论者都接受约束和选择（并因此主张，后果主义者有时允许某种实际上应当被禁止的事情，有时又要求某种实际上是可选择的事情），我认为这样说是公平的：就一种理论包含约束而言，它正常情况下被考虑为是义务论的，不论它是否也包含选择。相反，选择权独自在场（即没有约束）将并不导致一种理论就是义务论的。[①]

因此，当我们追问普遍法则公式是否支持义务论时，我们面临的关键问题就是，它是否支持行为者中心的约束。

但是，这是否意味着，在讨论普遍法则公式是否支持义务论这一问题时，选择权就不重要了呢？卡根的回答是否定的。因为在他看来，虽然义务论既可以接受选择权，也可以不接受选择权，但是后果主义是拒绝选择权的。这样，如果我们想要证明康德的普遍法则公式能够支持后果主义，我们就必须证明普遍法则公式不支持选择权。卡根进一步指出，当我们问普遍法则公式是否支持选择权的时候，我们其实是在问它是否支持这样一个要求，即在约束的限制内做尽可能多的善。也就是说，如果普遍法则允许我们不去追求尽可能多的善，那么它就是支持选择权的；如果它不允许我们放弃对最大化的善的追求，那么它就不支持选择权。

卡根指出，许多康德主义者都认为，普遍法则公式并不要求我们做尽可能多的善，它并不要求我们做我们能做的一切事情，因而它是支持选择权的。以康德的"帮助他人"这一不完全义务为例，康德主义者们认为，普遍法则公式虽然要求我们去帮助别人，但是它允许我们在帮助的程度上有自由裁量的空间；如果帮助他人的代价太大，那么我们就不需要这么做。卡根明确反对这种观点，他认为这种解释并不符合普遍法则公式的要求，因为当人们在对代价和收益进行比较时，已经是在进行后果主义的计算了，而这种计算必然是以最优后果为终极标准的。这样看来，普遍法则公式要求我们做的，恰恰是追求最优后果或者最大善。如果是这样的话，那么普

---

① Kagan, "Kantianism for Consequentialists", p. 142.

遍法则公式就不支持选择权了，因为它要求我们在任何时候都促进最优后果或总体善。卡根说道：

> 当然，毋庸置疑的是，促进善的最大化的要求会潜在地对我强加相当大的代价。实际上，在现实世界中，我会发现自己需要做出巨大的牺牲，而事实上他人同样需要促进一般的善，但是换来的确实很少，甚至没有收益。但是，在评估关于帮助的替代原则时，我必须记住，事实上我是在寻找一种我能够合理地倾向于认为可以被运用于所有世界的原则。我不能把注意力限制在我实际期望的代价和收益上；我必须考虑所有可能的代价和收益。既然我考虑我不得不付出的代价（作为施助者）不多于我可能接受的收益（作为受助者），那么倾向于赞同这个原则就是合理的，即在代价和收益之间提供最一般的平衡。但是，这恰好是要求促进总体善的理论所做的：它要求只能在那些较大量的总体善由此被获得的情况下做出牺牲。因此，当我问自己，对于提供帮助来说，我能够理性地倾向于赞同哪类要求能成为普遍法则时，它可能就是，我必须倾向于赞同能够产生最好的可能的一般结果的要求。任何其他的要求都会是不充分的。①

在卡根看来，如果普遍法则公式支持为他人提供帮助这一道德要求的话，那么它就必须支持促进总体善的要求，进而必须限制人们的选择权。这样，卡根的结论就是：普遍法则公式实际上是排除选择权的。

当然，仅仅排除选择权，还无法完全证明普遍法则公式是支持后果主义的，因为正如前面指出的，义务论也可以排除选择权，例如康德对完全义务的论述。因此，要想证明普遍法则公式是支持后果主义的，卡根就必须证明它必然反对行为者中心的约束。

---

① Kagan, "Kantianism for Consequentialists", pp. 143-144.

5.3.3 无约束的康德式后果主义

人们一般认为，普遍法则公式是支持约束的。以撒谎或虚假承诺为例，我们知道，在《道德形而上学奠基》中，康德通过指出撒谎或虚假承诺无法通过普遍法则公式的检验而禁止了它们（4:422），这种禁止就意味着限制或约束。甚至康德本人和许多康德主义者都认为，它就是一种义务论约束。这样，看起来好像很明显的是，普遍法则公式既支持约束，又支持义务论。但是，卡根却认为，情况并没有这么简单，因为后果主义者同样也可以因为撒谎会导致较坏的全体后果而加入反对撒谎或虚假承诺的阵营。所以，仅仅从是否禁止撒谎出发，还不能判断普遍法则公式只能支持义务论，因为义务论和后果主义都可能反对虚假承诺，而"仅仅从 FUL（普遍法则公式。——引注）禁止做虚假承诺这样的事例中，我们不能决定 FUL 是否支持一种反对撒谎和虚假承诺的约束——即便（不像通常情况下所发生的）撒谎能够带来较好的总体善。因此，我们还没有处于判断普遍法则公式支持义务论还是后果主义的位置上"①。所以，我们还需要进一步研究，普遍法则公式是否会支持这种观点，即它禁止撒谎或虚假承诺，即便这样做能够导致最好的后果。如果普遍法则公式在任何情况下都禁止撒谎或虚假承诺，那么我们就可以说它是支持约束，进而是支持义务论的。

卡根看到，虽然康德自己认为普遍法则公式排除任何情况下的撒谎或虚假承诺，但是，许多研究者并不这样认为。在他们看来，在某些情况下，普遍法则公式能够真正地通过一个允许撒谎或虚假承诺的准则。卡根支持这些研究者的看法，并进一步主张，普遍法则公式不仅能够允许撒谎，并且允许在所有能够产生最好的总体善的情况下都撒谎，从而支持一种无约束的后果主义而非义务论的规范理论。他是通过两个步骤来论证这一主张的。

首先，卡根让我们假定自己具有一个准则，该准则可以用"在这种情

---

① Kagan, "Kantianism for Consequentialists", p. 145.

形下我将撒谎"这一形式来表达，并且假定它无法通过普遍法则公式的检验，因为正如康德所论证的，这个准则无法普遍化。那么很明显，我们不应当依照该准则去行动。卡根分析道，在这种情况下，普遍法则公式只是禁止了一个特殊的准则（即"在这种情形下我将撒谎"这个准则），而不是禁止了所有的撒谎准则。我们可以继续设想，在这种情况下，如果撒谎被允许的话，那么它作为被允许的准则，实际上并不是上述那个已经被禁止了的准则，而是另外一个还没有经过（而非没有通过）普遍法则检验的准则。因此，"仍然可能的是，某种其他的准则会通过普遍法则公式，这个准则在这些情况下将会允许撒谎"①。卡根想要表达的是，在上述情况下，普遍法则公式只是禁止了一个特殊的想要撒谎的准则，而非禁止了一切有关撒谎的准则。因此，仍然有可能存在着其他准则，这种准则既允许撒谎，又能通过普遍法则公式的检验。

卡根在这里的论证是有一定道理的。我们知道，当康德在论证撒谎或虚假承诺的原则无法通过普遍法则公式的检验时，他认为这个原则是"自爱的原则，或对自己有利的原则"（4:430）。而这种自爱的原则，或者利己主义的原则，既是康德式义务论所反对的，也是后果主义所反对的，因为后者所追求的是"最好的全体后果"，也就是把所有行为相关者都计算在内的最好后果，而非利己主义者那种"只对自己有利"的后果。因此，即便康德利用普遍法则公式否定了利己主义者的虚假承诺原则，这也并不代表他同时否定了后果主义者的撒谎原则或虚假承诺原则。

那么，如果找到那种既允许撒谎又能通过普遍法则公式检验的准则，我们是否就能够证明普遍法则公式既反对约束又支持后果主义了呢？卡根的回答也是否定的。在他看来，仅仅在某些情况下允许撒谎，还不足以证明它符合一种后果主义的普遍要求。因此，要想证明普遍法则公式支持后果主义，我们需要证明一个看似极端却又合理的结论，即它在所有能够产生最好的总体善的情况下都允许撒谎。卡根说道：

---

① Kagan, "Kantianism for Consequentialists", p. 146.

　　或许当撒谎可以促进总体善时，它是被允许的。但是，毕竟存在一个约束，去反对对无辜者的人身伤害，即便这对于产生最好的总体善是必要的。如果情况与此类似，那么普遍法则公式支持义务论的结论就将仍然是正确的。只要存在任何约束（任何禁止行动去产生好的总体善），普遍法则公式就是在支持义务论而非后果主义。简言之，仅仅聚焦于涉及撒谎的准则，对于解决普遍法则公式是支持义务论还是后果主义来说，都是一种太过狭隘的研究方法。^①

　　因此，我们需要抛开具体的讨论，对普遍法则公式与约束和后果主义的关系展开更一般的讨论。这就涉及卡根论证的第二步。我们可以把他的论证重构为如下过程：

　　1）后果主义认为，任何能够导致最好的全体后果的行为都是被允许的。

　　2）任何一个行为的可被允许性，依赖于该行为的准则能够通过普遍法则公式的检验。

　　因此，如果一个准则能够包含1），并且能够通过2），那么我们就可以认为，包含后果主义的准则能够通过普遍法则公式的检验，或者说普遍法则公式支持后果主义。现在：

　　3）对后果主义来说，能够证明行为者行动的理由总是相同的，即行动将导致最好的全体后果。

　　因此，4）后果主义者都拥有"以产生最好的全体后果的方式去行动"的准则，并期望该准则是普遍有效的。

　　5）普遍法则公式只通过那些能够普遍有效、能够成为普遍法则的准则。

　　6）后果主义的准则就是符合5）的要求的准则，因而是能够通过

---

① Kagan, "Kantianism for Consequentialists", pp. 146-147.

普遍法则公式检验的准则。

因此，7）普遍法则公式支持后果主义。

由于8）后果主义反对约束，而义务论支持约束，

因此，9）普遍法则公式反对约束。

10）结论：普遍法则公式支持一种无约束的后果主义。[1]

由于这种对后果主义的论证是从康德的普遍法则公式与约束的关系来考察的，因此，我们可以把卡根的结论称为"无约束的康德式后果主义"，虽然他本人并没有明确使用这一概念。不过，在2018年的一篇访谈中，卡根坦率承认，正是对康德伦理学和后果主义的这种兼容性论证，使得自己最终成为一个"康德式的后果主义者"。[2]

我们知道，在《道德形而上学奠基》中，康德在解释准则为何无法通过普遍法则公式的检验时曾提到两个标准，即准则要么具有思想上的逻辑矛盾，要么具有意志的矛盾。思想上的逻辑矛盾是指，"一些行为具有这样的性状：它们的准则绝不能被没有矛盾地设想为普遍的自然法则；更不用说人们还能够意愿它应当成为这样一个法则了"（4:424）。而意志的矛盾是说，一条准则虽然并不具有思想上的逻辑矛盾，但是想要把它提升到像自然法则那样具有普遍性仍然是不可能的，因为行为者只是希望该准则对自己有效。康德举例说道，诸如虚假承诺这样的准则是具有逻辑矛盾的，因为虚假承诺本身就会败坏承诺，使得承诺变得不可能。他又指出，诸如不帮助他人这样的准则是具有意志矛盾的，因为这个准则不过是说自己不想帮助有需要的他人，而实际上自己在有需要的时候却想要得到他人的帮助。那么，我们现在要问的是，卡根所提出的这种无约束的康德式后果主义是

---

[1]　Kagan, "Kantianism for Consequentialists", p. 147.

[2]　参见 Brouwer, "Thinking by Drawing: An Interview with Shelly Kagan", *Erasmus Journal for Philosophy and Economics* 2018, 11, p. 277。需要注意的是，在这里，卡根称自己是 kantian，而非 Kantian，是要把自己和当代其他倾向于义务论立场的新康德主义者（如罗尔斯、科斯嘉德和赫尔曼等）区别开来。他坚持康德主义和后果主义之间的兼容论（compatibility）立场。

否会导致上述思想上的逻辑矛盾或意志的矛盾呢？卡根的回答是否定的。首先，在他看来，当我们去想象一个每个人都去促进总体善的世界时，虽然这个世界是高度不现实的，但是试图去想象它并不存在任何概念上的不可能性，因而它并非逻辑上不可能的。卡根说道：

> 当想象一个每个人都促进总体善的世界的时候，存在任何相应的实践矛盾吗？再一次，答案明显是不存在。一个每个人都促进总体善的世界，并不是一个使得产生最好的全体结果变得更加困难的世界。因此，无论我们如何解释普遍法则公式测试的第一步，好像都没有理由认为，把后果主义的原则普遍化会导致"思想的矛盾"。①

其次，卡根认为，把后果主义准则普遍化也不会导致意志的矛盾，因为并没有什么明显的理由会使得"意愿每个人都尽可能产生足够多的善的准则成为普遍法则"这样一个原则最终导致人们产生意志的矛盾或冲突。

卡根进一步指出，人们或许会求助于道德直觉来支持约束和普遍法则公式之间的关联，并进而反对这种无约束的康德式后果主义。这是因为，人们通常认为，"禁止为救多人而杀死一人"是符合日常的道德直觉，也是符合康德的"人是目的"这一主张的。卡根论证道，当论证普遍法则公式时，康德并不求助于直觉，甚至反对直觉的论证方式。因此，用道德直觉为康德辩护是不符合康德的立场的。进而，即便是道德直觉支持约束，我们也不能认为普遍法则公式也支持约束。也就是说，通过道德直觉来论证普遍法则公式支持约束的做法并不可行。卡根说道：

> 如果对伦理学基础的康德式解释诉诸道德直觉在逻辑上是离题的，直到我们通过诉诸普遍法则公式（G 4:408–410）来独立地确认它们的准确性，那么，我们就不能诉诸约束的直觉性的貌似可行性，

---

① Kagan, "Kantianism for Consequentialists", p. 148.

并把它作为理由去宣称违反这种约束的原则必定不能通过普遍法则公式的检验。毋宁说，我们必须首先决定是什么通过了普遍法则公式的检验——且我们必须在独立的基础上这么做。当然，这意味着，尽管存在约束的直觉性诉求，我们也没有理由认为普遍法则公式产生了约束。①

卡根还在另一篇文章中指出，从"人是目的"或"尊重人格"的康德式主张出发，并不一定得出"禁止为救多人而杀死一人"的结论，因为不尊重人的唯一含义就是以一种得不到辩护的方式来利用他们。如果"为救多人而杀死一人"是得到了辩护的，那么即便是我们利用了这个人，这也不意味着我们不尊重他，或者说我们仅仅把他当作手段而非目的。②

卡根的这个观点看似激进，但还是能够得到辩护的，因为"人是目的"或"尊重人格"要求我们把所有具有理性本性的人看作和我们自己一样，具有相同的价值或重要性，这和边沁的"每个人都算作一个，没有人可以算作多于一个"的原则类似。在对生命权和其他利益如幸福的比较中，我们决不能为了这些利益就随意牺牲无辜者的权利乃至生命。但是，如果在所有具有平等尊严的理性存在者之间存在着比较的可能性，那么在涉及理性存在者之间的自由、权利或生命的取舍时，为了保障更多的理性存在者而牺牲少数无辜者看起来就是合理的了。也就是说，在对生命与生命进行比较或计算时，牺牲较少无辜者的生命是被允许的，只不过这种牺牲是为了保障更多的生命，而不是为了保障其他人的幸福或者利益。

综上，卡根得出结论说，与康德和许多新康德主义者的观点相反，我们可以从康德的普遍法则公式中得出一种后果主义的而非义务论的规范理论：

---

① Kagan, "Kantianism for Consequentialists", p. 149.

② 参见 Kagan, "Response to My Critics", *Philosophy and Phenomenological Research* 51, pp. 919–928。

　　结合这些不同的论证，我们能够说，至少普遍法则公式支持义务论的规范理论并不应当是显而易见的。相反，至少存在某个理由让我们相信普遍法则公式不产生约束，尽管康德和多数康德主义者这样认为。事实上，存在某个理由让我们相信普遍法则公式支持一种既没有选择也没有约束的规范理论。对于这样一种理论，我们每一个人都仅仅被要求去做尽可能多的善。然而，这当然是后果主义的。……如果我们总是被允许做具有最好结果的行为，那么就没有约束。因此，在约束的限制下被要求去做尽可能多的善，就被归约为只是要求去做尽可能多的善。我们每一个人都被要求去做具有最好全体结果的行为。再一次，这恰好就是后果主义的主张。[1]

5.3.4 批评与辩护

　　帕菲特从规则后果主义的角度批评了卡根的论证。他首先赞同卡根，认为从康德的普遍法则公式出发是可以得出后果主义的规范性原则的。但是他认为，卡根从普遍法则公式得出的是行为后果主义的原则，即"任何能够导致最好的全体后果的行为都是被允许的"；而这一结论是不正确的，也是无法通过普遍法则的检验的。帕菲特论证道，在有些情况下，我们每个人都在做"任何能够导致最好的全体后果的行为"，但是我们在一起时就并不一定是最好的后果了。个别行为所产生的最优后果，加总起来未必就是最好的后果，它甚至有可能是较坏的后果。"每个人的行为的好效果，将会被如果我们所有人都遵循行为后果主义的动机所导致的更坏结果所压倒。如前所述，我们会失去诸多深爱、忠诚和个人目标，我们多数人都会失去太多使生活值得过下去的东西。因此，康德式公式的这一版本不会要求我们成为行为后果主义者。"[2]在帕菲特看来，在有些情况下，如果我们并不总

---

① Kagan, "Kantianism for Consequentialists", p. 150.

② Parfit, *On What Matters, I*, p. 406.

是按照行为后果主义的使事情进展得最好的原则去行动，我们反而将会使得事情进展得最好。帕菲特认为，我们不应当追随卡根，依照"任何能够导致最好的全体后果"的方式去行动；而应像斯坎伦所说的，按照大家都不能合理拒绝的规则去行动。他进一步指出，那种不能被合理拒绝的规则，恰恰就是能够产生最优后果的规则；而这样的规则是能够被人意愿为普遍法则的，或者说是能够通过普遍法则的检验的。这样，在批判卡根的基础上，帕菲特把普遍法则公式与斯坎伦式的契约论和规则后果主义结合起来，提出了一种康德式的契约论后果主义。其公式就是：*一个行为是错误的，当且仅当它被某个原则所驳斥的时候，这个原则是能够产生最优后果的、唯一可被普遍意愿的且不能被合理地拒绝的原则。*①

帕菲特对卡根的批评，在本质上无关乎普遍法则公式是否支持后果主义的问题，而是关于普遍法则公式到底是支持行为后果主义还是规则后果主义的问题。至于普遍法则公式是否支持帕菲特所论证的规则后果主义这一问题，并不属于本书的讨论范围，我们在这里只讨论卡根能否应对帕菲特的批评。这里的观点有两个。首先，帕菲特把卡根的结论看作行为后果主义的判断是正确的，因为卡根也是这样理解后果主义的，他把后果主义界定为以最好的全体后果来判断行为是否在道德上被允许。②其次，卡根的行为后果主义是可以应对帕菲特对他的批评的。帕菲特批评的要点是：如果每个人都按行为后果主义原则来行动，那么在整体上有可能会使结果变得更坏，我们中的大多数将承受失去诸多深爱、忠诚和个人目标的代价。然而，卡根完全可以利用雷尔顿为行为后果主义辩护的方式来回应帕菲特。雷尔顿认为，行为后果主义对个人如何具有破坏性，取决于"世界的状态有多坏，其他人通常如何行动，存在什么制度，以及个体有能力做多少。如果财富得到更加公平的分配，如果政治制度对其公民的需求是更少压制和更多回应，以及如果人们更加一般地准备去接受特定的责任，那么个体

---

① 参见 Parfit, *On What Matters, I*, pp. 404–419。

② 参见 Kagan, "Kantianism for Consequentialists", p. 142。

的日常生活将不会不得不为了善而被不断地干扰"①。他举例道，在一个不存在系统的救灾组织的社会中，如果灾难袭击某个地方，那么整个国家的人都有义务去为救灾做出特定的奉献。而如果存在完善的减灾公共经费，那么要求人们打断自己的正常生活去提供帮助可能就会是糟糕的主张，因为人们的付出可能是不协调的、信息错误的，会妨碍技术性的减灾工作，并且在经济上也会引起混乱。②这里，卡根也可以这样回应帕菲特，并且和雷尔顿一道主张：与其让人们破坏自己的人生计划来实现总体善，不如去支持特定的社会和政治安排。再者，即便行为后果主义确实造成了帕菲特所说的那些较坏的结果，但是如果一个社会的制度安排倾向于鼓励人们为了总体善而做出更大的牺牲，那么人们在很多时候也并不会感到行为后果主义的要求过度干扰到了自己的个人生活。因此，正如卡根所总结的，虽然每个人都去促进总体善的世界是高度不现实的，但是试图去想象它并非是不可能的。

对卡根的康德式后果主义，我们可以做出两方面的评价。一方面，卡根对后果主义的规范原则可以通过普遍法则公式检验的论证是合理的。正如前面所指出的，康德以虚假承诺为例指出撒谎原则无法通过普遍法则公式的检验，只是排除了利己主义者的原则，因为这个原则只适用于特殊的行为者，不具有普遍有效性，因而不能成为普遍法则。而后果主义的追求全体最优后果的原则完全可以是普遍有效的，是能够通过普遍法则公式的检验的。因此，二者是可以相容的。当然，卡根不是第一个论证普遍法则公式可以和后果主义原则相容的思想家。包括密尔、西季威克、黑尔和帕菲特在内的许多功利主义者，都尝试指出普遍法则公式与后果主义的相容性问题。③卡根论证的独特之处在于，他是以行为者中心的约束这一理论为

---

① Railton, *Fact, Values, and Norms: Essays toward a Morality of Consequence*, Cambridge University Press, 2003, pp. 171–172.

② 参见 ibid., p. 172。

③ 参见 Mill, *Utilitarianism*, Hacket, 2001, p. 4; Sidgwick, *The Methods of Ethics*, Palgrave Macmillan, 1962, pp. xvii–xviii; Hare, "Could Kant Have Been a Utilitarian?", pp. 1–16; Parfit, *On What Matters, I*, pp. 275–418。

切入点讨论这种相容性的，而且他是第一个详细论证普遍法则公式与行为后果主义的相容性的思想家。卡根的论证不仅激起了帕菲特的批评，也推动了帕菲特把普遍法则公式与规则后果主义结合起来的尝试。[①]

但是，另一方面，卡根并不满足于"后果主义原则与普遍法则公式是相容的"这一有限制的结论，他最终走向了另外一个极端，即认为从普遍法则公式中"只能"得出无约束的后果主义规范原则，从而排除了从普遍法则公式中得出义务论规范原则的可能性。或许，卡根从"义务论支持约束，而后果主义反对约束"这一前提出发，必然会得出这个极端的结论。然而，在《道德形而上学奠基》中，康德已经通过逻辑矛盾和意志矛盾的检验方式，证明了义务论规范原则也是可以通过普遍法则公式的检验的。这明显和卡根的最终结论相冲突。卡根可以用前面指出的"康德也可能误解自己的理论"为自己辩护，然而这种辩护是弱的，它仅仅指出了误解的可能性，而没有正面指出康德的论证错在哪里。更为重要的是，卡根在为后果主义辩护时，好像忽视了我们前面指出的另外一种可能性，即普遍法则公式既能通过后果主义的规范原则，也能通过义务论的规范原则——它只是排除了利己主义的规范原则。因此，在我看来，卡根正确地论证了后果主义原则与普遍法则公式的相容性，却错误地否定了义务论原则与普遍法则公式的相容性。

5.4 小　结

本章详细讨论了当代伦理学中的行为者中心与行为者中立的区分，并指出，许多研究者认为，康德伦理学可归属于行为者中心的义务论范畴，并与后果主义的行为者中立观点相对照。而里奇和卡根都反对这种划分。在他们看来，康德伦理学并不必然坚持行为者中心的立场，也并不必然和后果主义相冲突。里奇通过讨论康德的"善良意志"概念与行为者中心 / 行

---

① 参见 Parfit, *On What Matters, I*, p. 482。

为者中立和目的论 / 非目的论之间的关系，得出一种后果主义的康德主义。而卡根通过讨论普遍法则公式与约束和选择权的关系，得出一种无约束的康德式后果主义。

里奇和卡根的理论具有如下共同点：首先，二人都立足于当代伦理学中的行为者中心和行为者中立这一基本区分，承认义务论支持行为者中心，而后果主义支持行为者中立。其次，二人都反对当代伦理学的一个流行判断，即康德伦理学支持行为者中心的约束，进而支持义务论的规范理论。再次，二人都试图证明，康德伦理学事实上并不支持行为者中心，不支持义务论的规范理论，而是支持后果主义的规范理论。

里奇和卡根的论证也有明确区别。首先，里奇对康德伦理学的解读是基于以价值为中心的目的论思想的，其出发点是讨论康德的善良意志这一具有无条件价值的价值；而卡根解读康德伦理学的出发点，类似于黑尔和卡米斯基，是把康德伦理学划分为基础层面和规范层面。其次，里奇把对行为者中心和行为者中立的讨论与对目的论和非目的论的讨论相结合，认为康德伦理学是目的论的而非非目的论的；而卡根则把对行为者中心和行为者中立的讨论与对选择权的讨论相结合，认为康德的普遍法则公式既不支持约束，也不支持选择。再次，二人对最大化的理解也不尽相同。对于里奇来说，道德的最高目标或原则是最小化坏的意志；而对卡根来说，道德的最高原则是尽可能地促进总体善。

里奇和卡根所尝试建构的康德式后果主义具有如下重要意义。首先，正如里奇所强调的，这种尝试有助于消解有关康德式的道德理论和后果主义的道德理论之间必然存在尖锐对立的传统教条。其次，里奇和卡根尝试用当代最新的道德哲学理论处理康德伦理学及其与后果主义的关系，对于我们重新思考康德伦理学的当代意义具有重要的借鉴和参考价值。再次，里奇和卡根在建构康德式后果主义时对传统后果主义也进行了修正；这既可以丰富后果主义的多样性，又有助于克服后果主义曾遭受的困境和责难。最后，里奇和卡根在建构自己的康德式后果主义的过程中，同许多学者如舍弗勒、卡米斯基、内格尔等人也展开了全面的探讨和争论，这进一步深化了当代道德哲学对诸如行为者中立和行为者中心、目的论和非目的论以及选择权等问题的研究。

当然，里奇和卡根的理论中也存在许多与康德理论不相容或相冲突的地方。里奇从康德的善良意志出发发展出一种行为者中立和目的论的后果主义理论，并把它作为后果主义的一种特殊样式，这种做法与康德的理论存在明显的冲突。首先，在康德那里，善良意志作为无条件的善，其价值具有行为者中心而非行为者中立的特征；也就是说，善良意志总是相对于特定的行为者而言的。以前面提到的康德对"出于仁爱而撒谎"的权利的批评为例，康德明显反对特定行为者为了一般的善而做道德义务所禁止的事情。其次，前面已经多次提到，在康德那里，善良意志或理性本性作为无条件的价值是被尊重而非被促进的对象。因此，无论是最大化善的意志还是最小化坏的意志，都已经超出了康德伦理学的基本框架。卡根的无约束的后果主义对撒谎的论证，即允许在所有能够产生最好的总体善的情况下都撒谎的主张，也与康德的理论存在冲突。在康德那里，不能撒谎作为一种完全义务，是任何时候都不被允许有例外的；甚至那种出于仁爱的理由而撒谎的行为也是无法得到道德辩护的，它会由于陷入思想上的逻辑矛盾而无法通过普遍法则公式的检验。

当然，像卡根这样的学者可以为自己辩护说，他们并不关注康德的理论，而是在探讨一种康德式的理论；因此，它并不需要与康德自己的观点完全一致，也不需要用康德的原初理论来裁剪自己的观点；他们只是想使自己的理论成为众多康德主义理论中的一种，就像不同版本的功利主义理论都属于功利主义阵营，但并不存在唯一正确的标准来裁剪这些不同的版本一样。[1] 然而，卡根的这种辩护立足于一个有待商榷的假设，即康德主义者可以出于自己的意图来使用康德伦理学的相关概念或术语，而不必考虑康德伦理学的基本主张。卡根的这种主张，相比于罗尔斯等新康德主义者借用康德的"有理性的存在者"和"人是目的"等概念并尊重康德对这些

---

① 参见 Kagan, "Kantianism for Consequentialists", p. 111。

概念的基本规定来说，已经更加超出了许多新康德主义者对"康德主义的"或"康德式的"理论的理解，因而也与卡米斯基、里奇和帕菲特等学者一样，存在着对康德伦理学进行过度阐释的嫌疑，以至于我们仍然可以质疑，他们所谓的"康德式的后果主义"根本就不是"康德式的"。在接下来的几章中，我将尝试从康德的至善理论出发，建构出一种更为康德式的后果主义——康德式的至善后果主义。

下
编

6. 至善与后果: 作为终极目的的至善

前面几章讨论了几种比较有影响的康德式后果主义, 指出它们为我们重新思考康德伦理学和后果主义的关系提供了重要的参考; 同时也指出, 它们的许多主张已经超出了康德伦理学的基本框架, 因而遭到了许多当代新康德主义者的批评, 认为它们很难被称为"康德式的"。

从本章开始, 本书将尝试阐发一种新的康德式后果主义理论, 即一种康德式的至善后果主义理论。该理论认为, 康德把至善看作"理想世界"和"终极目的"的观点, 包含着一种把它解读为一种理想的后果或事态的后果主义价值论的可能性; 而康德"人有义务促进至善"的观点中, 包含着把它解读为把价值最大化的后果主义规范论的可能; 而依据康德的"应当意味着能够"原则, 我们可以得出使至善价值得以可能的前提条件。

当然, 这种康德式的至善后果主义理论并不是把康德本人的伦理学当作后果主义伦理学来解读; 而是指出, 康德的伦理学理论框架, 特别是其至善理论, 包含着一种后果主义解读的可能性。这种解读的特点在于, 它并不试图改变康德伦理学的基本概念, 从而在超出康德伦理学框架的基础上建立一种后果主义解读, 因而相比于前面几种康德式后果主义, 它更加是"康德式的"。本书还将论证, 这种解读除了有助于改变人们长期以来形成的康德伦理学与后果主义截然对立的传统观念之外, 更重要的是提供一种在康德伦理学框架内讨论后果主义的可能性, 从而可以成为比前面所述的几种康德式后果主义伦理学更加优越的替代解读。

为了完成这一任务, 本书将对接下来的几章做如下安排: 第 6 章将详细讨论康德的"至善"概念，并通过对比"人是目的"和"至善目的"之间的异同，指出相比于卡米斯基从"人是目的"出发建构康德式后果主义，从"至善"出发建构一种康德式后果主义是更加可取的选择。接下来的第7章将指出，康德的"至善"概念在价值论上可以被看作理想的事态或后果，而康德关于"人有义务促进至善"的论断可以被看作一种后果主义的规范论。从这种价值论和规范论出发，我将尝试得出一种康德式的至善后果主义。第8章将聚焦于至善后果的可能性问题，通过梳理"至善"与康德的"应当意味着能够"原则之间的关系，讨论至善后果的可能性条件。在最后的结语中，我将总结这种康德式至善后果主义的特点和意义。

6.1 康德论道德目的

前面已经指出，在现代伦理学中，一种长期流行的教条是，传统的规范伦理学在根本上要么是目的论的，要么是义务论的。依照这种教条，人们把康德伦理学划入义务论范畴，并使它与目的论相对立。[①] 然而，这种归类是值得商榷的，它会导致人们忽视"目的"概念在康德伦理学中的重要地位。事实上，"目的"是康德道德哲学的重要概念，在三大批判、《道德形而上学奠基》和《道德形而上学》等著作中，以及在一些关于历史和政治的论文中，康德讨论了一系列重要的"道德目的"概念，如"人是目的""目的王国""同时作为义务的目的"以及"作为纯粹实践理性的最终目的和人类历史发展的最终目的的至善目的"等等。这些概念在康德伦理学中具有重要意义，若忽视它们，就无法全面理解康德伦理学，甚至还可能得出"康德是反对目的论的极端义务论者"这样的片面主张。

康德关于道德目的的论述可以被归纳为两类：一类涉及"自在目的"概念，它在《道德形而上学奠基》中作为道德法则的客观基础得到阐发，

---

① 参见第 1 章开篇和 5.3.1 的注释对目的论与非目的论及其与义务论和后果主义之间的关系的历史梳理。

并由此引出"人是目的""目的王国"以及《道德形而上学》中"同时作为义务的目的"等概念；另一类涉及"至善"概念，它在《纯粹理性批判》和《实践理性批判》中被看作纯粹实践理性和善良意志的最终目的，在《判断力批判》和康德关于历史哲学的论文中则被看作人类文化和历史发展的最终目的。[①] 在康德那里，这两种"道德目的"概念既相互联系，又有明显区别。

近年来，虽然有不少研究者如罗尔斯、盖耶尔（P. Guyer）、帕菲特、赫尔曼、希尔、科斯嘉德、伍德、迪恩、奥尼尔和奥克斯特（Auxter）等开始重视研究康德的"道德目的"概念[②]，但是这些研究者更加注重对第一种"目的"概念即"人是目的"和"目的王国"概念的阐释与重构，他们要么无视"至善目的"[③]，要么把"至善目的"等同于"目的王国"[④]；甚至还有人认为，"至善"作为目的是与"自在目的"和"目的王国"相冲突的，因而是不必要的[⑤]。这些研究者不仅误解了两种"道德目的"概念之间的关系，也误解了它们在康德伦理学中的作用和意义。

---

① 帕菲特把康德的"道德目的"概念区分为四种：拥有善良意志、创造目的王国、追求至善和拥有理性本性（Parfit, *On What Matters, I*, pp. 240–241）。这种划分当然是有文本依据的。但帕菲特没有看到，善良意志、目的王国和理性本性都与"自在目的"概念相关，它们涉及康德对道德法则的客观基础的探讨，可以被划归为一类；而至善目的则自成一类，它涉及康德对实践理性的终极目的的探讨。二者一个关注的是有理性的存在者，另一个关注的是有限的理性存在者。因此，把康德的"道德目的"概念概括为两种，而非帕菲特总结的四种，有助于更加清晰地理解这一概念。

② 参见 Rawls, *Lectures on the History of Moral Philosophy*, pp. 181–216; Guyer, "End of Reason and End of Nature: The Place of Teleology in Kant's Ethics", *Journal of Value Inquiry* 2002, 36, pp. 2–3, 161–186; Parfit, *On What Matters, I*, pp. 275–419; Herman, *The Practice of Moral Judgement*, pp. 94–113, 208–243; Hill, *Human Welfare and Moral Worth: Kantian Perspective*, pp. 244–274; Korsgaard, *Creating the Kingdom of Ends*, pp. 106–132; Wood, *Kantian Ethics*, pp. 85–105; Dean, *The Value of Humanity, in Kant's Moral Theory*, pp. 175–243; O'Neill, *Constructions of Reason: Explorations of Kant's Practical Philosophy*, pp. 126–144。

③ 例如，罗尔斯的《道德哲学史讲座：康德讲座》、奥尼尔的《理性的建构》和伍德的《康德伦理学》都非常重视对"人是目的"公式的阐释，但很少涉及"至善"概念。

④ 参见 Korsgaard, *Creating the Kingdom of Ends*, pp. 241–242。

⑤ 参见 Auxter, *Kant's Moral Teleology*, Mercer University Press, 1982. p. 88。

因此，探讨康德的两种"道德目的"概念，具有如下重要意义：首先，从康德伦理学内部来说，两种"道德目的"都是其伦理学的重要组成部分，二者既有联系，又有明显区别；如果不厘清这两种"道德目的"，我们就无法准确把握康德伦理学。其次，从康德与现代道德哲学的关系来说，康德并非像传统教条所认为的那样，是完全排斥目的的极端义务论者。相反，我们甚至还可以得出类似于盖耶尔的主张，即康德伦理学在根本上是目的论的。① 最后，我们还将看到，从康德的"至善目的"概念能够发展出一种康德式的后果主义理论，它与当前流行的各种建立在"人是目的"基础上的康德式后果主义理论相比，是更加"康德式的"。

在康德道德哲学中，"目的"是一个重要的概念，他在多个地方对其进行过厘定。在《道德形而上学》中，康德明确指出：

> 目的是一个自由任性的客体，对它的表象规定任性去行动（由此，这个客体被产生出来）。（6:384）

这个规定包含以下三点：1）"目的"是一个关于客体的概念；2）这个客体的概念包含着该客体的现实性的根据，也就是说，作为目的的客体并非一个现成的对象，其现实性的根据在其概念之中；3）客体要想获得其现实性，必须通过行动而把它产生出来。把这三点概括起来，那么"目的"就是一个有待去实现的客体的概念。

这个规定产生了两个问题。其中第一个问题是，谁需要目的？或者说，目的属于谁？第二个问题是，什么样的客体才能被康德看作目的？对于第一个问题，康德明确指出，目的是属于人的，它是人类意志和实践理性的必然需要，因为如果不探讨目的的问题，就无法真正理解人类意志和理性。康德说道：

---

① 参见 Guyer, "End of Reason and End of Nature: The Place of Teleology in Kant's Ethics", pp. 161-186。

　　因为它（即纯粹实践理性。——引注）就是一种一般的目的能力，所以对这些目的漠不关心，亦即对它们毫无兴趣，就是一个矛盾：因为这样它就不会规定行动的准则（后者在任何时候都包含着一个目的），因此就不会是实践理性了。（6:395）

　　这段话包含两个方面：其一，人类实践理性在本性上就是一种追求目的的能力或禀赋，它必然要具有目的；其二，行动的准则也包含目的。在康德伦理学中，准则乃是意志行动的主观原则，当说准则包含目的时，也就是说意志包含目的。因此，目的就是纯粹实践理性和意志的目的，如果存在纯粹实践理性和意志，那么也就必须存在作为其客体的目的。

　　既然纯粹实践理性和意志都具有目的，那么纯粹实践理性和意志是什么关系呢？它们是否具有不同的目的呢？前面已经指出，在康德那里，纯粹实践理性与意志表现为两种关系。一方面，当意志完全为纯粹实践理性支配时，它就是完全善良的意志，这时"意志无非就是实践理性"（4:412）。而纯粹实践理性的目的也就是意志的目的。也就是说，在康德那里，意志和实践理性，意志的客体和实践理性的客体，都可以是一回事。但是另一方面，当意志并不完全为实践理性所支配时，它追求的目的就可能与纯粹实践理性所允许的目的不一致，从而不具有道德价值，或具有道德上的负价值。这是因为在康德看来，行为的道德价值并不取决于该行为是否有一个目的（因为它必然是有目的的），而取决于该目的是否为纯粹实践理性所要求或允许。当意志的目的为纯粹实践理性所要求或允许时，它就具有道德价值；当目的为其他意图所规定时，它就不具有道德价值，甚至会具有道德上的负价值。例如，在帮助别人时，如果你把帮助别人实现其目的的行为当作实现自己的目的的手段，那么这样的帮助他人实际上并没有什么道德价值；相反，如果你把帮助别人实现其幸福当作纯粹实践理性所要求的目的，那么它就具有道德价值。

　　对于"什么是目的"这一问题，康德有两种不同的回答。在《道德形而上学奠基》中，康德提出了一种"道德目的"概念。在那里，他首先把目的区分为主观目的和客观目的。主观目的是奠基于欲望的主观根据之上的目的，快乐和福利就属于这种目的，其价值依赖于它们与作为主体的人的欲望的关系。当人的主观欲望发生改变时，这些目的的价值也会发生改变，因而这种目的的只具有相对价值。"一个理性存在者随意预设为自己的行为的结果的那些目的（质料的目的），全都只是相对的；因为只有它们与主体的一种特殊欲求能力的关系才给予它们以价值，因而这价值不能提供普遍的、对一切理性存在者都有效和必然的原则，也不能提供对任何意欲都有效的必然的原则，亦即实践的法则。"（4:427-428）与主观目的不同，客观目的单纯由理性给出，因而是对每一个理性存在者都有效的目的。例如，自己的完善和他人的幸福就属于这种客观目的，它同时也是人们的道德义务，因此可以被称为"同时作为义务的目的"。

康德进而指出，既然理性能够给出客观目的，那么理性本性自身，乃至拥有理性本性的人本身，也是客观目的，而且是一种自在的目的（目的本身）；它不仅包含着道德法则的客观基础，而且也是主观目的的限制性条件。康德说：

> 作为自在的目的本身（这是任何一个人行动自由的最高限制条件），人性以及一般的每个理性本性的上述原则都不是从经验借来的……人性不是被（主观地）用作人的目的，即不是被人们实际地用作目的的对象，而是被用作客观目的。它不管我们可能想要什么目的，都应当成为构成一切主观目的的最高限制性条件的法则，因而它必须来自纯粹理性。（4:430-431）

通过把目的区分为主观目的和客观目的，康德提出了"人是目的"和"目的王国"这两个重要概念，它们构成了康德伦理学的第一种"道德目的"概念。

在三大批判和关于历史哲学的论文中，康德提出了另一种"道德目的"概念，即作为善良意志和纯粹实践理性的终极目的概念，并用"至善"来表达这一终极目的。在第一批判中，康德把"至善"理解为"纯粹理性的最后目的之规定根据"（A804-819/B832-847）；在第二批判中，康德把它理解为"一个在道德上被规定的意志的必然的最高目的，是实践理性的真正客体"（5:115）；在第三批判中，康德把它理解为"一个世界的存有的终极目的即创造本身的终极目的"（5:450）；在历史哲学中，康德把它理解为"通过我们的参与而在世界中成为可能的"与"一切事物的终极目的"（8:280）。在康德看来，至善作为终极目的，代表着德性与幸福、自然与道德、自然世界与自由世界的综合统一，是人和人类社会的最终归宿。

由于我在第 4 章已经详细讨论了康德的"人是目的"这一概念，因此，在本章中，我主要讨论康德的作为终极目的的"至善"概念；然后结合第 4 章的讨论，来比较"人是目的"和"至善"目的之间的异同。

6.2 作为目的的幸福

在《实践理性批判》中，康德把至善看作善良意志或纯粹实践理性的最终目的或对象，即"一个在道德上被规定的意志的必然的最高目的，是实践理性的真正客体"。他进一步把至善看作德性与幸福的联结或综合。因此，要讨论至善，就必须了解康德是如何看待"幸福"和"德性"这两个概念的。而比较康德与亚里士多德和密尔这两位著名伦理学家对于幸福和德性的不同理解，更加有助于我们理解康德理论的独特性。

6.2.1 何谓幸福

作为一门基础的实践学科，伦理学必然要思考"人类道德活动的最终目的是什么"这一问题。西方传统伦理学中具有代表性的亚里士多德伦理学、功利主义伦理学和康德伦理学，都把这一目的看作幸福。但是，对于"什么是幸福""幸福与德性之间的关系是什么"以及"如何获得幸福"等问题，它们却有不同的理解，形成了三种迥然有别的幸福论传统。

认为人生总是有一个最终目的，是古希腊人的基本观念。亚里士多德继承了这种观念，并把最终目的规定为"始终因其自身而从不因他物而值得欲求的东西"（1097a-b）[1]。亚里士多德进一步指出，能够称得上是人生的最终目的的，就是"幸福"（eudaimonia）这一概念，因为幸福是"我们永远只是因它自身而从不因他物而选择它"（1097b）的东西。也就是说，幸福作为所有善事物中最值得欲求的东西，是不可能与其他善事物并列存在的，它作为"自足"的善，本身便使得人们的生活值得欲求且无所缺乏。不过值得注意的是，在亚里士多德那里，"幸福"并不是一个表达人们的心理或生理感受的主观概念，而是一个表达人们的生活状态的客观概念；并且，有客观的标准来衡量这种生活状态，这个标准就是生活得优秀或繁荣，它既内在地包含充分发展自己的禀赋，又外在地要求有一定的财富、和谐的家庭生活和朋友等。此外，幸福还要求某种稳定性和持续性，"幸福的人拥有我们所要求的稳定性，并且在一生中都幸福"（1100b）。在这层意义上，许多研究者指出，应当把亚里士多德的"eudaimonia"理解为"卓越"或者"繁荣"，而不能理解为"幸福感"。[2]

经典功利主义者如边沁和密尔也把幸福看作人们追求的最终目的，认为其他目的要么包含在幸福之中，要么是实现幸福的工具或手段。"如果人在本性上所欲求的东西只限于幸福的组成部分和达到幸福的手段，那么，我们就不可能也不需要再有任何别的证明，说明它们是唯一值得欲求的东西了。倘若如此，幸福便是人类行为的唯一目的。"[3]不同于亚里士多德，他们都把幸福理解为获得快乐或免除痛苦的心理体验。"所谓幸福，是指快乐和免除痛苦；所谓不幸，是指痛苦和丧失快乐。"[4]边沁和密尔进一步把追求快乐和免除痛苦看作全社会应当追求的目标，把实现"最大多数人的最大幸福"当作行为和决策的最终目的，"因为功利主义的行为标准不是行为者

---

[1]　中译参见亚里士多德：《尼各马可伦理学》，廖申白译，商务印书馆，2003年。以下引用该书则只标注边码。

[2]　参见余纪元：《亚里士多德伦理学》，中国人民大学出版社，2011年，第35—37页。

[3]　密尔：《功利主义》，第47页。

[4]　同上书，第8页。

本人的最大幸福，而是全体相关人员的最大幸福"①。在边沁看来，快乐虽然有不同的来源，但它们在性质上都是相同的，只有数量上的不同，一个小孩玩游戏的快乐与一个诗人创作优美诗歌的快乐在性质上并无不同。"把偏见放在一边，按图钉游戏与音乐和诗歌的技巧和学问具有相等的价值。如果按图钉游戏产生更多的快乐，那么它就比另二者更加具有价值。"②密尔对边沁有所修正，他认为快乐不仅有数量的差别，也有性质的不同，人们会为了追求高级的快乐而放弃低级的快乐，因为"做一个不满足的人胜于做一只满足的猪；做一个不满足的苏格拉底胜于做一个满足的傻瓜"③。

功利主义者虽然把幸福看作唯一值得欲求的目的，但他们不是把幸福理解为行为者个人的幸福，而理解为与行为相关的所有人的幸福。因此，在实现幸福目的这一问题上，功利主义者特别注重对幸福的计算或加总排序。这种加总排序包含两个层面。第一个层面是在面临众多可能的行为选项时，计算每一个行为选项所产生的苦乐结果。如果一个行为对所有行为相关者产生的快乐多于痛苦，那么这个行为就具有道德上的正价值，就可以成为行为的候选。第二个层面是在上述可以产生道德上的正价值的候选中，选择一个能产生最多快乐或者能产生至少和其他选项一样多快乐的选项作为唯一的行为选项，因为只有它才符合"最大多数人的最大幸福"这一功利主义的最高原则。既然这种加总排序或者说苦乐计算在功利主义理论中具有如此重要的地位，那么边沁和密尔都要思考如何计算的问题。边沁认为，对快乐和痛苦的量值的估算要考虑到七个方面：1）强度；2）持续性；3）确定性和不确定性；4）邻近或偏远；5）丰度，指随同感觉而来的可能性，即乐有乐随之，苦有苦随之；6）纯度，指相反感觉不随之而来的可能性，即苦不随乐至，乐不随苦生；7）广度，即苦乐可以影响的人数。边沁认为，在这七个方面中，强度和持续时间这两个指标最重要。密尔重视对快乐的性质的计算。他指出，如果所有或几乎所有对两种快乐有

---

① 密尔：《功利主义》，第 14 页。

② Troyer ed., *The Classical Utilitarians: Bentham and Mill*, Hackett, 2003, p. 94.

③ 密尔：《功利主义》，第 12 页。

过体验的人都会断然选择其中之一，那么这种被人们一致选择的快乐就在性质上占优，以至于其数量上的大小就变得不重要了。

康德也承认，幸福是人们所追求的目的。他认为，人们的道德意志作为一种欲求能力必然欲求或渴望实现某种目的，而幸福正是这种目的，因为"成为幸福的，这必然是每一个有理性但却有限的存在者的要求，因而也是他的欲求能力的不可避免的规定根据"（5:25）。可见，在康德那里，幸福作为目的，并不是一种可有可无的目的，而是人们事实上都具有的目的，它是具有某种自然必然性的。他说道：

> 有一个目的，人们在一切理性存在者（就命令式适用于它们，亦即有依赖的存在者而言）那里都可以把它预设为现实的，因而有一个意图，理性存在者绝不是仅仅可能怀有它，而是人们能够有把握地预设，理性存在者全都按照一种自然必然性地怀有它，这就是对幸福的意图。（4:415）

不过，虽然康德承认幸福是一种人们必然还有的自然目的，但他不像亚里士多德主义者和功利主义者那样，把幸福当作唯一值得欲求的最终目的，把其他值得欲求的东西看作幸福的组成部分，或者是实现幸福的手段。在《道德形而上学奠基》的开篇，康德就通过"目的论论证"① 的方法指出，虽然幸福是值得欲求的，也可以是善的，但大自然赋予人以理性，其最终目的并不是追求幸福，因为理性在实现幸福方面的能力甚至不如本能。相反，大自然赋予人以理性，其最终的目的在于产生善良意志而非幸福（4:395-397）。这说明，在康德那里，我们在生活中产生或培养善良意志，具有比幸福或快乐更加重要的目的，因为前者是后者具有道德价值的条件；甚至在二者发生冲突时，前者总是比后者更重要（在后面讨论康德

---

　① 参见 Hills, "Happiness in the Groundwork", in Timmermann ed., *Kant's Groundwork of the Metaphysics of Morals: A Critical Guide*, Cambridge University Press, 2009, p. 31。

的"至善"概念时，我们还会再次回到幸福与德性的关系这一问题上）。①

此外，康德也不像功利主义者那样，把幸福看作可以被还原为快乐的某种主观体验，也不像亚里士多德那样把幸福看作具有某种客观标准的社会风俗，而是把幸福理解为人们的实际存在的一种整体状态，在这种整体状态中，"一切都按照愿望和意志进行，因而所依据的是自然与他的整个目的，以及与他的意志的本质性规定根据的协调一致"（5:124）。在其他地方，康德也把幸福简称为"一切偏好的满足的总和"（4:399），或者说"需要和偏好的全部满足"（4:405）。在康德看来，幸福包含主客观两方面的规定：客观上，它是指人的一切爱好的实现满足；主观上，它是指人对这种客观满足的意识状态。

康德接着强调，虽然人们事实上都渴望幸福，但"幸福"作为一个经验性概念，具有极大的不确定性。他说道：

> 然而不幸的是，"幸福"的概念是一个如此不确定的概念，以至于每一个人尽管都期望得到幸福，却绝不能确定地、一以贯之地说出，他所期望和意欲的究竟是什么。原因在于：属于"幸福"概念的一切要素都是经验性的，也就是说都必须借自经验。尽管如此，"幸福"的理念仍然需要一个绝对的整体，即在我当前的状况和任一未来的状况中福祉的最大值。如今，最有见识且最有能力但毕竟有限的存在者，不可能对他在这里真正说来所意欲的东西形成一个确定的概念。……简而言之，他无法根据任何一条原理完全确定地规定，什么东西将使他真的变得幸福。因为要做到这一点，就要求无所不知。（4:418）

这段话明确表明了康德关于幸福的如下观点：1）如前所述，人们都渴望获得幸福；但2）由于构成幸福的要素都是经验性的，具有个别性和特

---

① 当然，康德的目的论论证还是存在争议的，因为这里预设了理性在实现感性欲求或幸福上（相对于本能）的无能，而这并不一定为其他哲学家（如休谟、边沁和密尔等快乐主义的功利主义者）所接受。

殊性，这导致"幸福"也并非是一个确定的概念；因此 3）要确定地知道作为诸多经验要素的总和的"幸福"概念，就必须要求预设一个对所有经验条件都无所不知的存在者；但 4）人作为有限的理性存在者，并非是无所不知的，因此人永远无法确切地理解和把握自己乃至他人的幸福到底是什么。通过以上几点可以看出，人们无法从幸福那里获得客观的和普遍有效的行为法则，最多只能获得一些关于幸福的实用性建议，因为建议"虽然包含着必然性，但这种必然性唯有在主观偶然的条件下，即这个人还是那个人把这件事还是那件事算作自己的幸福时，才能够有效"（4:416）。也正因为如此，康德虽然也认同幸福是人们所追求的目的，但是不同于亚里士多德主义者和功利主义者，他否认这种目的具有终极的和无条件的价值。

6.2.2 幸福与德性

亚里士多德认为，人们需要通过一些外在的和内在的善来实现幸福。所谓外在的善，就是外在于人，或者说无法通过人的努力所把控的善。亚里士多德认为，运气就是一种典型的外在的善，它包括出身、容貌、财富、子女和朋友等。这些外在的善是幸福所需要的，因为没有这些外在的运气作为补充，人们就"不可能或很难做高尚［高贵］的事。许多高尚［高贵］的获得都需要朋友、财富或权力这些手段。还有些东西，比如高贵的出身、可爱的子女和健美，缺少了它们，福祉就会暗淡无光。一个身材丑陋或出身卑贱、没有子女的孤独的人，不是我们所说的幸福的人。一个有坏子女或坏朋友，或者虽然有过好子女和好朋友却失去了他们的人，更不是我们所说的幸福的人"（1099a-b）。亚里士多德认为，虽然这些外在的善对于幸福的获得十分重要，但是它们却并不是人们通过努力就一定能够得到的；相反，人们很多时候对它们是无能为力的。如果把幸福奠基于外在的善，那么幸福必然也是偶然的了。因此，相比于外在的善，亚里士多德更加看重内在的善。所谓内在的善，就是人们通过努力可以获得的善。这种能通过学习和训练获得的善，被亚里士多德称为德性。相比于外在的运气，德性是更为神圣的事物，因而通过它而来的幸福，也优于通过运气而来的幸福。"如果幸福通过努力获得比通过运气获得更好，我们就有理由认为这就是获得它的方式。因为在自然中，事物总是被安排得最好。"（1099b）也就是说，虽然亚里士多德认为运气和德性都和幸福相关，但是由于和运气相比，德性既能体现人的努力，又能体现大自然的安排，因此，德性与幸福的关系更为紧密，因为"幸福和不幸并不依赖于运气，尽管我们说过生活也需要运气。造成幸福的是合德性的活动，相反的活动则造成相反的结果"（1100b）。

亚里士多德进一步把德性看作人们所具有的一种品质，一种既使一个人好又使得他出色地完成他的活动的品质（1106a）。亚里士多德从古希腊传统的功能（ergon）角度来论证德性，认为人的道德德性就在于人能够把自己人之为人的本性或功能完美发挥出来，达到一种优秀或卓越的状态；正如马的德性就是使得一匹马状态好，使它跑得快，令骑手坐得稳（1106a）。在亚里士多德看来，若一个人想要处于好（有德性）的状态，那么这个人在选择和做事的过程中，就必须避免过度与不及，从而体现中道的要求。所谓中道，就是"在适当的时间、适当的场合、对于适当的人、出于适当的原因、以适当的方式"来行事，这样"既是适度的又是最好的。这也是德性的品质"（1106b）。换言之，德性作为一种中道的品质，就是在过度和不及这两种恶之间的中间状态。亚里士多德总结道，这种实现中道品质的状态就是有德性的状态，而有德性的状态也就是幸福的状态；一个有德性的人，自然就是幸福的人。总之，在亚里士多德那里，幸福就是德性的报偿，"德性的报偿和结局必定是最好的，是某种神圣的东西和最高的福祉"（1099b）。而通过对德性的学习和训练，所有的人都能够实现幸福这一终极目的。

功利主义者也认为，德性是值得追求和渴望的。例如，在驳斥那种认为功利主义排斥德性的观点时，密尔就直截了当地指出，功利主义者不仅认为德性应当被欲求，甚至认为"应当为了美德本身，无私地去欲求美德"[1]。但是密尔随即指出，从功利主义的角度看，即便承认人们可以为了

---

① 密尔：《功利主义》，第43页。

美德本身而去追求美德，这并不代表美德可以独立于幸福而自成目的，或者成为和幸福并列的目的。在他看来，美德本身并不具有独立的价值，其价值在于它要么是作为实现幸福的手段，要么是作为幸福的一部分。因此，当人们无私地追求美德时，他们已经从把美德看作实现幸福的手段，转变为把它看作幸福的一部分了。密尔认为，说人们"应当为了美德本身，无私地去欲求美德"，这只不过是在说，人们所欲求的是作为幸福的组成部分的美德，而非能够独立于幸福的美德，因为"美德并非一开始就自然而然地是目的的一部分，但它能够成为其中的一部分。在那些无私热爱美德的人身上，它就已经成了目的的一部分，并且被渴望、被珍惜——不是作为实现幸福的手段，而是作为幸福本身的一部分"①。相反，如果获得美德并不能给行为相关者带来快乐，那么人们就不会去热爱和渴望美德。总之，美德的价值是通过它所带来的快乐的多少来确立的，不能产生快乐的美德没有价值，也不值得欲求，"那些为了美德本身而欲求美德的人，或者是因为对美德的感受便是一种快乐，或者是因为对没有美德的感受则是一种痛苦，或者是因为两者兼而有之"②。这也再次表明，在快乐主义的功利主义者看来，幸福（快乐）不仅是值得欲求的目的，而且是唯一值得欲求的目的。总之，对于美德在实现幸福中的作用，密尔认为，美德要么是实现幸福目的的手段或工具，要么是幸福的组成部分。当人们拥有幸福时，人们就拥有了美德。

康德对幸福与德性的分析更为详尽。与亚里士多德把德性看作一种通过学习和训练而形成的道德品质不同，康德把德性看作一种道德上的决心或勇气，即一种依照道德法则的规定，去反抗"我们心中的道德意向的敌人"的决心或勇气（6:380）。他也把德性称为一种"力量"：

> 德性就是人在遵循自己的义务时的准则的力量——任何力量都只

---

① 密尔:《功利主义》，第44页。
② 同上书，第46页。

是通过它能够克服的障碍才被认识到；但在德性这里，这些障碍就是可能与道德决心相冲突的自然偏好。而且，既然正是人为自己的准则设置了这些路障，所以，德性就不但是一种自我强制（因为那样的话，一种自然偏好就可能力图强制另一种自然偏好），而且是一种依据一个内在的自由原则，因而通过义务的纯然表象、依据义务的形式法则的强制。(6∶394)

也就是说，康德认为，德性是一种从道德法则而来的能力或力量，它能够使得人们控制自己的不服从法则的偏好。从这种理解出发，康德还批评了亚里士多德式的德性观念，认为亚里士多德"受到称赞的原理，即把德性设定为两种恶习之间的中道，是错误的"(6∶404)，因为德性"不能仅仅被解释和评价为技能和（就像宫廷布道人科修斯的获奖论文所说的那样）长期的、通过练习获得的道德上的良好行动的习惯。因为如果这种习惯不是那种深思熟虑的、牢固的、一再提纯的原理的一种结果，那么，它就像出自技术实践理性的任何其他机械作用一样，既不曾对任何情况都做好准备，在新的诱惑下可能引起的辩护面前也没有保障"(6∶383-384)。在他看来，亚里士多德式的德性是经验性的和易变的，它总是囿于对适当的时间、适当的场合、适当的人、适当的原因以及适当的方式的经验思考，无法产生依照普遍的道德法则去行动的力量——正如亚里士多德所承认的那样，"德性因何原因和手段而养成，也因何原因和手段而毁丧"(1103b)。

康德进一步指出，德性作为一种依照道德法则去行动的勇气或力量，推动人的意向与道德法则的不断适合，直至达到完全适合。这种完全适合被康德称为"神圣性"(5∶122)。当然，生活在感官世界的、作为有限的理性存在者的人是无法真正达到这种神圣性的，因为人在感性世界中总是受到感性欲望的刺激，总是需要不断地与违反道德法则的倾向做斗争。不过在康德看来，虽然德性并非完满的善，但它却是至上的善，因而也是我们谋求幸福的至上条件。之所以是德性而非幸福能够成为至上的善，其原因在于：前者依据的是先天的和形式性的道德法则，它构成了人类意志的规定根据，而幸福是经验的和质料性的，是人类意志的欲求目的。二者不可混淆。康德强调，如果把幸福当作意志的规定根据，道德就会陷入他律，逐渐变成达到别种目的的手段；如果把德性法则看作欲求的目的，那么目的就会变得抽象和空洞。

但是，康德并没有因此就把德性和幸福完全割裂开来。在他看来，虽然德性和幸福性质不同，但二者需要联结在一起，人们应当在德性的规定下追求幸福，因为"需要幸福，也配享幸福，尽管如此却没有分享幸福，这是与一个同时拥有一切权力的理性存在者的完善意愿根本不能共存的，哪怕我们只是尝试设想这样一个存在者"（5：110）。也就是说，幸福虽然不是至上的善，但它却是一种完满的善（至善）所需要的，因为有德而无福，这既不符合上帝的意愿，也不符合不偏不倚的理性旁观者的意愿。因此，从完满的善的角度来说，必须要为幸福留有空间。不过，在康德那里，即便幸福可以作为完满的善的一个要素，但它也不能作为德性或道德法则的基础而存在；相反，它只能以后者为条件才是合理的。这是因为，从道德的纯粹性上讲，德性法则本身就是最高的善，不可能再有超越其上的其他东西作为它的条件。而幸福却是有条件的善，它必须把德性法则作为其满足的条件；如果不以德性法则为前提条件，幸福就可能不是道德的。康德说道：

> 归于幸福名下的权力、财富、荣誉，甚至是健康、全部福祉以及对自己状况的满意，如果不是有一个善的意志在此矫正它们对心灵的影响，并借此也矫正整个行动原则，使之普遍地合乎目的，它们就使人大胆，且往往因此也使人傲慢。更不用说一个理性且无偏见的旁观者，他在看到一个丝毫没有纯粹的和善的意志来装点的存在者却总是称心如意时，绝不会感到满意。这样，看起来善的意志就构成了配享幸福的不可或缺的条件本身。（4：393）

因此，德性法则决定一个人是否配享幸福或值得幸福，它和幸福一起构成了一个"自我酬报的道德体系"的理念，康德把它称为至善。在至善中，德性作为至上的善是无条件的，而幸福作为有条件的善是必须以前者为基础的。

康德认为，虽然幸福是一个有道德的人所必然期望获得的目的，但是由于人的有限性，人靠自己的能力并不足以获得幸福。在这里，康德和亚里士多德一样，看到了幸福是受外在条件的影响的，其实现是由许多外在环境的偶然因素决定的，这是人所难以把握和控制的。即便一个人总是依照道德法则行动，他也无法保证能实现与其相匹配的幸福，因为"道德法则独自来说毕竟不应许幸福；因为依照关于一般自然秩序的概念，幸福并不与道德法则的遵循结合在一起"（5:128）。我们也看到，在现实中，有道德的人不幸福以及幸福的人不道德这种现象也比比皆是。因此，康德认为，要保证幸福的实现，就必须假设存在着一个超越于人的无限人格，即上帝，他具有全善、全知和全能的属性，其全善能保证他愿意给有德者分配幸福，其全知能保证他精确地知道有德者应得多少相匹配的幸福，其全能则能保证他有能力给有德者分配相应的幸福。总之，在康德看来，只有把上帝设定为道德世界的统治者，才能保证德福一致在他的关怀下发生。

6.3 至善作为道德目的

通过以上对比，我们可以发现，康德把幸福理解为"世界中一个理性存在者在一生中一切都按照其愿望和意志而行的状态"（5:124）。很明显，在康德那里，"幸福"是一个经验性的概念，它在客观上是指对人的一切爱好的满足，在主观上是指人对这种满足的意识。这种幸福是质料性的，它是人的自然本性的必然要求。但是从道德的角度看，幸福还并非这个世界中的最终目的。康德说：

> 如果人们追问上帝创造世界的最终目的，那么不应当举出世界中理性存在者的幸福，而必须举出至善，后者为这些存在者的那个愿望

（即幸福。——引注）加了一个条件，即配享幸福。（5：130）

这段话一方面指出，幸福是人们必然追求的目的；另一方面又指出，只谈追求幸福是不够的，因为能够作为目的的幸福是有条件的，这个条件就是其"是否配享幸福"。在康德看来，一个人是否配享幸福在于他是否按照道德法则去行动。这样，幸福就与道德法则密切相关了。如前所述，一方面，幸福与道德法则在性质上是有区别的，道德法则是由纯粹实践理性颁布的，是形式的和普遍的，只有出于对道德法则的尊重而采取的行为才具有道德价值；而幸福是质料性的，以幸福为规定根据而采取的行动属于他律，本身并不具有真正的道德价值。另一方面，幸福与道德法则又是可以联结的，这种联结就是把道德法则看作幸福的条件。在《实践理性批判》中，康德用德性代替道德法则，把至善称作德性与幸福的结合。在他看来，德性就是一种以实践理性为指导、依照道德法则去行动的道德勇气，它本身就体现了道德法则。

6.3.1 至善作为个人目的

在《实践理性批判》的辩证论部分，康德详细指出，德性和幸福在至善中的联结，要么是分析的，要么是综合的。所谓分析的联结，是说这种联结依据的是同一律，它把德性和幸福的联结理解为"努力成为有德性的且有理性地谋求幸福，这并不是两个不同的行动，而是两个完全同一的行动"（5：111）。康德认为，历史上的伊壁鸠鲁派和斯多亚派都持这一看法，其中前者认为，"意识到自己导向幸福的准则，这就是德性"。也就是说，在伊壁鸠鲁派看来，"德性"概念是蕴含在幸福准则之中的。而后者认为，"意识到自己的德性者就是幸福的"（5：111）。也就是说，在斯多亚派看来，幸福的情感已经包含在人们的德性意识之中了。康德不赞同这两种看法。在他看来，伊壁鸠鲁派和斯多亚派从不同的方面犯了同一个错误，即前者从感性需要的角度出发，把德性理解为经验性的幸福；而后者从理性思辨的角度出发，把幸福理解为先验的德性。康德指出，这两个学派都没有看到，幸福和德性在本性上是不同的，其中幸福是经验性的，而德性则是先验的，人们是不可能用分析的方法从一个概念中直接得出另一个概念的。康德说道：

> 德性的准则和自己幸福的准则就其至上的实践原则而言是完全不同种类的。而且，它们尽管都属于一种至善，为的是使至善成为可能，但却远远不是一致的，它们在同一个主体中极力相互限制、相互损害。（5:112）

如果关于幸福和德性的分析的联结是不可能的，那么就剩下综合的联结这一选项了。在康德那里，所谓综合的联结，就是说这种联结依据的是因果规律，它认为"德性把幸福当作某种与德性意识不同的东西产生出来，就像原因产生出一个结果那样"（5:111）。康德进一步指出，从因果规律的角度看，要么对幸福的欲求是德性的准则的原因，要么反之。康德随即指出，第一种情况是完全不可能的，因为通过前面的论述，我们已经知道，幸福作为有条件的善，从它出发不可能建立普遍有效的道德法则，从而也不能建立任何德性。但是，第二种情况也是不可能的，因为道德法则和德性作为意志的规定根据，它关注的是意志的准则与道德法则之间的适合性，它无法保证幸福在经验世界中的实现，因为"世界上的任何原因和结果的实践联结，作为意志规定的后果，都不取决于意志的道德意向，而取决于对自然法则的知识和为了自己的意图而利用这种知识的物理能力，因而不能在世界上通过一丝不苟地遵守道德法则来期望幸福与德性的任何一种必然的和足以达到至善的联结"（5:113-114）。这里产生的问题是，幸福与德性必须作为要素被联结在至善之中，但二者之间好像既不是分析的联结，又不是综合的联结，这就好像出现了矛盾或冲突。康德把这种矛盾或冲突称为纯粹实践理性的二律背反，即两个无法通过因果规律联结在一起的要素却必须要联结在一个概念（即"至善"）之中。

康德是用两个世界的观点来解决这个二律背反的。他首先认为，这个二律背反的第一个命题，即对幸福的欲求是德性意向的规定根据，是绝对错误的，因为从经验性的、有条件的原因中无法产生普遍的、无条件的结果。但他随即指出，如果从两个世界的观点看，这个二律背反的第二个命题并不是绝对错误的。康德说道：

> 但第二个命题，即德性意向必然地产生幸福，则并不是绝对错误的，而是仅仅就德性意向被视为感官世界中的因果性的形式而言，因而当我把感官世界中的存在当作理性存在者的唯一实存方式时，才是错误的，因而只是有条件地错误的。但是，既然我不仅有权把我的存在也设想为一个知性世界中的本体，而且甚至在道德法则上拥有我的（感官世界中的）因果性的一个纯粹理智的规定根据，那么，意向的道德性作为原因，就与作为感官世界中的结果的幸福拥有一种即便不是直接的但也毕竟是间接的（以自然的一个理知的创造者为中介）而且是必然的联系。这并非不可能。这种结合在一个仅仅是感官客体的自然中永远只是偶然地发生，而且不能达到至善。（5:114-115）

也就是说，虽然从单纯感官世界的角度看第二个命题是错误的（因为在感官世界中，德性也无法成为幸福的原因），但是从两个世界的观点看，从知性世界包含感官世界的规定根据而言，德性却是有可能成为幸福的原因的——虽然这个原因是间接的，需要更高的存在者（即上帝）的帮助。①这也就是说，虽然德性无法像斯多亚派所认为的那样，能够直接产生幸福，但是德性能够间接地成为幸福的原因，从而使二者得以联结在至善之中。在康德那里，这种联结的方式就是使德性成为幸福的条件；确切地说，是使德性成为配享幸福的条件，使得幸福与德性能够精确匹配。因此，道德"真正说来也不是我们如何使得自己幸福的学说，而是我们应当如何配享幸

---

① 我将在第 8 章详细讨论这一更高存在者的帮助的必要性。

福的学说"（5:130）。通过这种方式，康德就解决了纯粹实践理性的二律背反问题。他总结道：

> 从实践的纯粹理性的二律背反的这种解决得出：在实践的原理中，在道德意识和对作为道德的后果而与道德成比例的幸福的期待之间，一种自然的和必然的结合至少是可以被设想为可能的（但当然还并不因此就是可以被认识到和看出的）；与此相反，谋求幸福的原理却不可能产生出道德。因此，至上的善（作为至善的第一个条件）构成道德；与此相反，幸福虽然构成至善的第二个要素，但却是这样构成的，即幸福只不过是前者的有道德条件的但毕竟是必然的后果。唯有在这种隶属关系中，至善才是纯粹实践理性的全部客体，纯粹实践理性必须把至善必然地表现为可能的，因为它的一条命令就是为产生至善而做出一切可能的贡献。（5:119）

康德强调，从两个世界的观点看，幸福和德性的综合并非是经验的，因为人无法在经验中发现完全的德福一致；相反，经验中到处充斥着德福不一致的情况。因而，德性与幸福的联结只能是先天的综合；并且在这种先天的综合联结中，德性作为至上的善是无条件的，而幸福是有条件的善，是必须以前者为基础的。这样，至善作为幸福与德性的联结就可以被表述为：在道德法则的规定下去追求与其相应的幸福。

康德精心提出的这种至善学说遭到了诸多批判，其中最典型的批评意见认为，至善包含的经验内容是与形式性的道德法则相冲突的，因而要维持道德法则的纯粹性，至善就是不必要的。然而，这种观点无视或忽视了康德对道德法则和至善之间的区别和联系的明确界定。一方面，二者是有重大区别的：道德法则是纯粹意志的唯一规定根据，并且这个法则是完全形式的，因而也是抽离掉一切质料客体的；而至善则是作为纯粹意志的全部客体而存在的，因此，它不能被看作纯粹意志的规定根据（5:109）。另一方面，二者又是有重要联系的，因为至善作为完满的善已经把包含道德法则的至上的善（德性）作为一个要素包含于自身之内，所以它"就不仅仅是客体，而且是就连它的概念以及它通过我们的实践理性而可能的实存的表象也同时会是纯粹意志的规定根据了；因为在这种情况下，实际上是在这个概念中已经包含着并同时被想到的道德法则，而不是任何别的对象，在按照自律的原则规定着意志"（5：109-110）。因此，在康德那里，至善和道德法则之间虽有差别，但二者是可以贯通的，其中道德法则是至善的规定根据，而至善则把道德法则包含于自身之内。

　　另一种批评意见认为，康德的至善超出了人类的能力，使道德指向了一个不实在的目标，这会导致人类现实努力的意义的减少。例如，奥克斯特曾指出，康德对至善的强调，"会产生偏离为道德的世界奋斗的直接意图的后果。……至善的原理使我们期望一个超出人类能力的结果。因此，它减少了现实世界努力的意义或重要性。……至善需要指向一个不实在的道德目标（在其超出人类的能力和不能确定其过程两方面不实在），它更倾向于证实康德是严峻主义的老调"[1]。他还认为，至善作为最终目的，是对康德在《道德形而上学奠基》中提出的"目的王国"概念的不合时宜的替代，因为"目的王国"作为遵守道德律的有理性的人的联合，是通过文化发展和历史进步就能达到的，所以它更能体现人的尊严，更应该作为人的实践的终极目的，而至善暗含着对人的尊严的贬低。所以，他反对至善的必要性，认为"为了道德主体的道德行动能完全履行义务，至善和上帝存在（即便是可能的）是不必要的"[2]。

　　然而，奥克斯特的观点是错误的，他忽视了康德对人类有限性的深刻认识。首先，至善并不要求人放弃对道德法则的尊重，放弃对德性生活的追求；相反，至善想要使人相信，即便现实世界是道德败坏的世界，我们也不应放弃在这个世界中的努力。至善要求人们通过不断的道德实践来逐步促进其实现的可能性。其次，至善与"目的王国"概念也不是矛盾的。

---

① Auxter, *Kant's Moral Teleology*, pp. 151-152.

② Ibid., p. 88.

目的王国作为理性存在者的联合，是排除经验要素的，它关注的并不是现实的人而是理想的人；在这种理想状态下，人只与道德法则打交道，并最终实现作为目的的人的普遍联合。然而，仅仅有"目的王国"概念还是不够的，人同样也是感性的存在物，人的经验欲求同样值得关注，因为感性影响是人的道德生活的可能性的一个条件。而"至善"概念不但包含了"目的王国"的理想，也包含了人的欲求或期望环节，所以至善才是人的实践的最终目的。

6.3.2 至善作为历史目的

康德对至善的探讨也出现在其文化哲学和历史哲学中，尤其体现在他的历史目的论中。[①] 所谓历史目的论，就是在杂乱无章的历史现象中寻找出一种调节性的终极目的，并通过这个终极目的来综观整个人类历史，从而使人类历史变得具有意义和方向的观点。康德对目的论的考察有三个阶段，即它开始于自然目的论，进而过渡到道德目的论，最终达到对历史的最终目的（即至善）的揭示。

康德首先指出，合目的的思想在研究自然的过程中是必不可少的。这是因为，只用机械规律来解释自然，必然会像拉梅特里那样把人当作机器，从而排斥人的自由意志。这是康德所不能容忍的。他认为，有机物不只是机器，因为机器只有进行机械运动的力量，而有机物在自身中就具有一种自己繁殖的形成力量，这种力量是机械论所无法解释的（5：374）。所以，想要较好地解释有机物特别是人的活动，人们就必须求助于自然目的论的观点。

康德接着把自然目的论划分为外在目的论和内在目的论。外在目的论关注的是一事物对其他事物的有用性，或者说是事物之间的目的与手段关系。它能够解释自然物之间的外在关系，如水分是植物生长的手段、植物

---

① 对康德的历史目的论和至善的探讨，可参见拙作《批判哲学的定向标——康德哲学中的道德信仰》（光明日报出版社，2011 年）第六章"道德信仰与历史目的论"（第 148—162 页）中的讨论。

又是动物生存的手段等。但是，外在目的论无法揭示整个自然的目的，因为处于自然中的一切存在者都是自然目的链条中的一个环节，人们根本无法从中找到一个终极目的。以人这种有机存在者为例，虽然康德在《道德形而上学奠基》中就已经论证了人自身就是目的，但是从自然的外在目的论的观点看，人仍然只是自然目的链条中的一个环节。也就是说，他虽然可以把植物和其他动物当作手段，但是反过来看，他自身也是这些事物的手段。与外在目的论相比，内在目的论不强调事物之间的目的关系，而是关注一个事物自身中所具有的目的性，它"是与一个对象的可能性结合在一起的，而不论这个对象的现实性本身是不是目的"（5:425）。也就是说，不管一个事物是为什么而存在的，它自身内部的各部分都是互为目的和手段的，并没有哪一部分是无用的。例如，对于一个作为有机体的人来说，他的身体的各个器官之间都是交互作用、互相依赖的，其中一个部分出现了问题，都会导致整个身体出现紊乱。康德认为，内在目的论在解释自然物特别是有机物方面，比外在目的论更加具有优越性，因为有机物是一种有组织的并且自组织的自然物，它可以自成目的；或者用康德的话说，它们具有内在目的性。

更进一步，如果从内在目的论出发，按照类比的方法把整个自然都看成一个有机体，那么人们也可以说，自然本身就是合乎目的的体系。这样一个目的体系使自然变得和谐一致，从而具有无限的美和魅力。当然，这种自然的合目的性原则自身并不是客观的规律，它不能对事物的发展变化起建构作用，而是作为调节性的原理，为人们观察自然提供某种启示，使人们在主观上把自然看作一个有机的统一体——而这种目的性是不是真的存在，是人们无法知道的。如果机械论是一种建构性原则，并且来自人的规定性的判断力的话，那么与之相反，目的论就仅仅是一种调节性原则，它并不能代替机械论的因果律对自然的考察，同时也不改变或贬损这种因果性。在康德看来，正确的做法毋宁是二者兼备，一方面坚持对自然现象进行机械论的说明，另一方面也不放过那些需要用目的论来解释的事件。康德也明确说道：

不言而喻，这不是一条对于规定性的判断力的原则，而只是一条对于反思性的判断力的原则，它是范导性的而不是建构性的，而且我们由此只是获得了一条导线，在与一个已经被给予的规定根据的关系中按照一个新的有法则的秩序来观察自然事物，并按照另一条原则亦即终极因的原则来扩展自然知识，而不损害它们的因果性的机械作用的原则。(5:379)

虽然根据内在目的论，人们可以把自然看作一个合目的系统，但随之而来的一个问题就是：这个作为整体的自然，其存在的目的是什么呢？康德认为，当追问自然本身的目的时，人们就已经超出自然目的论的范围了，因为自然目的论只研究自然界内事物的目的，而自然界内的事物又都是互为目的和手段的，它们无法给自然整体提供目的。既然在自然界中，我们无法找到自然的作为其终极目的的存在物，那么就只有超出自然目的论，达到道德目的论的阶段，才能考察自然本身的目的。

在康德看来，目的论本身就是为了道德或实践理性的，因为它"不是为了认识自然或者自然的那个初始根据，而毋宁说是为了认识我们心中这种实践的理性能力，我们就是凭借这种能力来在类比中观察那种合目的性的原因的"(5:375)。康德认为，自然目的最多只是对道德完善进行不断奋斗的一个贡献因素，它自身不是一个终极目标，其角色和影响必然是持续减弱的。只有在道德目的论中，人们才能理解自然的最终目的；当然，也只有从自然目的论出发，才能过渡到道德目的论。所以在这里，从自然到道德的过渡就显得十分重要了。

康德强调，在从自然目的论到道德目的论的过渡中，对人的地位的考察至关重要，因为人作为有限的理性存在者，不但服从自然界规律的支配，他还具有自由意志，可以在实践理性的规定下去进行道德活动，并追求某种道德目的。由于人连接着自然和道德，那么他必定在这两种目的论的关系中占有重要地位。也就是说，虽然人作为自然界中生物链条上的一个环节从属于自然目的论系统，但是人还具有不同于其他生物的特点，那就是人具有理性，它不但可以帮助人形成"目的"的概念，还能使自然中众多的合目的性形成一个系统。所以，从人是有限的理性存在者这一层面上看，他可以被看作自然目的论中的最后一个环节，从而成为自然的最终目的。康德说道：

> 而人就是创造在这尘世上的最终目的，因为人是尘世中唯一能够给自己形成一个关于目的的概念，并能够通过自己的理性把合目的地形成的诸般事物集合体变成一个目的系统的存在者。（5：426-427）

既然人是自然的最终目的，那么在人身上就应该能够发现自然所要促进和达到的目的。但是，这种目的到底是什么呢？康德认为，它要么是人从自然的仁慈中所得到的幸福，要么是人通过自己的禀赋利用自然而达到的技巧或道德，即文化。他分析道，通过自然而来的幸福是人的内在和外在需求所构成的目的的总和，它是质料性的、有条件的，它依赖于自然界的机械作用，是不可能成为最终目的的。这是因为，一方面，人的本性决定了，他永远不会在任何地方停止并满足于占有和享受；另一方面，自然并没有把人当作优越于其他动物的宠儿来对待，也没有使人免受自然界的灾难和祸害。所以，人永远是自然链条上的一个环节，而不能在自然系统中实现自己的最终幸福。

如果人的幸福不能成为自然的最终目的，那么这种目的就只能是文化了。康德认为，与作为目的之质料的幸福不同，文化体现的是人在自然中的所有目的的形式的且主观的条件，它意味着人能够通过自身的理性，不依赖自然而自由地建立目的，并且把自然当作手段或工具来适应他自己建立的目的。所以，对于文化来说，自然好像是成了手段，并且是在适应一个外在于自身的目的，而这样的目的可以被看作自然的最终目的。

进一步的问题是，由于文化是人自由创造的结果，而人的创造是多种多样的，因此文化也必定是多种多样的，那么是否任何文化都可以成为自然的最终目的呢？康德的回答是否定的。他认为，像技巧这种技能文化就不能成为自然的最终目的。因为它作为满足人们的某种需要的技能，仅仅能帮助人们实现某种特定的目的，却不能促进人的意志来规定和选择其目的，所以它们虽然对人性的发展具有重要意义，但却不能成为自然的最终目的。因此，在康德看来，最终目的只能是那种不需要其他东西作为其可能性条件的目的。而在这方面，只有道德的文化才是这种最终目的，因为作为理知世界的产物，道德规定行为的原则是超越感官世界的，它对于自然而言完全是无条件的。道德的原则依据自身就能给自己规定目的，因而它是在目的序列中唯一可能成为最终目的的东西。康德进一步论证道，由于这种道德文化的创造者就是道德的人，所以道德的人就是最终目的；准确地说，人只有作为道德的存在者，只有成为理知世界的一员，才有可能是创造的一个最终目的。康德说道：

> 现在，我们在世界上只有唯一的一种存在者，它们的因果性是目的论的，亦即是指向目的的，而毕竟同时具有这样的形状，即它们应当依据为自己规定目的的那个法则，被它们自己表象为无条件的和不依赖于自然条件的，但就自身而言却是必然的。这种类型的存在者就是人，但却是作为本体来看的人；唯有这样的自然存在者，我们在它身上，从它自己的性状方面，能够认识到一种超感性的能力（自由），甚至认识到那种因果性的法则，连同这种因果性的那个能够把自己预设为最高目的的客体（世界上的至善）。（5:435）

这段话表明，当从本体界或者理知世界来看人时，他就不再像在自然界中那样为别的目的而存在了；而是作为道德存在者，其自身就是目的，并且也是自然的最终目的。

当然，康德在第三批判中对"至善"概念的讨论，与他在前两部批判中的讨论还是有重要区别的。我们知道，在前两部批判中，至善体现的是作为个体的人的德性和幸福的综合统一。然而在第三批判的目的论中，从我们上面引述康德的这段话中可以明显地看到，他扩展了"至善"的含义。

在这段话中，至善不仅是有德性之人的最终目的，同时也包含了自然的最终目的。正如约威尔（Y. Yovel）所指出的，在康德的目的论中，"幸福失去其中心地位并被作为至善的经验部分的自然代替"[1]，而至善也成为作为整体的自然与自由（或道德）的综合统一。此外，康德认为，至善在这里不再属于一个超验的世界，而是就在"这个世界"或"尘世"中。"至善"含义的这种转变为从道德目的论向历史目的论的过渡开辟了道路。

在康德那里，历史是这样一个领域，在其中，人的行为被认为是具有创造性的理性所产生的道德需要与经验的现实世界进行不断综合的过程；历史不但是自然的一部分，同时还包含人的自由意志；所以，在道德需要和经验现实的综合过程中，人类历史的发展不仅合乎自然的机械性规律，同时还合乎一定的目的。根据这种理解，我们可以把历史看成人类按照一定的规律而向某个目的前进的发展过程，而人类历史的终极目标就是不断接近"至善"这一理想。

然而，在现实的历史中，人们经常看到的是由人性中根深蒂固的作恶倾向所导致的社会生活的矛盾冲突与杂乱无章。所以，一些理论认为，人性是趋向于作恶的，社会是趋向于堕落的，而真正值得怀念和留恋的应该是还没有进入文明社会的"自然状态"。这种观点在《圣经》以及洛克和卢梭的社会契约论中都有所体现。《圣经》认为，人类历史是从其祖先由于偷吃禁果而离开无忧无虑的伊甸园开始的，并且这个过程必然充满了艰辛和苦难。洛克和卢梭也在考察社会历史的起源时尽情美化人类进入文明之前的"自然状态"。卢梭甚至认为，随着艺术和科技的进步，人类却在道德上走向堕落，"我们的灵魂正是随着我们的科学和我们的艺术臻于完美而越发腐败……我们可以看到，随着科学与艺术的光芒在我们的地平线上升起，德行也就消逝了……"[2]康德非常认真地研究了这些观点，并对这些观点给予了足够的同情。但作为启蒙主义者，他对人类的前景还是充满信心的。

---

① Yovel, *Kant and the Philosophy of History*, Princeton University Press, 1980, p. 30.

② 卢梭:《论科学与艺术》，何兆武译，上海人民出版社，2007 年，第 25—26 页。

他认为，即便人性如此丑恶，社会如此混乱，人们还是要相信，随着人们自身的努力，人类社会必然会向着道德的完善前进。而支配康德的这一信念的，就是他的道德目的论。"如果要问：人类（总的来说）是否在不断地在向着更善进步，那么，它这里所讨论的也不是人类的自然史（例如将来是否会产生新的人种），而是道德史；确切地说，不是依据 singulorum［各个个人的］类概念，而是依据在世间联合为社会的、划分为各个民族的人们的 universorum［全体人们的整体］。"（7:79）但是值得注意的是，在康德看来，这种道德进步是不能直接由经验解决的，它在道德目的论的观点下才成立，而道德就其属于理知世界而言是不在时间变化之内的。因此，在道德目的论看来，虽然现实社会中充满了愚蠢和罪恶，但人性中有一种趋向于改善的禀赋或能力，它预示人类作为一个物种是不断朝着改善前进的。康德还指出，虽然人类朝向完善的观念是一个目的论的指导原则，但它并不意味着人类可以毫无作为，静待道德目的的实现。相反，道德目的论强调，为了实现道德目的的可能性，人类必须在现实中进行不断的道德努力。也就是说，"人类向着更善的努力的收益（结果）只能被置于人们越来越多并且越来越好的善良行为之中，因而被置于人类的道德性状的现象之中"（7:91）。

既然人类历史是朝着改善而发展的，那么它最终能够达到的目的是什么呢？在道德目的论看来，人类历史发展的最终目的就是达到至善的阶段，它是一个我们还没有经验到的处于未来的历史阶段。人们通过努力去促进这种至善，就"意味着历史的人被自己的理性所要求，把经验世界及其给定秩序作为一个新世界的创造过程。这个世界是道德理念的复本或实体化"①。换句话说，在至善这种道德目的论观点的指引下，人类的现实历史就是一个向着至善前进的不断改善的过程。

在人类历史上，作为至善这一最终目的的"复本或实体化"的世界，可以用"各民族的联盟""国家共同体""完美的公民结合状态"或者"永久和平"等概念来称谓。这些概念虽然说法各异，但是它们表达了相同的

---

① Yovel, *Kant and the Philosophy of History*, p. 82.

含义，即人类作为整体，依照道德法则而行动，最终实现其自然禀赋和道德禀赋的充分发展，从而体现了"至善"概念在历史中的可能性。

因此，即便从现实的历史经验中，我们更多地发现的是人类的灾祸，而不是人类朝向至善的不断进步，但是如果没有至善这一最终目的，那么历史就永远不能使人"称心满意"。道德目的论的价值在于，它给人类提供了一种关于有意义的历史的观点。康德说道：

> 尽管如此，不论这个理念如何超出我们的领悟力，它毕竟在实践方面与理性密切相关。即便我们假定人在此生也处在最佳境地的道德自然状态，亦即不断地向着最高的（被定为他的目标的）善进步和逼近的状态，他也毕竟不能（即使意识到其意念的不变性）把满足与对其状态（无论是道德状态还是自然状态）的一种永恒绵延的变化的展望结合起来。因为他现在所处的状态，与他准备进入的更佳状态相比，毕竟始终是一种灾祸；而向着终极目的的一种无止境进步的表象，毕竟同时是对一个无穷系列的灾祸的展望，这些灾祸虽然被更大的善所战胜过，却毕竟不会带来满足。唯有通过最终有朝一日达到终极目的，人才能设想这种满足。（8:335）

费格尔（H. Feger）认为，康德的自然目的论不导向道德，而导向政治，"自然的最终目的不再是受过全面教育的个体的完善，也不是世界历史过程的完善；换句话说，自然的目的不是要彰显道德，而是要促使作为社会产物的人类能力开始发展。因此，自然的最终目的是政治：一个政体的国内宪法及对外的和平关系是人发展的条件"[①]。费格尔的观点是值得商榷的。当他说康德的自然目的论导向政治时，他是正确的，因为康德也明确指出，自然的最终目的是建立民主宪法，实现公民宪政。但是，当他说康德的自

[①] 费格尔：《历史的道德旨趣：康德关于历史符号的理论》，孟令鹏译，载《云南大学学报（社会科学版）》2004 年第 4 期，第 51 页。

然目的论不导向道德时，他是错误的，因为在康德那里，政治和道德并不是截然分离的，国内的宪政和国际上的永久和平正是康德所追求的道德的至善，而"人类能力的发展"却是要以道德或实践理性为目的的。"一个本身是自然目的之物的概念……虽然不是为了认识自然或是自然的那个原始根据，却毋宁说是为了认识我们心中的那个实践理性，我们正是凭借它而在类比中观察那个合目的性的原因的。"（5:373）因此，通过从自然目的论到道德目的论的过渡，康德就把人类历史的全部过程看作自然的合目的性与自由的合目的性的统一。

从上面的论述可知，康德历史哲学中的"至善"概念与第二批判中的"至善"概念既有相同之处，又有明显的区别。相同的是，在第二批判中，康德强调幸福必须以道德法则为条件，并且与道德法则相匹配；而在历史哲学中，他同样强调至善本身也是为道德法则所要求的，他说道："道德法则作为应用我们的自由的形式上的理性条件，独自就使我们负有义务，无须依赖某个目的来作为质料上的条件；但是，它毕竟也为我们先天地规定了一个最终目的，它使我们有义务追求这一目的，而这一目的就是通过自由而可能的尘世中的至善"（5:450）。不过与第二批判不同的是，在历史哲学中，至善不再是作为个体的人的最终目的，而成为全人类的最终目的。在第二批判中，康德十分强调要对世界进行二元划分，认为至善作为德性与幸福的综合统一，在现实世界中是无法实现的，是属于彼岸世界的。而在历史哲学中，康德不再强调世界的二元论，认为只有一个世界，而至善作为自然与自由的最终统一，作为人类社会的最终目的，是人类世界的一个完善或理想的阶段，它不再需要超越的世界了。换言之，历史就是人类追求至善的领域，其中，人类通过实践理性的构成活动而把世界重新塑造成一个道德的世界，而至善也"变成了统一或'汇集'所有个别道德主体的意向和活动，以及诸如法律、政治和教育等共同体的创造物之领域的中心"[1]。这样一个至善的世界，被康德称作永久和平的世界。所谓"永久和

---

[1] Yovel, *Kant and the Philosophy of History*, p. 31.

平"，就是世界各国永远结束战争的自然状态，达到彼此和平的自由和文明状态。在康德看来，永久和平与一般的和平条约是不同的，因为后者仅仅企图结束一场战争，而永久和平却是要永远结束一切战争，使人类处于和平与自由的状态。因此，康德把永久和平看作"政治的至善"。他说道："人们可以说：对和平的这种普遍而持久的创建……如果……按照确定的原理得到实验和贯彻的话，才能在不断的接近中把人引向最高的政治上的善，引向永久和平。"（6:355）康德有时也把"永久和平"称作"各民族的联盟""国家共同体""完美的公民结合状态"。总之，永久和平作为政治的至善，就是人类历史发展的最终目的。①

康德进一步指出，现实经验虽然不能完全证明永久和平，但是，它也能提供一些线索，让人们感受到它的逐渐来临。他举例说道："既然大地上各个民族之间（或广或狭）普遍已占上风的共同性现在已经到了这样的地步，以至于在地球上的一个地方侵犯权利就会在所有的地方被感觉到；所以世界公民权利的观念就不是什么幻想或夸诞的权利表现方式，而是为公开的一般人类权利，并且也是为永久和平而对国家权利与国际权利的不成文法典所做的一项必要补充。唯有在这种条件之下，我们才可以自诩在不断地趋近于永久和平。"（8:360）

这里的问题是，如果永久和平不是幻想，那么谁能保证其可能性呢？是人类自身吗？康德的答案是否定的。他认为，由于人类的有限性，人类的理性虽然能够设定永久和平，但人却无法保证永久和平的实现之可能性。在他看来，为永久和平提供担保的，是自然，因为它作为伟大的设计师，不仅为人类社会的发展提供了目标，也为其提供了向前发展的动力。"自然便以这种方式通过人类倾向的机制本身而保证了永久和平；确乎并不是以一种（在理论上）很充分的确切性在预告它们的未来，但在实践的观点上却已足够了，而且还使得我们为这一（并不纯属虚幻的）目的的努力成了

---

① 参见郭大为：《政治的至善：康德的永久和平思想与当代世界》，载《云南大学学报（社会科学版）》2004年第4期，第29—37页。

一种义务。"（8:368）其实，这里的自然就是上帝本身，只有在上帝那里，才能建立"一种力量和一个国度，它将宣布对恶的胜利，并且在它对世界的统治下保证一种永久和平"（6:124）。换言之，为永久和平提供保障的，绝对不是人类，而是自然，或者说是上帝。而人类只能通过不断的努力，才能去逐渐接近这一目的。因此，那种认为人类的实践理性能力本身能成为永久和平的现实化的根据，因而不需要超验实体的感召，不需要神性光辉的普照和沐浴的观点① 是错误的。

6.4 至善目的与后果考量

结合第 4 章和本章的讨论，我们可以得出结论，即在康德伦理学中，存在两种不同的"道德目的"概念，一种是作为道德法则的客观基础的"自在目的"概念，一种是作为纯粹实践理性的最终目的的"至善目的"概念。这两种"目的"概念是有明显区别的。首先，自在目的指的是人的理性本性，而至善目的指的是德性与幸福、自然与自由的结合。其次，自在目的和目的王国作为至上的善，类似于至善目的中的"德性"概念，它不包含经验性的幸福要素；而至善作为完整的善，不仅包含"德性"概念，还包含与之相匹配的"幸福"概念。再次，"自在目的"和"人是目的"体现的是一个建构性原则，因为作为自在目的的理性本性可以设定目的；而至善目的是一个调节性原则，它并不设定具体目的，而只是作为系统整体的最终目的，对人的行为或者社会的发展起调节和定向作用。最后，由理性本性构成的目的王国是一个完全的道德王国，它不同于自然王国，也不关心两个王国的统一性问题；而至善则是目的王国与自然王国的综合。总之，理性本性和目的王国体现的是一个由理性存在者构成的共同体，而至善体现的是一个由有限的理性存在者构成的共同体。

当然，至善目的与自在目的和目的王国的关系也并非像奥克斯特等批

---

① 参见赵明：《实践理性的政治立法》，法律出版社，2009 年，第 255 页。

评者认为的那样，是互相矛盾的。目的王国作为理性存在者的联合，是排除经验要素的，它关注的不是现实的、完整的人，而是作为理性存在者的人。在目的王国中，人作为自律的立法成员，只与道德法则打交道，并最终实现作为目的的人的普遍联合。然而，仅仅有理性本性和目的王国还是不够的，人同样也是感性的存在物，人的经验欲求同样值得关注，因为经验要素也是人的道德生活的可能性的一个条件。而"至善"概念不但包含了理性本性和目的王国，也包含了人的经验欲求环节，构成了人类实践的最终目的。

我在第 1 章中就已经指出，在现当代伦理学中，人们经常把康德伦理学划归为义务论，甚至把义务论等同于康德主义。然而，通过对康德"道德目的"概念的探讨，我们可以发现，康德并不是完全排斥目的的极端义务论者。在康德看来，作为理性存在者的人的实践活动从来都是有目的的，如果没有目的，就不会有真正的实践活动。道德法则和义务虽然规定着行动的道德价值，但这并不等于说要取消目的。正如赫尔曼所说："把康德式的伦理学纳入义务论，既误解了它的哲学雄心，又使它背负不合理的道德预设。"①

我在第 2—5 章中也指出，近几十年来，在康德哲学研究界，逐渐有一些研究者开始关注康德伦理学与后果主义的关系，并尝试从康德伦理学出发来建立各种"康德式的后果主义"。在这些尝试中，我在第 4 章中详细讨论的卡米斯基是从"自在目的"出发建构康德式后果主义的。我已经指出，一方面，虽然卡米斯基同意科斯嘉德、希尔和赫尔曼等当代新康德主义者的主张，认为在康德那里，作为自在目的的理性本性是一个要被尊重而非被促进的对象，因而规范后果主义无法直接把理性本性当作后果价值来促进，但是，他把要被促进的后果价值改造为促进理性本性的"存在条件"，即保障个人的理性本性得以正常发展的各种社会环境。另一方面，卡米斯基又从康德义务论的基础理论中提炼出"幸福"这一个重要目的，从

---

① Herman, *The Practice of Moral Judgement*, p. 210.

而认为康德式规范后果主义包含着两个重要的目的或价值，即促进理性本性的繁荣和幸福。但是，正如迪恩和科斯嘉德等人批评的那样，卡米斯基错误地描述了后果主义者和康德对价值的不同区分，认为康德伦理学的核心是绝对命令的人性公式，并从中导出后果主义，因为它赋予每个行为者的理性本性以特殊和平等的价值，并进而推出最大化这种价值的要求。然而，对于康德伦理学来说，人性或理性本性的价值是被尊重的对象，而非被促进的对象。卡米斯基虽然退一步承认，要促进的并非人性价值本身，而是保障理性本性得以发展的条件，但是这仍然是不符合康德伦理学框架的，因为在康德那里，发展自身的义务也仅仅是一个不完全的义务，它根本不涉及最大化问题。因此，卡米斯基把康德尊重价值的义务论原则刻画为促进价值的后果主义原理，根本上就是错误的。在这些新康德主义者看来，虽然康德也会强调促进他人的善（如帮助他人），但是这种要求与后果主义的最大化原则无关，它只不过是一种尊重他人人格或人性的表现而已。因此，在这些批评者看来，卡米斯基的康德式后果主义从根本上偏离了康德的基本立场，因而是"非康德式的"。

　　然而，遗憾的是，上述这些研究者大都忽视了康德的"至善"概念，而该概念可以支持一种后果主义的考量。[①]如前所述，在康德那里，至善作为实践理性的最终目的，意味着德性与幸福、自然与自由的综合统一，它能够成为意志的规定根据，因为它并不与道德法则相矛盾，而是于自身中包含道德法则。既然至善作为目的能够规定意志，那么它也能够成为判断行为的道德价值的根据。就目的能够成为行为的规定根据而言，至善目的论与后果主义并不冲突。当然，至善作为后果与直接后果主义的后果是有

---

　　① 当然，并非所有研究者都无视至善在论证康德式后果主义中的作用。3.3.2 曾指出，帕菲特十分强调至善作为被促进的价值所蕴含的后果主义因素，他甚至把康德的至善公式表达为"每个人都应当努力促进一个具有普遍德性和配享的幸福的世界"。然而，正如我在第 3 章中所指出的，帕菲特对康德"至善"概念的论述仅仅是附带的，是服务于其意图构建的"康德式的契约论后果主义"这一总体目标的；而在这一总体目标中，至善并不具有根本地位。也就是说，帕菲特并没有从康德的"至善"概念出发建构一种"基于至善的后果主义"。而在本书的第 7 章中，我将会尝试从康德的"至善"概念出发，建构一种"康德式的至善后果主义"。

区别的。直接后果主义强调对一次或几次行为所产生的事态的具体计算或预估，而至善根本不涉及对具体后果的计算，它是建立在道德法则的基础上的对最终目的的预期。至善作为理想后果，是对建立在道德法则基础之上的人类幸福、和平、繁荣和完善的表达。它作为调节性原则和评价原则，能够对人们的道德思考和道德行为起到导向作用。因此，在建构道德义务时，我们也必须把这种后果纳入思考范围。我们可以把这种从包含"义务"概念在内的"至善"概念而来的后果主义称为"康德式的至善后果主义"。而这样一种康德式的至善后果主义，就是本书在接下来的两章中要重点讨论的。

7. 后果与义务：一种康德式的至善后果主义

我在 6.4 中已经指出，康德的至善目的论学说中蕴含着一种后果主义解读的可能性。在本章中，我将聚焦于这一问题，详细梳理康德的至善学说与后果主义的关系，试图从中提炼出一种康德式的至善后果主义；并指出，它既是后果主义的，同时相比于其他类型的康德式后果主义，它又是更加"康德式的"。

我已经指出，后果主义的伦理学理论就是把作为后果的事态看作评价行为、决策或规则的道德价值的唯一根据的理论。在后果主义伦理学看来，一个道德上正当的行为、决策或规则，必须把能够产生最好的事态作为其后果。虽然后果主义伦理学有很多版本或样式，但它们基本上都包含两个基本要素：预先设定价值承诺和最大化的规范理论。所谓预先设定价值承诺，是指在行为、决策或规则等的后果价值和道德正当的关系之间，后果主义伦理学理论坚持认为价值是先于道德正当得到设定的，并且是行为正当与否的根据。在这个意义上，后果主义的价值论是非道德或前道德的，即人们必须在做出道德判断前做出价值承诺。例如，作为后果主义典型代表的经典功利主义就首先预设了幸福（或快乐）的价值承诺。而幸福（或快乐）作为人的自然生理或心理体验，本身是与道德无关的。后果主义伦理学的最大化规范理论，讨论何种行为或选择才是道德上正当的。它要求，在众多选项中，如果 X 相比于其他选项能在道德上产生最多的后果价值，或者不少于其他价值产生的后果价值，那么人们就有义务选择 X，或者说选择 X 是道德上正当的。

因此，如果存在一种康德式的至善后果主义，那么它也必须有自己的价值论和规范理论。基于此，本章将分为如下三个部分：7.1 讨论康德的"至善目的"概念与后果主义价值论之间的关系，指出康德把至善看作"理想的道德世界"的主张，蕴含着一种后果主义关于"理想事态"的价值理论；7.2 讨论至善与义务和道德法则的关系，指出至善作为包含道德义务之完全客体的目的，能够成为道德义务的规定根据和行为动机，从而能够为一种后果主义的规范理论提供支持；7.3 探讨一种"康德式的至善后果主义"的可能性，并指出它在价值论和规范理论上何以既是"康德式的"又是"后果主义的"，以及它所具有的理论意义。

7.1 至善作为价值承诺

前面已经指出，后果主义作为一种目的论理论，首先需要确定一个终极价值，然后再讨论如何实现这一终极价值。对于后果主义来说，只要具有这种作为后果的价值承诺即可，而无论这种后果价值是什么。它必须不偏不倚地对所有相关者都是有效的，也就是说，这种价值并不依赖于某个特定个体的个别偏好。[①] 在这个意义上，有学者把后果主义的价值理解为中立的价值，也是有道理的。[②]

如果说后果主义必须预设这样一种价值承诺的话，那么如果要提出一种"康德式的至善后果主义"，那么我们也首先需要确立一种中立的价值。

[①] 当然，这并不意味着后果主义的价值不能从个体出发得到论证，而只是说这种价值不能只对某个个体有效。例如，密尔在《功利主义》中对幸福的论证就是从"个体的幸福是善的"出发，并最终得出"公众的幸福是善的"这一功利主义最高原则的。他说："除非每个人都在相信幸福能够获得的范围内欲求自己的幸福，否则便没有任何理由能够说明，为何公众幸福值得欲求。然而这却是一个事实，因此我们就不仅有了合适的证据，而且有了可能需要的一切证据来证明，幸福是一种善：即每个人的幸福对他本人来说都是一种善，因而公众幸福就是对所有的人的集体而言的善。幸福有权利成为行为的目的之一，所以也有权利成为道德标准之一。"（密尔：《功利主义》，第43页）更进一步，如果幸福已经被证明是具有价值的，那么在追求幸福的最大化的过程中，幸福是谁的就不重要了。

[②] 参见德莱夫：《后果主义》，第31页。

本节将指出，康德把至善看作理想的道德世界和所有道德目的的全体的观点，蕴含着有关"理想事态"和"终极目的"的后果主义价值论，因而能够为一种新的康德式后果主义的价值论奠基。

7.1.1 至善作为"理想社会"

康德明确地把至善理解为德性与幸福的综合。但是，对于如何理解这一综合，康德的表述非常复杂甚至模糊，导致研究者们对它产生了不同甚至截然相反的理解。在《实践理性批判》中，康德说道：

> 现在，如果德性和幸福在一个人格中共同构成对至善的拥有，但此处完全精确地与道德（作为人格的价值及其对幸福的配享）成正比来分配的幸福也构成了一个可能世界的至善，那么，这种至善就意味着整体，意味着完美的善……（5:110-111）

在这里，康德一方面说，至善是在"一个人格中"的，是在个体中的；另一方面又说，至善构成了"一个可能世界"，是一个由有德性并享有相应幸福的行为者构成的理想世界。这导致一些学者认为，在康德那里存在两种"至善"概念，其中一种是个体性的，另一种是社会性的。① 克莱因格尔特（P. Kleingeld）曾这样总结道：

> ……我区分两种不同的至善观念，这在康德的道德理论中都是能够找到的。在对至善的许多讨论中，康德把它定义为一个道德的世

---

① 参见 Engstrom, "Happiness and the Highest Good in Aristotle and Kant", in Engstrom and Whiting eds., *Aristotle, Kant, and the Stoics: Rethinking Happiness and Duty*, Cambridge University Press, 1996, pp. 1102-1138; Kleingeld, "Kant on 'Good', the Good, and the Duty to Promote the Highest Good", in Hoewing ed., *The Highest Good in Kant's Philosophy*, De Gruyter, 2016, p. 34; Reath, "Two Conceptions of the Highest Good in Kant", *Journal of the History of Philosophy* 1988, 26, pp. 593-619; Beck, *A Commentary on Kant's Critique of Practical Reason*, Chicago University Press, 1960, pp. 242-255。

界，它被设想为由全部有德性的行为者构成，这些行为者的有德性的行为构成幸福的原因。在其他时候，尤其明显的是在第二批判的辩证论中，他是"在个体中"讨论至善的，它被定义为幸福与德性相匹配。①

可以看出，这两种理解有明显区别。如果至善是个体性的德性与幸福的综合，那么就需要二者的精确匹配，即康德在前两部批判里一直强调的"值得幸福"或"配享幸福"，并且通过设定灵魂不朽和上帝存在来保证这一配享的可能性。这种理解被一些学者称为"神学版本"的理解。如果至善被理解为一个理想的道德世界，并且这个世界被理解为包含最完善的德性和最大的幸福，那么这里好像并不必然包含德性与幸福的直接匹配，只要这个世界有最完善的德性和最大的幸福即可。在这里，好像不必设定灵魂不朽和上帝存在来保证至善的可能性了。这种理解被称为"世俗版本"的理解。② 这样理解的至善已经不再强调，甚至不需要个体意义上的德福的精确匹配了。例如，莱斯（A. Reath）曾指出：

> 在神学版本中，幸福通过使个人目的的合法满足与他或她的德性程度相匹配而是从属性的。因此，匹配是个体品格的德性和个体幸福之间的关系。这显示出，它是通过一个人的道德品格而使得他或她的目的具有价值的。赋予一个人的幸福以价值，在于这个人的德性的程度，而非这个人的目的的善性。相反，在世俗的版本中，幸福通过使得目的的可允许性作为满足或价值的条件而是从属性的。这不是个体的道德品格和幸福之间的关系，而是个体的目的和作为规定一个目的何时是可合理追求的原则的道德法则之间的关系。德性和幸福没有特殊的联结，除了在道德法则为我们的道德和自然兴趣的相关分量提供

---

① Kleingeld, "Kant on 'Good', the Good, and the Duty to Promote the Highest Good", pp. 33–49.
② 参见 Reath, "Two Conceptions of the Highest Good in Kant", pp. 593–619。

指导的意义上。最后，个体目的的价值不由个体的德性的程度来规定，而是由目的本身的善性来规定。个体目的只有当被理性存在者所采纳，并被道德关切所限制时，才是有价值的。[①]

帕菲特也支持这一解读，他说道：

　　康德主张，如果每个人的幸福程度都与其德性程度相匹配，或者值得幸福，那么这就是最好的。这在理想世界里将是真的，其中我们所有人都具有全部的德性和幸福。有些作者认为，在不甚理想的世界中，最好的世界是满足匹配条件的世界。但这好像不太像康德的观点。如果没有人有德性和幸福，或者每个人都是邪恶且悲惨的，他们的德福也是匹配的。但这样的世界明显比这种世界要更差，即其中每个人都有巨大的德性和幸福，但是有些人的幸福与其应得多少有些出入。这样我们可以认为，依据康德的观点，如果存在更多的德性和幸福，那么即使二者并不那么匹配，这也是较好的。[②]

　　莱斯和帕菲特都认为，如果从社会性角度理解至善的话，那么德性和幸福之间的精确匹配已经不具有重要意义了。

　　基于以上两种理解，研究者们对至善的可能性又有了两种理解。从社会性角度出发的理解认为，如果至善被理解为一个其中包含最完善德性和最大幸福的理想世界，那么这个理想世界是有可能在人类社会内部（即尘世中）得以实现的。毕竟自启蒙运动以来，人们对世界的理解经历了一个脱圣还俗的过程，逐渐形成了进步主义的历史观，即认为人类社会的进步不仅表现为自然科学的进步和发展，也表现为道德的进步和幸福的提升，而这种进步使得人们不断趋近至善的实现成为可能。这种理

---

① Reath, "Two Conceptions of the Highest Good in Kant", p. 605.

② Parfit, *On What Matters, I*, p. 245.

解也可以被称为"内在的理解"①，因为在它看来，实现至善的可能性不需要依赖灵魂不朽和上帝存在的公设，人类靠自身在道德上的努力，就能不断趋近甚至实现这一理想世界。与此相对，从个体性角度出发的理解坚持认为至善是个体性的；并强调，由于个体性的人作为有限的理性存在者既不能在有限的人生中实现完全的德性，也不能依靠自己或者他人精确分配与德性相匹配的幸福，因此，要保证实现至善的可能性，就必然需要依赖灵魂不朽和上帝存在的公设。这种理解也可以被称为"超越的理解"②，因为它主张，至善没有在尘世中实现的可能性，它必须在一个未来的或超越的世界中借助上帝的帮助才有实现的可能性。希尔伯（J. Silber）曾总结道：

> 康德对至善理念的复杂理解——就其必须是内在的和超越的而言，依赖于对它的运用——概括地反映了他的作为至善的一个方面的神圣性理念的观念。尽管在其内在角色中（就至善的实现超出人的能力来说，人无法担负其实现的责任），康德反对将意志的神圣性理念视为至善的一部分，然而在其超验角色中，康德承认这个理念是至善的一部分。③

我在这里并不赞同上述两种片面的理解。事实上，个体性和社会性代表着康德处理至善问题的两个角度，但二者并非完全分离、非此即彼。首先，康德所理解的人具有"非社会的社会性"这一鲜明特征，即人一

---

① 参见 Silber, "Kant's Conception of the Highest Good as Immanent and Transcendent", *The Philosophical Review* 1959, 68(4), pp. 469–492; Rawls, *Lectures on the History of Moral Philosophy*, pp. 313–317; Beck, *A Commentary on Kant's Critique of Practical Reason*, p. 244。

② 参见 Pasternack, "Restoring Kant's Conception of the Highest Good", *Journal of the History of Philosophy* 2017, 55(3), pp. 435–468; Beiser, "Moral Faith and the Highest Good", in Guyer ed., *The Cambridge Companion to Kant and Modern Philosophy*, Cambridge University Press, 2006, pp. 588–629。

③ Silber, "Kant's Conception of the Highest Good as Immanent and Transcendent", pp. 485–486.

方面有使自己社会化的倾向，另一方面又有使自己个体化的倾向。换言之，"人有一种使自己社会化的偏好，因为他在这样一种状态中更多地感到自己是人，也就是说，感到自己的自然禀赋的发展。但是，他也有一种使自己个别化（孤立化）的强烈倾向，因为他在自身中也发现了非社会的属性，亦即想仅仅按照自己的心意处置一切，并且因此而到处遇到对抗，就像他从自身中得知，他在自己这方面喜欢对抗别人一样"（8:20-21）。因此，分别从个体和社会的角度理解至善完全合乎康德对人的这一理解。在讨论至善的文本中，康德经常在讨论个体德性和幸福的结合的同时，随即指出至善作为可能的道德世界的可能性（A808/B836; 5:110-111; 6:8）。

其次，在康德那里，从社会角度理解的至善具有终极性，个体性是达到社会性的必要步骤，个体的分离性是为达到"一种合乎法则的社会秩序"或"一个道德的整体"服务的，"自然迫使人去解决的人类的最大问题，就是达成一个具有普遍管理法权的公民社会"（8:22）。而从康德思想的发展史来看，无论在三大批判中，还是在论历史和政治的论文中，康德都坚持把至善看作理想的道德世界，这也是其道德目的论所发展出的必然结论。

再次，在康德那里，无论是从个体角度还是从社会角度来理解至善，都必须预设一个完美的、超越的存在者来保障其可能性。康德明确指出：

> 因此，虽然这只是一个客体的理念，这个客体既把我们所应有的所有那些目的的形式条件（义务），同时又把我们所拥有的一切目的的所有与此协调一致的有条件的东西（与对义务的那种遵循相适应的幸福）结合在一起并包含在自身之中。也就是说，它是一种尘世中的至善的理念。为使这种至善可能，我们必须假定一个更高的、道德的、最圣洁的和全能的存在者，唯有这个存在者才能把至善的两种因素结合起来。（6:5）

可见，康德并没有完全从世俗化的角度理解至善，即便从社会角度来理解至善，后者也并非像莱斯、罗尔斯和贝克等人理解的那样是世俗的或内在的。[①]

7.1.2 至善作为"终极目的"

更进一步，至善不仅被康德看作人类社会的目的，而且还被他看作客观的终极目的，是"一个在道德上被规定的意志的必然的最高目的，是实践理性的一个真正客体"（5:115）。但是，如何理解这一终极目的，以及它与其他道德目的之间的关系，有待进一步考察。

前面已经指出，康德把目的理解为自由任性或欲求的客体或对象，不过这个客体或对象并不像自然客体或对象那样是已经实际存在的，而是需要通过行动而被产生出来的（4:427-428; 6:6, 384）。他又把目的划分为主观目的、客观目的和终极目的。其中，主观目的又可称为质料性目的，它是感性偏好的欲求对象，其价值与主体的特殊欲求能力有关，因而只是相对的或偶然的（4:427）；与主观目的不同，客观目的是由纯然的理性提出的目的，它具有普遍有效性和客观必然性，因而"对一切理性存在者同样有效"（4:427）；终极目的是"包含着其他所有不可避免同时又是充足条件的目的"（6:6-7）。康德又进一步把终极目的划分为主观的终极目的和客观的终极目的。主观的终极目的可以用"自己的幸福"来概括，因为每一个有限的理性存在者都依赖于感性对象的本性，因此他会有自己主观欲求的目的；而这个目的的全体就是幸福，它是经验性的，同时也是人们实际上具有的，"成为幸福的，这必然是每一个有理性但却有限的存在者的要求，

---

① 希尔伯也认为，这两种视角都是必要的。不过，他是从"建构"和"调节"这两个康德式概念出发来论证的。他说道："康德的立场是这样的：至善作为内在的和超越的都是必要的，并因此是道德意向的可能客体。超越的至善的可能性是通过其调节性的运用而得到保证的；内在的至善的可能性则是通过其内在的事实而得到保证的。内在的至善的必要性是通过其建构性的运用而得到保证的；超越的至善的必要性是由于其作为调节性原则，是作为内在的建构原则的运用的必要条件而得到保证的。"参见 Silber, "Kant's Conception of the Highest Good as Immanent and Transcendent", p. 492。

因而也是他的欲求能力的一个不可避免的规定根据"（5:25）。而客观的终极目的就是至善，它不仅包含客观目的，即人的理性本性及其颁布的道德法则，也包括主观性的终极目的，即幸福。当然，至善虽然包含经验性的"幸福"概念，但它却并非是从经验中被归纳出来的；相反，促使它成为终极目的是一个客观的先天综合命题。康德说：

> 不过，每一个人都应该使尘世中可能的至善成为自己的终极目的。这是一个实践的先天综合命题，而且是一个客观实践的、由纯粹理性提出的先天综合命题，因为它是一个超出了尘世中的"义务"概念并附加上了义务的后果（一种效果）的命题，是一个不包含在道德法则之中因而不能以分析的方式从道德法则中引申出来的命题。也就是说，道德法则无论其结果是什么样的，只要问题在于一个特殊的行动，都绝对地要求甚至强迫我们完全不顾结果，并且由此使义务成为极大的敬重的对象，而不会给我们提出和交付一个必须构成对这些法则的举荐和促使我们履行义务的动力的目的（终极目的）。所有的人，如果他们（像他们应该做的那样）只遵循法则中纯粹理性的规定，都能够在这方面得到满足，对于世事所造成的他们在道德上的所作所为的结局，他们需要知道什么呢？对于他们而言，履行自己的义务就够了；即使尘世人生的一切都告完结，甚至在尘世人生中幸福和配享幸福从未遇到过。但是，人（也许还包括所有尘世存在者）及其实践能力的不可避免的局限性之一，就是无论采取什么行动，他都要探寻行动所产生的结果，以便在这一结果中发现某种对自己来说可以当作目的，并且也能证明意图的纯粹性的东西。在实施（nexu effectivo［效果的联系］）中，目的是最后的东西，但在观念和意图（nexu finali［目的的联系］）中，它却是最先的东西。尽管这一目的是由纯然的理性提示给人的，但是，人却在这一目的中寻找某种他能够喜爱的东西。因此，仅仅引起人的敬重的法则虽然并不承认上述东西是必要的，但却为了照顾它，而把自己的理性在道德上的终极目的扩展为自己的规定

根据之一；也就是说，"要使尘世上可能的至善成为你的终极目的"这一命题是一个先天综合命题。它是由道德法则引入的。而这样一来，实践理性仍然超出了道德法则，这种超出之所以可能，乃是由于把法则与人的那种必须在法则之外为一切行动设想一个目的的自然属性联系起来了（人的这种属性，使人成为经验的对象）。（6:6）

这段话明确表达了康德的如下观点：1）至善是终极目的；2）这个终极目的是实践理性的需要，它并不来自经验；3）作为至善要素之一的道德法则或义务，并不保证至善的另一要素即幸福的实现；但是4）对幸福作为结果或目的的欲求和探寻，既是人的实践理性的一种局限，也是其本性，因为在观念和意图中，目的是先在的东西；因此5）虽然道德法则从自身来说并不需要承认对幸福的需要，但是必须为了"照顾它"而扩展自身，甚至承认终极目的是自己的一种规定根据；这样6）"促使至善成为终极目的"就不仅是一个义务，而且是一个超出道德法则的义务，我们无法从道德法则中分析出幸福或至善；因此7）结论就是："促使至善成为终极目的"是一个先天综合命题。①

这里产生的第一个问题是，由于人们的每一个有道德的行为都会产生一个道德上善的或有价值的客体或目的，那么这些道德上善的目的与至善是什么关系呢？在康德看来，至善作为终极目的，既是其他诸道德善的目的的无条件全体（5:108-109），又是其他所有目的的充分条件（6:6-7）。但是，对于如何理解这里的"无条件全体"和"充分条件"，仍然需要进一步探究。在这里，我不赞同莱斯和克莱因格尔特的观点。他们认为，当康德说至善是无条件的客体时，他只是简单地扩展了自己之前对善

---

① 在这段话中，康德对"促进至善的义务是一个先天综合命题"的分析仍然是令人费解的。它会产生一个问题，即虽然按照道德法则行动的义务与促进至善的义务的关系不是分析的（因为后一种义务"超出"了前一种义务，从前一种义务中分析不出后一种义务），而是综合的，但是对于这种综合为什么不是"经验性的"或"偶然的"，而是"先天的"，康德并没有进一步解释。我们随后将进一步讨论该问题。

的讨论，或者说是在"善"的概念的基础上的发展。^①在康德那里，善和至善具有重大区别，无法做到从善到至善的"简单扩展"或"发展"。这种区别首先表现在概念上。其中，"善"被康德定义为"通过自由而可能的、作为实践理性的可能结果的客体"（5∶57），并且只与"行动方式"或"意志的准则"相关（5∶60）。也就是说，善直接涉及的是作为纯粹实践理性的客体的行为或准则，而非行为或准则所造成的结果或后果，因为行动或准则并非就是一个事件（5∶60）。当我们说一个行为是善的，我们是说该行为是出于纯粹实践理性的命令而做出的，而不是说该行为产生了一个什么样的后果。与善不同，至善并非仅仅涉及行动或准则，它无论作为德性与幸福的综合，还是作为一个理想的未来世界，更应当被理解为一个目的或事态。其次，从内容上看，善与幸福并无关系，它只是关注行为或意志准则与道德法则的关系，"法则在这种情况下直接规定着意志，符合法则的行动是就自己本身而言善的，一个意志的准则在任何时候都符合这法则，这意志就绝对地、在一切意图中都是善的，并且是一切善的至上条件"（5∶62）。而至善则是要把幸福作为一个要素包含在自身之内的。再次，从二者与道德法则的关系上看，善是由道德法则所规定的，是不能反过来规定道德法则的，"'善'和'恶'的概念必须不是先行于道德法则（表面上，必须是这些概念为道德法则提供根基），而是仅仅（如同这里也发生的那样）在道德法则之后并由道德法则来规定的"（5∶63）。而至善由于包含道德法则在内，它是可以成为道德法则的规定根据的（5∶109-110）。^②综上，由于善和至善之间具有如此重大的区别，我们不能像莱斯和克莱因格尔特那样，把康德对至善的讨论简单地理解为对善的讨论的"简单扩展"或"发展"。

结合前面的论述，我们可以这样来理解作为其他所有目的的"无条件全体"和"充分条件"的至善：1）至善并非是与其他善并列存在的一种不

---

① 参见 Reath, "Two Conceptions of the Highest Good in Kant", p. 598; Kleingeld, "Kant on 'Good', the Good, and the Duty to Promote the Highest Good", p. 44。

② 我将在 7.2.3 中详细讨论至善是如何成为道德法则的规定根据的。

同的善，而是包含所有道德善（表现为德性）和所有自然善（表现为幸福）的全体，它在个体那里表现为幸福与德性的综合，在社会那里表现为一个未来的理想状态。因此，它作为"全体"，并不依赖于其他善，因而可以被看作"无条件"的。并且 2）它不是其他善的简单集合，就像必须先有其他的善，然后我们可以把它们集合在一起而称之为至善一样；相反，至善必须在逻辑上先于其他善而得到设定，从而构成其他道德目的的"充分条件"。这就是说，至善并非为其他目的所规定；相反，它必须作为其他一切道德目的的条件而存在，而其他的善之所以是善的，就在于它们是作为至善的构成部分存在的。

关于至善的第二个问题是，它到底是谁的终极目的呢？很明显，作为客观的终极目的，至善不可能是感性欲求的终极目的，因为感性欲求的目的的总体作为幸福只是主观的终极目的。在康德的文本中，至善是被道德法则所规定的意志的"先天的"和"必要的"客体或终极目的（5:4, 114-115, 122），是"纯粹实践理性的客体的无条件整体"（5:109），是"道德法则的客体"（5:435, 444），是"一个世界的存有的终极目的即创造本身的终极目的"（5:443），是"万物之最终目的"（8:279-280）。乍看起来，康德的文本好像认为，至善可以成为不同主体的客体。然而，这里的"纯粹意志""道德法则""创造本身"和"万物之最终目的"都是和纯粹实践理性相关的。因此，虽然康德对至善之为终极目的有多种表述，但我们可以把它简化为"纯粹实践理性的终极目的"，它代表着德性与幸福、自然与道德、自然世界与自由世界的综合统一，是人和人类社会的最终归宿。

既然至善可以被看作意志、道德法则和实践理性的最终目的，那么要么实践理性在颁布道德法则并规定意志时，已经把促进至善考虑在内，因此道德法则和善良意志必然要把至善作为自己的最终目的，要么实践理性根本不考虑至善就颁布了道德法则，然后再将至善设定为自己和道德法则的终极目的。很明显，后一种理解是站不住脚的。康德明确指出，至善是被道德法则规定的意志的先天客体（5:3; 6:6）。说至善是先天客体，就意味着它并不是在现实经验中产生的后天的现实客体，毕竟人们在经验世界中也从来没有经验到至善。同样，至善作为其他客体或目的的无条件全体，也并非是其他目的的集合而成的结果；并非先有其他目的，后有作为其他目的的集合的至善。相反，至善作为其他目的的条件，在逻辑上必须是先于其他客体和目的的。总之，至善是作为纯粹实践理性、道德法则和善良意志的理念而存在的，是纯粹实践理性在颁布道德法则来规定意志时已经给出的理想客体。

综上所述，如果我们依照康德，把至善看作通过人们的努力而持续接近的理想的道德世界，看作一切有价值的道德目的的全体，那么至善就可以被理解为一种理想事态。① 更进一步，如果我们从这种理想的事态出发，完全可以得出一种后果主义式的价值承诺，即人们所要追求或促进的终极价值，就是至善。由此可见，康德的至善学说完全可以帮助我们建立一种新的后果主义的价值理论。

7.2 至善作为道德义务

前面已经指出，后果主义不仅包含一种价值理论，而且还包含一种实现价值的规范学说，后者涉及对行为正当性的评判。"后果主义理论也需要为如何达至价值提供解释。有了这一点，对'正确的行为'的解释就完整了。仅仅知道'善是什么'是不够的，人们还需要对产生善、提升善、尊重善有某些解释，以充实对'正确的行为'的解释"。② 依据对后果主义的这种理解，那么到目前为止，我们只是证明了康德的至善学说适合成为一

---

① 帕斯特纳克（L. Pasternack）、托马西（G. Tomasi）和博扬诺斯基（J. Bojanowski）也持这种观点。参见 Pasternack, "Restoring Kant's Conception of the Highest Good", p. 447; Tomasi, "God, the Highest Good, and the Rationality of Faith: Reflections on Kant's Moral Proof of the Existence of God", in Hoewing ed., *The Highest Good in Kant's Philosophy*, pp. 113, 123; Bojanowski, "Life without Death: Why Kantian Agents are Committed to the Belief in Their Own Immortality", in Hoewing ed., *The Highest Good in Kant's Philosophy*, p. 183。

② 德莱夫：《后果主义》，第45—46页。

种新的后果主义的价值理论，还没有讨论如何达到或实现这一价值的问题。换言之，如果说后果主义都包含关于正确行为的规范理论的话，那么"康德式的至善后果主义"也不应当例外。本部分将指出，在康德那里，至善作为"理想世界"和"终极目的"，不仅包含着促进它的道德义务，也可以成为道德法则和义务的规定根据，从而证明后者的正当性。因此，康德的至善理论能够为一种新的康德式后果主义的规范理论进行奠基。

7.2.1 促进至善的义务

如前所述，既然至善作为一个理想的道德世界是纯粹实践理性、道德法则和善良意志的终极目的，那么，人们有义务去促进至善吗？康德对该问题的回答是肯定的。康德曾在许多论述中明确指出我们有义务去促进至善，相关文本大致如下：

1）我们应当力求促进至善（所以它毕竟必然是可能的）。（5:125）

2）现在，对于我们来说，促进至善本就是义务……（5:126）

3）在这里，属于义务的唯有对尘世中的至善的产生和促进所做的探讨。（5:126）

4）纯粹实践理性的一种需要乃是基于一种义务，即是使某种东西（至善）成为我的意志的对象，以便尽我的一切力量去促成它。（5:142）

5）道德法则作为应用我们的自由的形式上的理性条件，独自就使我们负有义务，无须依赖某个目的来作为质料上的条件；但是，它毕竟也为我们乃至先天地规定了一个终极目的，它使我们有义务追求这一目的，而这一目的就是通过自由而可能的尘世中的至善。（5:450）

6）然而，促进一切理性存在者的终极目的（幸福，就其与义务一致而可能来说）的意图毕竟是由义务的法则交付的。（5:471）

7）不过，每一个人都应该使尘世中可能的至善成为自己的终极目的。这是一个实践的先天综合命题，而且是一个客观实践的、由纯粹理性提出的先天综合命题，因为它是一个超出了尘世中的"义务"概念并附加上了义务的后果（一种效果）的命题，是一个不包含在道德法则之中因而不能以分析的方式从道德法则中引申出来的命题。（6:6）

8）但智慧是意志与终极目的（至善）的协调一致；而既然这个目的就其可达到而言也是义务……（8:418）

有时候，康德不使用"义务"一词，而用"要求"或"命令"等道德术语。如：

1）道德法则命令，要使一个尘世中可能的至善成为我的一切行为的最终对象。（5:129）

2）道德法则要求实现通过我们而可能的至善……（6:5）

3）因此，如果至善按照实践规则是不可能的，那么，要求促进至善的道德法则也必定是幻想，是置于空的想象出来的目的之上的，因而自身就是错误的。（5:114）

4）因此，通过要求在一个世界里可能的至善有实存的道德法则，纯粹思辨理性的那些客体的可能性，以及纯粹思辨理性不能向这些客体保证的客观实在性，就被公设出来了。（5:135）

5）促成至善这个命令在客观上（在实践理性中）是有根据的，至善的一般可能性同样在客观上（在对此丝毫不加反对的理论理性中）是有根据的。（5:145）

6）应当通过自由来造成的尘世中的至善就是诸如此类的东西，它的概念不能在任何我们可能有的经验中，因而对理论的理性应用来说按照其客观实在性得到充分的说明，但它被用来最大可能地实现的那个目的，却毕竟是由实践的理性命令的，因而必须被假定为可能的。（5:469）

他有时甚至强调，促进至善的义务不仅仅属于个人，整个人类也有此义务：

在此，我们有了一种具有其独特方式的义务，不是人们对人们的义务，而是人的族类对自己的义务，因为有理性的存在者的每个物种在客观上、在理性的理念中都注定要趋向一个共同的目的，即促进作为共同的善的一种至善。但是，由于道德上的至善并不能仅仅通过单个的人追求他自己在道德上的完善来实现，而是要求单个人为了这同一目的联合成为一个整体，成为一个具有善良意念的人的体系。只有在这个体系中，并且凭借这个体系的统一，道德上的至善才能实现。（6:97）

以上这些段落中的表述都能够表明，在康德那里，促进至善不仅可以是而且必须是人的义务。

然而，虽然康德多次指出人有义务促进至善，但是这种观点还是受到了广泛的质疑。例如，贝克和伍德都认为，促进至善不能是义务，因为它会与康德的"应当意味着能够"原则产生冲突。① 在他们看来，"应当意味着能够"即意味着，实践理性颁布的道德义务必然是人能够实现的义务；或者说，实践理性不会颁布人无法实现的义务。然而对于至善来说，其实现的可能性是依赖于上帝和不朽的公设的，是人靠自身所不能实现的。因为人们只能通过道德实践去努力接近至善而不能完全获得至善，因为人作为有限的理性存在者是没有能力达到幸福与德性的精确匹配的，所以获得至善不是人的义务。简言之，如果把至善当成义务，那就等于提出了一个人们不能够实现的义务，它与"应当意味着能够"原则相冲突。因此，至善不能是义务。

为了解决这一困境，学者们提出了多种解决方案。第一种求助于前面提到的对至善的世俗性理解，指出至善作为理想的道德世界，在尘世中还是有实现的可能的，因而它既不需要假设上帝存在，也不违反"应当意味

---

① 参见 Beck, *A Commentary on Kant's Critique of Practical Reason*, p. 244; Wood, *Kant's Moral Religion*, Cornell University Press, 1970, p. 94。

着能够"原则。在这种观点看来，即使至善在个人那里无法完全实现，但是在作为整体的人类那里还是有实现的可能的。以莱斯为例，他认为，如果我们从世俗的角度理解至善，那么它"可以被完全描述为一种自然主义的术语（naturalistic terms），作为一种事态而在尘世中通过人类行为而达到……这是一个世俗观念，在其完全的表述中，不需要任何超出我们所知道的自然秩序的行为能力或途径"[①]。在莱斯看来，人们会在某个未来的特殊历史时代体验到至善，只不过它是从之前的许多世代的努力中产生出来的；而且这种实现是可以通过人的行为（activity）或动性（agency）在尘世中完成的，它既不需要预设灵魂不死，也不需要预设更高的存在者的帮助。莱斯认为，这样理解的至善正好体现了"应当意味着能够"这一康德式原则，而非与之相冲突。

然而，这种解释仍然没有完全消除人们的质疑。毕竟在尘世中，人们虽然有义务去促进至善的实现，然而无论是对个人还是对群体来说，至善都仍然是一个从来未曾实现的理想。也就是说，在尘世中，仍然是只有应当，却没有能够，这好像仍然与"应当意味着能够"原则相冲突。更为重要的是，正如我们在上一节中所指出的，在康德那里，虽然可以把至善理解为社会性的，但是即便如此，他也从来没有否认过上帝的存在及其帮助在实现至善的可能性中的重要性和必要性。因此，这种解释是无法令人满意的。

第二种解决方案认为，康德所说的有义务促进至善，只是促进至善的两个要素中的一个，即促进德性的完满，而非要求人们去促进幸福。也就是说，人们有义务促进德性，却没有义务促进幸福，从而把幸福的实现的可能性留给上帝来保证。这种观点也有文本依据。康德指出，人没有促进自己的幸福的直接义务，"促进自己的幸福，这永远不能直接是义务，更不用说是一切义务的原则了"（5:93），"说人有义务全力促成自己的幸福，是自相矛盾的"（6:386）；他甚至认为，"道德法则独自来说毕竟不应许

---

① Reath, "Two Conceptions of the Highest Good in Kant", p. 603.

幸福，因为按照关于一般自然秩序的概念，幸福并不与道德法则的遵循结合在一起"（5:128）。这些段落好像都支持"人没有义务促进幸福"的解读，以至于有研究者认为，幸福在康德那里是一种"非道德的善"（non-moral goods），不是人们有义务要促进的对象。"为了全力促进至善，我将要做些什么呢？只有出于对法则的尊重而行动，这是我早就知道的。除此之外，我不能做依据应得而配享幸福的任何事情，它是宇宙的道德主宰的任务……它不是我的任务，我的任务只是实现在我的能力之内的某个条件。"①

　　然而，这种解释也面临着一些困难。首先，康德的文本也明确支持人有义务促进幸福的论述，无论涉及他人的幸福还是自己的幸福。在讨论人对他人的义务时，康德把他人的幸福看作"同时是义务的目的"（6:393）；在讨论人对自己的义务时，康德虽然否认促进自己的幸福是一种直接的义务，但是他并不否认它可以成为一种间接的义务，"保证自己的幸福是义务（至少间接地是义务），因为你在诸多忧虑的挤迫中和在未得到满足的需要中对自己的状况缺乏满意，这很容易成为一种重大的诱惑去逾越义务"（4:399）。他还说："就某个方面来说，照管自己的幸福甚至也可以是义务，这部分地是因为幸福（技巧、健康、财富都属于此列）包含着履行他的义务的手段，部分地是因为幸福的缺乏（例如贫困）包含着逾越他的义务的诱惑。只不过，促进自己的幸福，这永远不能直接是义务，更不用说是一切义务的原则了"。（5:93）② 其次，这种理解也很难与"有义务促进至善"这一主张相容，毕竟当康德说促进至善时，他并没有仅仅要求人们促进德性而非幸福。康德虽然承认道德法则并不包含德性与幸福之间的必然的成比例关系，但是"尽管如此，在纯粹理性的实践任务中，也就是说，在对

---

　　① Beck, *A Commentary on Kant's Critique of Practical Reason*, pp. 244-245.

　　② 在这里，康德一方面说人没有义务促进幸福，另一方面又说人有义务促进幸福。他在这里是否陷入了矛盾？事实并非如此。当康德说人没有义务促进幸福时，他所说的幸福是那种在逻辑上先于道德法则得到确证，并试图成为道德法则的规定根据的幸福；当他说人有义务促进幸福时，这种幸福是与德性相匹配的幸福。

至善的必然探讨中，这样一种联系却被公设为必然的：我们应当力求促进
至善（所以它毕竟必然是可能的）。因此，整个自然的一个与自然有别的原
因的存在也就被公设了，这个原因包含着上述联系，亦即幸福与道德性的
精确一致的根据"（5：124-125）。可见，促进至善的义务必然要求人们促
进德性的完善以及与其相匹配的幸福这两个要素。因此，那种认为促进至
善的义务只要求促进德性的完善，而不需要促进幸福的主张是无法令人满
意的。

　　第三种解决方案进一步后退说，也许康德允许促进幸福，不过这种幸
福并非一般的经验性幸福，而是道德幸福，即伴随道德行为而来的满足感。
这种解决方案进而把幸福或至善当作道德法则所产生的内容，"幸福真正来
说被认为是德性行为的目的和结果"①，"至善是道德法则的内容的系统化，
它能够通过个体把道德法则运用于他们的行为而产生。如果道德法则不能
产生任何内容，那么在康德理论中就没有至善的位置"②。在这些理解看来，
所谓的幸福，不过是道德法则的质料内容或实际后果而已。③

　　但是，这种解释也存在明显的问题。虽然康德并不否认随道德行为而
来的满足感，并把它称为"道德上的幸福"，即"能思维的人每当战胜了恶
习的诱惑、意识到自己已经履行了自己那常常艰巨的义务之后，就处于一
种灵魂的宁静与满足状态，人们完全可以把这种状态称为幸福，在其中德
性就是它自己的报酬"（6：377），但是，康德也明确指出，与德性相匹配的
幸福是一般幸福，而非道德幸福，二者在性质上是截然不同的。在批评斯
多亚派的至善观念时，康德曾说道：

---

① Kleingeld, "Kant on 'Good', the Good, and the Duty to Promote the Highest Good", p. 41.

② Reath, "Two Conceptions of the Highest Good in Kant", p. 604.

③ 克莱因格尔特认为，自己和莱斯对幸福的理解还是有区别的。在莱斯那里，幸福作为
对道德允许的目的的满足，具有适宜性（agreeableness）；而她要论证的是，幸福作为至善的构
成要素，自身具有道德的善性（moral goodness）。参见 Kleingeld, "Kant on 'Good', the Good,
and the Duty to Promote the Highest Good"。我认为，无论克莱因格尔特的区分是否成立，在把
幸福看作对由道德行为而来的结果或内容的满足这一点上，她和莱斯的观点是一致的。

斯多亚派完全正确地选择了他们至上的实践原则以及德性来作为
至善的条件。但由于他们把德性的纯粹法则所需要的德性程度想象为
在此生可以达到的，所以他们不仅把人的道德能力以一个智者的名义
扩张到超出人的本性的所有限制的高度，并假定了某种与一切人类知
识相矛盾的东西，而且尤其也根本不想让属于至善的第二个成分，亦
即幸福，被视为人的欲求能力的一个特殊对象，而是使他们的智者宛
如一个意识到自己人格的卓越性的神祇一般完全独立于自然（在他的
满意方面）。他们虽然使这位智者遭受生活的不幸，但却不使他屈服于
这些不幸（同时也把他表现为摆脱了恶的），这样就实际上删除了至善
的第二个要素，亦即自身的幸福，因为他们把这一要素仅仅设定在行
动和对自己的人格价值的满足中，从而将它包括在道德思维方式的意
识中……（5∶126—127）

这段话表明，作为至善的第二个要素的"幸福"概念，作为在自然方
面的经验性满足，完全不同于作为对德性的人格价值的满足的幸福，那种
认为幸福是道德满足的观点是违背康德对"至善"概念的基本理解的。

第四种解决方案是把促进幸福理解为只是促进他人的幸福，并同时指
出，在一个理想的社会中，促进他人的幸福其实已经包含促进自己的幸福
了，毕竟在这样的社会中，人们是以相互之间的幸福为义务的，类似于我
为人人、人人为我。"在一个道德的世界里，我促进他人的幸福，他人促
进我的幸福。每一个人的幸福在其他人的眼中都是善的，反之亦然……至
善之所以包含幸福，是因为道德需要我们把他人的幸福当作我们的目的，
同时也给他人一个义务去促进我们的幸福（作为他们的促进他人幸福的一
部分）。"①

这种解释的问题在于，它仍然否认促进自己的幸福是义务。前面已
经指出，在康德那里，促进自己的幸福虽然不是直接的义务，但它至少

---

① Kleingeld, "Kant on 'Good', the Good, and the Duty to Promote the Highest Good", pp. 40—41.

可以是间接的义务。康德甚至声明，即便在理想的世界中，促进至善也包含促进自己的幸福。"如今，在一个理知的世界里，也就是在一个道德的世界里……有理性的存在者在这些原则的指导下本身就会是自己的同时也是别人的持久福祉的创造者。"（A809-810/B837-838）可见，促进自己的幸福，从而促进至善，是促进一个道德世界的普遍幸福的必然内容。①

在此，我支持"人应当有促进至善的义务"的主张。这里除了上述的文本支持之外，还有如下考虑：首先，如果认为人只有义务按照道德法则行动，把促进至善的可能性完全排除在人的义务之外，这一方面与康德关于终极目的的思想相矛盾，另一方面也会使康德陷入严峻主义的指摘。其次，在康德那里，包含在至善中的幸福都是与德性相匹配的，因而都是在道德上可允许的，谈论促进这种幸福并不与康德伦理学对道德法则的纯粹性的论述相冲突。② 再次，前面已经指出，康德明确指出，人有义务促进他人和自己的幸福。他还认为，纯粹理性不能先天地要求任何目的，除非它把这目的同时也宣布为义务，因为纯粹实践理性就是"一种一般的目的能力，所以对这些目的漠不关心，亦即对它们毫无兴趣，就是一个矛盾：因为这样它就不会规定行动的准则（后者在任何时候都包含着一个目的），因此就不会是实践理性了"。因此，既然至善是纯粹理性的先天客体或目的，它也必须是义务。最后，人们有义务不断地促进至善并不与"应当意味着能够"原则相冲突。康德说人有义务促进至善，也不否认其实现的可能性，并且为其实现的可能性设定保障要素。只不过，至善并非人们凭借一次行动就能实现的，也并非仅仅靠人力就能实现的。③

---

① 参见 Marwede, "Kant on Happiness and the Duty to Promote the Highest Good", in Hoewing ed., *The Highest Good in Kant's Philosophy*, p. 51。

② 参见 Kleingeld, "Kant on 'Good', the Good, and the Duty to Promote the Highest Good", pp. 33-49; Marwede, "Kant on Happiness and the Duty to Promote the Highest Good", pp. 51-69。

③ 促进至善的义务是否与"应当意味着能够"原则相冲突，这是一个重要的问题，因为它涉及我们如何理解至善之为后果价值的可能性。对于这个问题，我将在第 8 章中详细讨论。

7.2.2 至善义务的特殊性

如果人负有促进至善的义务，那么它到底是一种什么样的义务呢？在康德那里，义务有许多种类。在《道德形而上学奠基》中，他把义务划分为完全义务和不完全义务、对自己的义务和对他人的义务（4:421-430）。在《道德形而上学》中，他又把义务划分为法权义务和德性义务、广义义务与狭义义务（6:239-240, 383, 390, 396）。在这两部著作中，他还谈论了许多具体义务，如"不许自杀""不做虚假承诺""完善自己"和"帮助他人"，等等。然而，在对这些义务的划分和探讨中，康德都没有提到促进至善的义务。可见，如果说促进至善是义务的话，它也必定是一种特殊的义务。

在我看来，至善义务的特殊性包含如下三个方面：它超越了康德对义务的通常划分；它被看作超出尘世的义务；它是并不增加义务总量的义务。下面，我将分别论之。

1）至善义务超越了康德对义务的上述通常划分。这具体表现为：首先，至善义务超出了康德关于对自己的义务和对他人的义务的划分。如果把至善理解为一个理想的道德世界，其中每个人都是自己和他人福祉的创造者的话（A809-810/B837-838），那么促进至善的义务明显既可以是对自己的义务，又可以是对他人的义务，而不能仅仅归属于对自己或者对他人的义务。

其次，至善义务超出了康德关于完全义务和不完全义务的划分。在康德那里，完全的义务是"不容许为了偏好的利益而有例外的义务"（4:422）。换言之，完全的义务要求行为者必须如此行动，任何其他考虑都不能满足该义务。例如，"不许自杀"和"不做虚假承诺"这样的义务就是不承认任何例外的完全义务。与完全义务不同，不完全的义务虽然也是人们必须要践行的义务，但是对于践行到什么程度，人们是有一些自由裁量的空间的。也就是说，行为者具有特定数量的审慎判断的空间来决定如何满足这些义务。例如，"完善自己"和"帮助他人"就是这样的不完全义务。依据上述划分，希尔伯和帕斯特纳克等学者得出了"至善义务是不完全义务而非完全义务"的观点。在他们看来，促进至善的义务最好被看作"朝向至善的'促进'或'奋斗'，而非一种完全的实际实现的义务"①，因而最好被看作不完全义务。帕斯特纳克以"帮助他人"和"完善自己"为例，指出前者并不要求我们消除所有人类未满足的需要，后者也不要求我们完善所有的才能。"相似地，我们把至善看作一种不完全义务，这样当康德设定上帝和不朽对至善的完全实现是必要的时候，我们的义务只是要求我们在追求至善的过程中，做我们能够做的事情——或许把剩下的交给上帝。"②很明显，希尔伯和帕斯特纳克以至善无法在世界中完全实现为由而把它理解为不完全义务。但是，正如前面指出的，在康德那里，如果把至善被理解为一切道德上善的目的的全体的话，那么它就既要包含完全义务，又要包含不完全义务，不然它就不能被理解为一切道德目的的全体了。因此，它不能仅仅被归属于完全义务或不完全义务。也正因为如此，我不赞同上述研究者把至善义务理解为不完全义务的观点。

再次，如果按照康德所说，不完全义务是广义义务（在这方面，做多做少有一个回旋的余地，不能明确地给出它的界限）（6:393），而完全义务是狭义义务的话（6:390），那么促进至善的义务明显既可以是广义义务，又可以是狭义义务。理由同上。

最后，如果依康德所说，不完全义务是德性义务，而完全义务是法权义务的话（6:390），那么至善明显既可以是德性义务，又可以是法权义务。理由同上。

总之，通过讨论康德对不同义务的划分，可以明显看出，促进至善的义务很难被包含在康德对义务的通常划分之中。

2）至善义务的特殊性表现在，康德有时似乎认为它是一个超出尘世义

---

① 参见 Silber, "Kant's Conception of the Highest Good as Immanent and Transcendent", pp. 469–492; Pasternack, "Restoring Kant's Conception of the Highest Good", pp. 435–468。

② Pasternack, "Restoring Kant's Conception of the Highest Good", p. 439.

务的义务。在 7.1.2 的一段引文中，我们已经看到，康德说促进至善这一终极目的是"一个超出了尘世中的'义务'概念并附加上了义务的后果（一种效果）的命题，是一个不包含在道德法则之中因而不能以分析的方式从道德法则中引申出来的命题"。在另一个地方，康德也说道：

> 一个由纯粹理性交付的、把一切目的的整体囊括在一个原则之下的终极目的的需求（一个作为也通过我们的参与而可能的至善的世界），是为产生一个客体（至善）而还扩展到对形式法则的遵循之外的无私意志的需求——这是一种特殊的意志规定，亦即由作为一切目的之整体的理念来规定。这里被奠定为基础的是：如果我们与世间的事物处于某些道德关系之中，那么，我们处处都必须服从道德法则；而且在此之上还再加上一种义务，即尽一切能力去促成这样一种境遇（一个符合最高道德目的的世界）的实存。（8:280-281）

这两段话明确表明，康德认为至善是一个"扩展到对形式法则的遵循之外"的义务，是在人们"处处都必须服从道德法则"之上"再加上一种义务"，是一种"超出了尘世中的'义务'概念"的义务。但是，正如克莱因格尔特指出的，康德的这种观念至少引起了如下两种困难：一是这里的至善义务好像依赖于不同于道德法则的其他基础，而这与康德在《道德形而上学奠基》和《实践理性批判》的分析论中对义务的解释相冲突；二是康德把至善义务视为"不包含在道德法则之中"的"意志的需求"，那么对于如何理解这种"意志的需求"，以及它如何能够为至善义务奠基，这些都不是显而易见的。①

面对这些困难，研究者们从不同角度提供了解决方案。第一种解决方案是否认至善义务的超世俗性，其典型代表是莱斯。依据其对至善的世俗性理解，莱斯否认了至善义务的超世俗性，但他并不否认促进至善的义务

---

① 参见 Kleingeld, "Kant on 'Good', the Good, and the Duty to Promote the Highest Good", p. 43.

本身，认为这个义务的重要意义在于它有助于改善社会制度，而社会制度的改善则反过来有助于至善的实现。"这样理解的至善将会通过支持特定道德目的的社会制度体系而得以实现。"①依据这种理解，莱斯也否认了至善义务是一个超出道德法则之外的义务。"重要的是承认，道德法则规定了终极目的，特别是这类社会目标。"②很明显，莱斯的解释除了不符合康德的文本之外，还有另外一个缺陷，即它直接取消了至善义务的超世俗性，而不是帮助人们理解这种超世俗性。

第二种解决方案的提出者是贝克。他与莱斯相似，也不把促进至善的义务看作一种特殊的义务。但比莱斯更为极端的是，贝克甚至认为促进至善的要求根本就不是义务，因为它并不处在我们上面讨论的康德对义务的诸多划分之中。"很容易看出，理性的这个命令为何没能获得充分的阐释：它实际上并不存在。……或者它至少不能作为单独的、独立于定言命令的要求而存在。定言命令没有这个要求也能够形成。"③与莱斯提出的方案的弊端一样，贝克提出的这种解决方案只是回避了问题，而非真正解决了问题：它依然无法解释康德提出的至善义务"超出道德法则"和"超出尘世"的主张。

第三种解决方案的提出者是克莱因格尔特。她首先认为，促进至善的义务不能独立于定言命令，否则促进至善与遵守定言命令之间的联结就可能是"偶然的"，因为在康德那里，只有出于定言命令的义务才具有普遍必然性，而出于其他假言命令的要求都可能是"偶然的"命令。"如果德性是至善的最高条件，那么通过任何独立于定言命令的方式来促进至善都是不可能的。换言之，就至善的定义而言，道德行为能力不是偶然地而是必然地促进至善的。至善是通过德性行为，并且是只能通过作为其最高条件的德性行为而产生的。"④但是，她立即看到，这种解释并没有回答为何促进

---

① Reath, "Two Conceptions of the Highest Good in Kant", p. 619.

② Ibid., p. 617.

③ Beck, *A Commentary on Kant's Critique of Practical Reason*, p. 244.

④ Kleingeld, "Kant on 'Good', the Good, and the Duty to Promote the Highest Good", p. 44.

至善的义务"超越"或"扩展"到了"对形式法则的遵循之外"这一问题。也就是说，这样的解释会让人认为，至善的义务可以从道德法则中被"分析地"得出，这好像又和康德认为的二者的联结是综合的而非分析的相冲突。为此，她进一步分析道：

> 由于至善的理念是基于定言命令本身而被建构的，那么至善就是依照定言命令的行动的必然结果。然而，这种联结仍然是综合的，是由于人们不能够通过分析定言命令本身而得出至善观念。这是因为，这个理念的产生，首先是通过设想包括定言命令所需要——也就是说，道德义务强加于我们——的一切东西的系统化运作，然后把这些结果转换成一个完全的整体。在这个意义上，它就是对定言命令的一种扩展性"超越"。①

克莱因格尔特的解决方案的缺陷也是显而易见的，即她无法解释康德的"至善义务是一种超出了尘世的义务"这一论断，因为她与莱斯和贝克一样，都把至善理解为世俗的或社会性的，理解为在尘世中有可能实现的理想社会，并以此为基础否认了至善的超越性，以及与它相关的更高的援助（上帝的帮助）的必要性。

我认为，当康德在这里说促进至善的义务"超出了尘世中的'义务'概念"、是一个"不包含在道德法则中的概念"时，他并不是说促进至善不是义务，并且与道德法则无关，而是说由于至善包含着在尘世中无论依靠个人还是社会共同体都无法完全实现的经验性幸福要素（并不包含在道德法则中——不同于莱斯和克莱因格尔特的解释），它的实现的可能性需要预设一个完美的、超越的存在者来给予其保障。这进一步说明了，即便是从社会角度来理解至善，也不能把它完全看成世俗的或内在的。

3）至善义务的特殊性还表现在，康德认为它并没有增加义务的总量，

---

① Kleingeld, "Kant on 'Good', the Good, and the Duty to Promote the Highest Good", pp. 45–46.

即存在一个与其他义务并列的促进至善的义务，或者说人们在促进其他义务的同时，又多了一个促进至善的义务。康德明确反对将至善理解为某种可以独立自存的义务。他说：

> 因此，对于道德而言，它是否为自己构成一个所有事物的终极目的的概念（与这个终极目的协调一致，它虽然并不增加道德义务的数目，但却为它们造就了一个把所有的目的结合起来的特殊的关联点），这不可能是无关紧要的。（6:5）

依据康德的这种表述，再结合前两个特殊性，我们可以得出这样的结论：如果促进至善的义务无法被归类到对义务的通常划分中，而且它也并不增加义务的总量，那么这种义务就只能体现在人履行其他义务并实现其目的的过程中。也就是说，人们在履行其他道德义务、追求其他道德目的时，也就是在履行促进至善的义务了。

我们还可以借用近年来学者们在讨论亚里士多德目的论时常用的两个概念，即"包容的目的"（inclusive end）或"主导的目的"（dominant end），来解释康德的至善义务的这种特殊性。著名亚里士多德研究专家亚克利尔（J. L. Ackrill）在讨论亚里士多德的作为终极目的的幸福时，曾对这两个概念做了详细分疏。他说道：

> 术语"包容的"表示在单一的目的或善与复数的目的或善之间的对照，而术语"主导的"表示在其成员大体平等的团体与其中一个成员优越于其余成员的团体之间的对照。当运用作为对照的一对术语时，如何去理解它们？"包容的目的"可以指任何结合或包含两个或更多的价值、行为或善的目的，或者指在其中不同要素大体具有平等价值（或至少没有一个要素比其他要素具有不相称的更多的价值）的目的。"主导的目的"可以指一种由恰好一个有价值的行为或善构成的整体目的，或者指在一个由两个或更多单独有价值的善组成的目的中，一个

要素具有主导的、优势的或首要的重要性。①

亚克利尔认为，虽然像哈迪（W. F. R. Hardie）和肯尼（A. Kenny）等学者认为亚里士多德在《尼各马可伦理学》第一卷中把幸福解读为"主导的目的"，即把幸福解读为一种和其他目的并存但比其他目的更具有价值的目的，但在他看来，这种解读是错误的，因为在亚里士多德那里，幸福是一种包容其他实践善的善。而余纪元也认为，幸福作为完满的和自我充足的善，它本身就是包容其他目的或善的最完满的善。因为"自我充足"就意味着"无所不包，拥有所有善的事物来作为其组成部分"；而"完满"也意味着"具有各个部分"，"涵盖了各种各样的内在善"。② 因此，幸福应当被理解为包容性的，"我们追求 A、B、C、D 等特定目的，而它们同时又是最高目的的构成部分。最高目的不是独立于 A、B、C、D 等这些特定目的的另一个更高的目的，而是它们的总和"③。

如果我们用"包容的目的"和"主导的目的"来考察康德的至善目的，那么促进至善的义务不应当被理解为"主导的目的"，因为促进至善的义务虽然是一个整体目的，但它并不是由哪一个具体的行为或目的构成的目的，它也明显不是一个"与其他义务共处在一个团体中，只是比其他义务更有价值"的目的。因此，它不适合被称为"主导的目的"。相反，它适合被称为"包容的目的"，因为作为"纯粹理性的全部客体"（5:109），作为"完满的善"（5:110），至善完全可以被理解为包含一切具体善的"全体"，而促进至善的义务也并不是一个和"永不撒谎"和"帮助他人"等并列存在的独立义务。由于它"并没有增加义务的总量"，那么它就只能体现在人们履行其他具体义务的过程中；也就是说，它是把其他具体义务包括在内的一种特殊义务。

人们或许会认为，关于至善义务的后两个特殊性之间好像存在矛盾。

---

① Ackrill, "Aristotle on Eudaimonia", in Rorty ed., *Essays on Aristotle's Ethics*, University of California Press, 1980, p. 17.

② 余纪元：《亚里士多德伦理学》，第 45 页。

③ 同上书，第 34 页。

也就是说，第二个特殊性认为，至善是在遵守道德法则的义务之外，"再加上一种义务"。那么，它怎么会没有增加义务的总量呢？对于这一质疑，我们可以这样为康德进行辩护：在康德那里，遵守道德法则的义务并非全部的义务，至少它不包含促进至善的义务；但是反过来，促进至善的义务虽然是遵守道德法则的义务之外的义务，但它完全可以包含遵守道德法则的义务。也就是说，义务的总量既包括遵守道德法则的义务，也包括促进至善的义务。所以，促进至善的义务并没有增加义务的数量；并且由于促进至善的义务同时包含遵守道德法则的义务，那么它也就把自己体现在人们履行其他义务的过程中了。

7.2.3 至善作为道德法则的规定根据

如果人负有义务去促进至善，那么随之而来的一个问题是，至善可以充当道德法则和义务的规定根据吗？要回答该问题，我们需要对康德的"道德法则"概念做进一步的探讨。

许多研究者认为，康德的道德法则可以从两个层面来理解。第一个层面是作为单数的道德法则或绝对命令，作为"理性的事实"，其存在是不依赖于其他任何目的的，只是一种抽象的、完全形式化的法则。第二个层面的道德法则是作为复数的道德法则，这种道德法则一方面需要符合第一个层面的形式性的道德法则的要求，另一方面又需要考虑具体的、特殊的情况，因而它们既是普遍的，又是具体的和有内容的。在这些研究者看来，第一个层面的道德法则表现为作为纯粹实践理性的基本法则的绝对命令，具体来说就是"要这样行动，使得你的意志的准则在任何时候都能同时被视为一种普遍立法的原则"。而第二个层面的道德法则就表现为符合绝对命令的具体法则，如"不许自杀""不做虚假承诺"等。[1] 例如，克莱因格尔

---

① 参见 Reath, *Agency and Autonomy in Kant's Moral Theory: Selected Essays*, Clarendon, 2006；Kain, "Self-legislation in Kant's Moral Philosophy", *Archiv für Geschichte der Philosophie* 2004, 86, pp. 257–306; Kleingeld and Willaschek, "Autonomy without Paradox: Kant on Self-legislation and the Moral Law", *Draft* 2017。

特和维拉舍克（M. Willaschek）总结道："当康德说道德法则时，它有两个层面。首先，康德用'道德法则'的表述来指称道德的原则；在这些情况下，我们把首字母大写称之为 Moral Law［道德法则］。对这种 Moral Law，人们采用绝对命令的形式，它构成了指导我们采纳准则的规范标准。它告诉我们的是，把我们自己设想为通过我们的准则而给出普遍法则的道德立法者（由于这些法则是普遍的，我们自己也是受其约束的），并且只依照我们能够同时意愿它成为普遍法则的准则去行动。换言之，单数的 Moral Law 是一种元原则（meta-principle）（它要求我们把自己看作立法的且是自我立法的），也是复数的普遍法则的元原则。它是一种形式原则，从意志的所有经验质料中抽象出来，并因此仅当被运用于可能的准则时才规定特殊的道德责任。如果准则未能适合这个规范标准，那么便不允许依照它去行动。以此方式，道德标准导向了对实质的 moral laws［诸道德法则］的表达——第二层次的 moral laws。相应地，当讨论自律时，康德通常是在说复数的 moral laws。"①

在这里，我赞同上述主张，并进一步指出，由于第一层面的道德法则是完全抽象和形式性的，因此它并不提出具体的义务，而第二层面的道德法则才提出具体的道德义务。当人们讨论第二层面的道德法则时，必须既考虑形式（第一层面的道德法则），又考虑内容（或目的），从而提出具体的义务，准确地说是"同时是目的的义务"。从这个角度来说，至善完全可以成为第二层面的道德法则和义务的规定根据，因为它既是"目的的全体"，又是"其他目的的根据"，是人们在确立第二层面的道德法则和具体的义务时的衡量标准。康德说道：

> 但是，人（也许还包括所有尘世存在者）及其实践理性能力的不可避免的局限性之一，就是无论采取什么行动，他都要探寻行动所产

---

① Kleingeld and Willaschek, "Autonomy without Paradox: Kant on Self-legislation and the Moral Law".

生的结果，以便在这一结果中发现某种对自己来说可以当作目的，并且也能证明意图的纯粹性的东西。在实施（nexu effective［效果的联系］）中，目的是最后的东西，但在观念和意图（nexu finali［目的的联系］）中，它却是最先的东西。(6:6)

可见，如果促进至善的义务能够成为具体的道德法则或义务的规定根据，那么它也能够成为依照法则或义务而采取的行为的规定根据。也就是说，人们可以根据促进至善的义务来决定在具体情况下该如何行动。

然而，这种解读可能会导致人们产生如下质疑：如果至善可以作为义务的规定根据，那么这是否意味着质料因素可以成为义务的规定根据，从而使得道德原则成为他律而非自律的呢？毕竟，康德严格区分了道德的形式原则和质料原则，并明确地把幸福原则称为质料原则，并进而宣称质料原则都是经验性的，都是他律原则，不能够被作为普遍有效的道德法则。"凡是把欲求能力的一个客体（质料）预设为意志的规定根据的实践原则，全部是经验性的，不能充当任何实践法则。"(5:21) 相反，只有出于形式的原则才适合成为普遍有效的道德法则。"如果一个有理性的存在者应当把他的准则设想为实践的普遍法则，那么，他就只能把这些准则设想为这样一些原则，即它们不是按照质料，而是仅仅按照形式包含着意志的规定根据。"(5:27) 而在这里，至善一方面包含着幸福要素，另一方面又是道德法则或义务的根据。那么，这里的道德法则或义务不是被质料原则所规定了吗？

但是，这种质疑是不必要的。首先，正如我们在 3.1 中所讨论的，在康德那里，质料可以分为两类。其中，第一类作为其现实性被欲求的对象，其来源是经验性的，因而这类质料原则都是经验性的（5:21）。第二类是作为自在目的的理性本性，它也被康德看作质料的，但它并非经验性的；它之所以能够成为道德法则的客观根据，乃是因为它是一种先天的质料。与理性本性类似，在康德那里，至善虽然是意志的客体，但它是被纯粹实践理性所规定的意志的先天客体，它并非来源于经验。

但是，由于（德性和幸福的）这种结合被认为是先天的，因而在实践上是必然的，从而不是从经验中派生出来的，而至善的可能性不基于任何经验性的原则，所以，这个概念的研究就必须是先验的。通过意志的自由产生出至善，这是先天地（在道德上）必然的；因此，至善的可能性的条件也必须仅仅基于先天的知识根据。（5:113）

因此，如果真如康德所说，所有的质料性原则都是经验性的，而至善却不是经验性的，那么至善原则就不可能是一个质料性原则。①

其次，正如我们在本节的前面指出的，从至善与单数的 Moral Law［道德法则］的关系来看，它不能作为道德的最高原则而成为纯粹意志的规定根据，因为只有作为绝对命令的 Moral Law 才能够成为道德的最高原则，成为意志的规定根据。"道德法则是纯粹意志的唯一规定根据。但由于这个法则是纯然形式的（也就是说，仅仅要求准则的形式是普遍立法的），所以它作为规定根据就抽掉了一切质料，因而抽掉了意欲的一切客体。所以，尽管至善是一个纯粹实践理性概念，亦即一个纯粹意志的全部客体，但它却并不因此就能被视为纯粹意志的规定根据，而唯有道德法则才必须被视为使至善和至善的造就或促成成为自己的客体的根据。"（5:109）然而，如果我们把至善和复数的 moral laws［诸道德法则］联结在一起，那么至善就

---

① 当然，人们在这里可能还会质疑：既然至善包含幸福要素，而幸福在康德那里明显是质料性的，因而也是经验性的，那么至善是否也应当是经验性的而非先天的概念？对于这一问题，有学者指出，在康德那里，作为质料的幸福是行为者自己的幸福，它是和自爱的原则结合在一起的。如康德明确说道："一切质料的实践原则，本身全都具有同一种性质，都隶属于自爱或者自己的幸福的普遍原则之下……使幸福成为任性的最高规定根据的原则，就是自爱的原则。"（5:22）因此，虽然追求自己的幸福是"自然的目的"，但它不适宜作为普遍的道德法则。但是，当康德将幸福视为至善的一个要素时，这个幸福并非行为者自己的幸福，而是一种普遍的幸福（universal happiness）。这种幸福不是质料性的，也不来源于经验。它是一种理想或理念，作为要素与至上的德性相联结，共同构成至善理念。参见 Marwede, "Kant on Happiness and the Duty to Promote the Highest Good", pp. 51-69。我在这里认同这一观点。同时参见 4.3 中佩顿对康德的两种"幸福"概念的划分。

可以成为义务的基础, 从而成为纯粹意志的规定根据了。康德说道:

> 但是不言而喻的是, 如果在至善的概念中道德法则作为至善的条件已经一起被包含在内了, 那么, 至善就不仅仅是客体, 而且就连它的概念以及通过我们的实践理性而可能的实存的表象, 也同时会是纯粹意志的规定根据了; 因为在这种情况下, 实际上是在这个概念中已经包含着并同时被想到的道德法则, 而不是任何别的对象, 在按照自律的原则规定着意志。关于意志规定的各概念的这种秩序不可受到忽视, 因为若不然, 人们就将误解自己, 以为自己在自相矛盾, 其实一切都处在彼此之间最完满的和谐之中。(5:109-110)

总之, 在康德那里, 在主张道德的最高原则是形式性的与主张至善可以成为义务的规定根据之间, 并不存在矛盾。我们在下一节中还会指出, 同时坚持这两种主张, 正是康德式后果主义与一般后果主义之间的重要区别之一。

这里产生的另一个问题是: 至善作为人类意志的最终目的, 它是否能够规定意志呢? 康德对这个问题的答案是一分为二的。如果单纯分析意志的规定根据, 那么只有道德法则才是意志的唯一决定根据; 而包含经验内容的至善作为期望的对象是不能成为意志的规定根据的, 不然意志就受质料的决定, 就是他律了。但是, 如果人们把至善看成是建立在道德法则之上的, 即当"至善"的概念中已经包含道德法则(德性)的时候, 那么至善并不只是客体, 而且其概念及通过我们的实践理性而可能的表象同时就是纯粹意志的规定根据。既然至善可以成为意志的规定根据, 那么它也可以成为道德行为的动力或动机。因此, 那种认为只有道德法则才是动机的说法是片面的。

现在, 如果我们以后果主义的观点来看待促进至善的义务, 那么我们就可以得出如下结论, 即促进至善的义务能够成为行为是否具有道德价值的评价根据。这就是说, 如果一个行为履行了促进至善的义务, 或者说促进了实现至善的可能性，那么它就是有道德价值的；反之，就不具有道德价值。这样，康德关于人负有义务促进至善的论述，就完全可以帮助我们建立一种新的后果主义的规范理论。

7.3 康德式的至善后果主义

在 7.1 中，我们通过比较康德的"至善"概念所具有的个体性和社会性特征，指出可以把至善看作人们追求的终极目的，或者说是人们要达到的理想事态；并指出，这样理解的"至善"概念完全可以被看作一种后果主义的价值概念。在 7.2 中，我们讨论了促进至善是否是一种义务，（如果是的话）是一种什么样的义务，以及它和道德法则之间的关系；最后指出，至善可以作为最高原则，成为道德法则和意志的规定根据。本节将指出，通过上两节的讨论，如果把康德的至善理念看作值得追求的终极价值，并把它看作行为、决策或规则是否具有道德价值的规定根据，那么我们就可以依此提出一种康德式的至善后果主义。

所谓"康德式的至善后果主义"，就是一种把康德式的至善理念看作最终的后果或事态，并把它看作评价行为、决策或规则的道德价值的唯一根据的理论。它在价值论、规范理论上都具有区别于其他类型的后果主义的独特内涵。

7.3.1 康德式的至善后果主义的内涵

在价值论上，康德式的至善后果主义有如下四种特殊内涵。

1）它赞同伍德、科斯嘉德、赫尔曼、希尔、卡米斯基和帕菲特等当代新康德主义者的观点，认为康德伦理学包含着重要的价值理论。不过，与科斯嘉德、赫尔曼等人强调尊重而非促进价值的义务论立场（见 1.2、3.3、4.1 和 4.3 的论述）不同，也与卡米斯基等人把康德的基本价值理解为"理性本性"或"人是目的"，并从"人是目的"出发重构一种康德式后果主义的做法（见 4.3 和 4.4 的论述）不同，康德式的至善后果主义强调"至善"

理念在建构后果主义价值论中的重要性。[①] 它认为，至善作为理想的道德世界，作为客观的终极价值，是一切道德上有价值的东西的全体，也是一切行为、决策或规则所要实现的终极目的。

2）它的价值论并非是从经验中提炼出来的。前面已经指出，一般后果主义在讨论后果价值的来源时，大多都是从经验出发的。无论是作为生理或心理体验的幸福（快乐）和欲求的满足，还是作为客观列表的友谊、知识或成就等，这些价值都是能够从现实世界的经验中提炼出来的（见 1.1 的讨论）。与此不同，康德式的至善后果主义认为，至善价值并非质料性的经验性概念，而是一个由纯粹实践理性规定的终极目的，它虽然在现实世界中从来没有完全实现过，但它作为被纯粹理性所设定的先天客体和后果价值是一种理想的事态，而非实际的事态（见 6.3、7.1 和 7.2 的讨论）。也就是说，至善只是理想的或预期的后果，而非实际发生的后果。

3）它的价值论并非像其他类型的后果主义一样是先于道德而得到确立，从而是非道德的。依照前述，如果我们把道德法则理解为两个层面，即单数形式的道德法则或绝对命令和复数形式的具体的、包含内容的道德法则的话，那么至善与形式性的道德法则可以说是同时被设定的。也就是说，纯粹实践理性在颁布这种道德法则时，也已经先天地把至善设定为客体或目的了（见 7.2 的讨论）。因此，至善并不先于道德法则而得到确立，它也并非是非道德或前道德的，其道德性是由纯粹实践理性先天地证明和保证的。至于第二层面的具体的道德法则，至善虽然必须先于它们而得到确立，从而成为其规定根据。但是，至善的道德性已经在纯粹实践理性那里得到了先天的保证。因此，即便至善先于具体的道德法则，它也并非是非道德或前道德的。

4）它的价值论超越了行为者中心和行为者中立的对立。正如我们在第 5 章中所指出的，行为者中心和行为者中立的区别就在于，价值要不要被引向行为者：如果价值要被引向特定行为者，那么它就是行为者中心的；

---

① 对于至善与理性本性之间的区分，参见 6.4 和 6.5 的讨论。

如果价值不被引向特定行为者，那么它就是行为者中立的。前面已经指出，许多研究者认为，后果主义一般坚持一种行为者中立的价值立场，而义务论则坚持一种行为者中心的约束，甚至是"康德式约束"。[①] 然而，如7.1所述，康德式的至善后果主义坚持从个体性和社会性这两个角度来理解至善，认为至善作为理想事态，既是个体的终极价值，也是社会的终极价值。因此，这种价值论既坚持不偏不倚的行动者中立的立场，又坚持有所偏倚的行为者中心的立场，它超越了上述两种立场的简单对立。

在规范理论上，康德式的至善后果主义有如下三个特殊内涵。

1）它认为，在道德上有价值的行为，就是那能够最大限度地促进实现至善的行为。因此，在评价行为的道德价值的时候，完全可以把是否有助于"最大化地促进至善"作为评价标准。它虽然承认道德规范可以有许多层次，但是强调"最大化地促进至善"这一规范无疑必须处于最高和最终的层次。我们也可以把它看作道德的最高原则，看作道德评价的最终根据。而其他具体的道德规范（例如，促进自身的完善，以及促进他人的幸福）都从属于这一最高原则，并以促进至善为目标。因此，虽然道德行为可以有很多根据，但是至善必须是最终的根据。当我们说至善是评价行为、决策或规则的唯一根据时，我们就意指它是最终根据。

2）它评价的直接对象并不直接是行为本身，而是行为所依赖的意志的准则。行为准则作为行动的主观原则，也是一种规则。如果准则想要具有客观法则那样的客观有效性，就必须使自己同时具有普遍性，从而成为道德法则（普遍法则公式）。当人们在确定这种适合作为道德法则的准则时，一方面要考虑它是否能够具有普遍的形式，另一方面还要考虑它在具体情况下的质料要素，从而需要至善作为其规定根据。在这个意义上，我们可以把康德式的至善后果主义称为"准则后果主义"。它也可以被看作一种间接的后果主义，即间接评价行为的后果主义。

3）它认为，至善作为终极价值，既可以作为行为、决策或规则的决定

---

① 参见 Ridge, "Consequentialist Kantianism", p. 437。

程序，也可以作为它们的评价程序。至善作为决定程序是说，人们可以根据促进至善的义务来决定在具体情况下该如何采取行动、制定决策或规则。至善作为评价程序是说，人们可以以是否最大化促进了至善来评价行为和规则：如果一个行为或规则有助于最大限度地促进至善，那么该行为或规则就具有道德价值；反之，则不具有道德价值，或者具有较低的道德价值。

7.3.2 康德式的至善后果主义的特征和意义

康德式的至善后果主义具有以下三个特征。

1）它是康德式的。也就是说，康德式后果主义是从康德对至善及其与道德法则的关系的论述中提炼出来的，它依据的是康德伦理学的基本框架，并没有试图改变康德伦理学的原初立场。这使得它与卡米斯基、帕菲特和里奇等研究者的康德式后果主义不同。我们在第 2—5 章中已经详细指出，这些研究者试图通过改造康德的基本概念，如"自在目的""定言命令""目的王国"和"实践理性"等，来建立各自的康德式后果主义。他们对康德伦理学的这些概念的改造或重构，已经大大超出了康德伦理学的基本框架。

值得强调的是，这种至善后果主义虽然是康德式的，但是它并不像黑尔那样，认为康德可以是也应当是一个后果主义者（见第 2 章的论述）。相反，康德式的至善后果主义并不主张康德本人应当是一个后果主义者；它只是主张，康德的道德学说，特别是他的至善学说，包含着一种扩展为后果主义的可能性，只是康德没有向这个方向扩展而已。

2）它是后果主义的。这种后果主义表现在前面提到的价值论和规范理论两个方面。首先，它认为，康德把至善看作理想的道德世界和所有道德目的的全体的观点，蕴含着关于理想事态和终极目的的后果主义价值论，它把作为终极目的或价值的至善看作理想的事态。其次，至善作为理想世界和终极目的，不仅包含着促进它的道德义务，也可以作为道德法则和义务的规定根据，而使人们把是否有助于促进至善的最大化作为评价行为和规则的道德性的标准。当然，正如前面所说，这种后果主义可被称为一种准则后果主义，它与一般的行为后果主义既有联系，又有区别。

3）最重要的是，它超越了义务论和后果主义的简单对立。前面已经指出，义务论和后果主义的对立主要体现在法则和后果上，或者说正当和善何者优先这一问题上。其中，义务论认为法则或者正当优先于后果或善，而后果论反之。这两种理论共享一个基本的预设，即法则和后果之间具有明显的可分离性，一方可以独立于另一方而存在。在后果主义看来，在规则确立之前，必须先确立后果价值；如果现存的规则不符合后果最大化的标准，那么规则就不具有合理性，就必须被更好（能够符合最大化标准）的规则所替代。而在义务论看来，规则是先于后果而存在的，人们在行动时，遵守规则比考量后果更加重要。康德式的至善后果主义并不认可规则和后果的可分离性，因为一方面，至善作为后果已经把规则包含在内了；而另一方面，规则作为行动准则的规定根据，已经把促进至善价值作为其目的了。

这种康德式的至善后果主义具有重要的理论和现实意义。

1）对于康德伦理学来说，它有助于阐发、扩展康德伦理学特别是其至善理论的研究范围，有助于超越把康德伦理学局限在狭隘的义务论范围内的传统教条，有助于挖掘康德伦理学对后果主义的包容性。此外，从目前康德伦理学的研究趋势来看，探讨一种康德式的至善后果主义，有助于进一步深化当代新康德主义者对康德价值理论的探讨。

2）对于后果主义伦理学来说，探讨康德式的至善后果主义有助于解决它所面临的一个困境，即价值的非道德性问题。人们经常批判后果主义的价值理论是非道德的（见 1.1 和 4.2 的论述）。然而，康德式的至善后果主义在处理后果价值与道德法则之间的关系问题时，主张至善和道德规则之间具有内在的一致性，至善既是第一层面的道德法则的客体或目的，又是第二层面的道德法则的规定根据（见 7.2 的论述）。这为我们重新思考后果主义及其价值论提供了有益的参考。

3）相对于前面提到的其他版本的"康德式后果主义"来说，至善后果主义是更加"康德式的"，因为它直接来自康德对至善及其与道德法则的关系的论述，而非来自对康德伦理学的改造或重构。

4）这种康德式的至善论后果主义对于我们分析和解决一些棘手的道德争论也具有重要的意义。例如，在处理"电车难题"或"杀一人而救多人"的案例时，这种至善后果主义既不坚持"任何情况下都不能杀人"的极端义务论，也不坚持单纯从计算人数角度出发而主张"完全可以为救多人而杀一人"的直接后果主义，而是既主张每个人都赞同所有人的生命由于其尊严都必须得到尊重，同时也允许为保障和促进所有人的生命而牺牲一些人的生命。在至善后果主义看来，这里的牺牲不像直接后果主义认为的那样，是为了保障一些不相关的"其他人"或"更多人"的生命而被直接计算出来的。相反，这里的牺牲从"至善"概念出发，把保障"所有人"而非"其他人"或"更多人"的生命当作目的；这也是每个有理性的人都赞同的，包括那些被牺牲者。这就是说，那些出自被牺牲者的"自愿"或"同意"的牺牲，并没有把被牺牲者仅仅当作工具而非目的来对待，它既符合"人是目的"的道德要求，也符合"至善"的道德理想。

当然，这里需要再次重申的是，康德并没有明确提出这种类型的后果主义，而且康德本人实际上也不是一个后果主义者。但这并不妨碍我们指出，康德伦理学并不排斥所有形式的后果主义，而且其至善学说还蕴含着某种形式的后果主义的可能性，因而对它进行这种后果主义解读是完全可行的。

8. 应当与能够——实现至善后果的可能性

如果第 7 章的论证成立，那么就可以说存在一种康德式的至善后果主义。如果存在这样一种后果主义，那么它就会提出一种特殊的道德义务，即促进至善的实现的可能性的义务；换言之，人们应当去促进至善的实现。

不过，熟悉康德伦理学体系的人很快就会发现，在康德那里，至善并非是依靠人的努力就能实现的。在他看来，无论是作为个人的德性与幸福的综合统一的至善，还是作为可能的完善的世界的至善，都不是一个靠个人或者群体乃至人类的努力就能够实现的现实目的，它甚至需要假设灵魂不朽和上帝存在来保证其实现的可能性。从经验上看，人类无论在过去还是现在都没有真正实现过至善这一目的，甚至在可见的未来也没有完全实现这一目的的可能性。因此，康德才把至善目的当作一个调节性而非建构性的理念，其作用只是引导人们向着它不断前进，而非规定人们必须把它完全实现出来。

然而，如果说人有义务促进至善的实现，而这种实现又是靠人的努力所无法完成的，那么这看起来就和康德的另一个著名论断即"应当意味着能够"原则相冲突，因为后一个命题好像意味着"应当做的，就是能够做的"，而促进至善的义务明显是"应当做的，却是不能够做的"。7.2 已经指出，以伍德和贝克为代表的研究者都认为，在康德那里，促进至善的义务是与"应当意味着能够"原则相冲突的；还指出，为了解决这一困难，以希尔伯、莱斯和克莱因格尔特为代表的研究者提出了许多解决方案，但是这些解决方案都是难以令人满意的，问题依然没有得到解决。但是，如果这个冲突是无法解决的，那么康德式的至善后果主义就无法与康德伦理学相容，从而就无法真正成为"康德式的"。

本章主要处理这一问题，并将会尝试论证，这个冲突只是表面的，人们有义务不断地促进至善并不与"应当意味着能够"原则相冲突，因而康德式的至善后果主义并不与康德伦理学的基本框架相冲突。为了实现这一论证目标，本章将讨论以下几个问题：1. 梳理康德对"应当"和"能够"这两个概念的论述，指出"应当"乃是道德法则对作为有限理性存在者的人的命令，而"能够"是指"应当"在现实世界发生的可能性。2. 讨论"应当"得以"能够"的条件，指出"应当意味着能够"原则同时预设了自然条件和人的能力条件，其中自然的一般条件和人的一般能力保证"应当"在经验世界中"能够"发生。3. 讨论"应当"却并不"能够"的原因，指出自然的特殊条件和人的特殊能力的限制也会导致"应当"具有在经验世界中并不发生的可能性。4. 讨论"应当意味着能够"原则与康德哲学体系的关系，指出"应当意味着能够"原则与康德从两个世界看待人的视角密切相关。5. 讨论"应当意味着能够"原则与至善之可能性的关系，并得出结论：康德说人有义务促进至善，只不过，至善并非人们凭借一次行动就能实现的，也并非仅仅靠人力就能实现的；但是，康德并不否认实现至善的可能性，并为其设定了诸多保障要素。因此，一种康德式的至善后果主义完全可以把促进至善之实现的可能性的义务看作一个真实而非虚幻的义务。

8.1 康德论"应当"与"能够"

虽然"应当意味着能够"（ought implies can，以下也简称为 OIC）这一原则被广泛地运用于诸如内在主义与外在主义、自由意志与决定论、道德责任与归责等当代道德哲学问题的争论之中，但是这一原则通常被认为是一个康德式原则，被认为是由康德明确地把它引入现代道德哲学之中的。①

----

① 参见 Stern, "Does 'Ought' Imply 'Can'? and did Kant Think it Does?", *Utilitas*（转下页注）

康德在其哲学中频繁使用这一原则，其中比较明显的论述有如下一些段落：

1）因此，既然理性命令这样一些行动应当发生，那么这些东西也必定能够发生……（A807/B835）

2）在尘世中造就至善，这是一个可以由道德法则规定的意志的必然客体。但在这个意志中，意向与道德法则的完全适合是至善的至上条件。因此，这种适合必须与其客体一样是可能的，因为它是包含在促进这个客体的诫命之中的。（5：122）

3）道德法则作为应用我们的自由的形式上的理性条件，独自就使我们负有义务，无须依赖某个目的来作为质料上的条件；但是，它毕竟也为我们乃至先天地规定了一个终极目的，它使我们有义务追求这一目的，而这一目的也就是通过自由而可能的尘世中的至善。（5：450）

4）如果道德法则命令我们现在应该是更善一些的人，那么，不可避免的结论就是，我们也必然能够这样做。（6：50）

5）我们应当符合它，因而我们也必定能够符合它。（6：62）

6）因此，本性的冲动包含了人的心灵中实施义务的障碍和（有时强有力地）反抗的力量。因此，人必须判断自己有能力与它们战斗，并且不是将来才用理性战胜它们，而是现在（与思想同时）马上用理性战胜它们；也就是说，能够做法则无条件地命令他应当做的事情。（6：380）

7）如果我们的意志的某种作用并不也在经验（无论它是被设想为完成的，还是被设想为一直接近完成的）中可能，那么，企求这种作用就不是义务。（8：276–277）

8）道德作为无条件地颁布命令的、我们应当依之行动的法则的总和，自身就已经是一种在客观意义上的实践。而在人们承认这个"义

（接上页注）2004, 16(1), p. 53; Kohl, "Kant and 'Ought Implies Can'", *The Philosophical Quarterly* 2015, 65(261), p. 690；杨松：《"'应该'蕴含'能够'"（OIC）原则与义务》，载《北京师范大学学报（社会科学版）》2014 年第 2 期，第 102 页。

务"概念的权威之后，还要说毕竟做不到，这显然是荒唐的。（8:370）

遗憾的是，虽然康德如此频繁地使用这一原则，但是他并没有明确地从中提炼出"应当意味着能够"这一表达，更是很少对它进行论证。"对于这个原则意味着什么，或者他用它来蕴含什么，他却极少分析。"[1]这导致后来的许多研究者对该原则产生了许多不同甚至相反的解释[2]，给我们准确地理解这一原则带来了不少困难。因此，我首先要做的是，通过分析康德的相关文本，厘清"应当"和"能够"在康德道德哲学中的确切含义。

在康德道德哲学中，"应当"是一个重要的概念，它表达的是道德法则对理性存在者的意志的命令。"所有的命令都用'应当'来表述，并由此表示出理性的客观法则对一个意志的关系……"（4:413）然而，在康德那里，有理性的存在者可以分为两类：一类是完全理性的存在者，主要指神或上帝；另一类是有限的理性存在者，主要指人。对于前者而言，是不存在道德"应当"的，因为在上帝那里，所谓应当发生的事情也总是必然发生的事情，上帝的意愿总是和道德法则的要求一致，这里根本不会出现强制性的命令或"应当"。"一个完全善良的意志，尽管同样也会服从（善的）客观法则，但却不能由此将它表象为被迫按照法则行动，因为它自发地按其主观性状只能为善的表象所规定。故而，没有什么命令适合上帝的意志，或者一般地说，神圣的意志。这里不是这种'应当'该待的地方，因为意愿自发地已经必然与法则相一致了。"（4:414）与上帝不同，人一方面作为理性存在者能够颁布道德法则，但另一方面作为受感性刺激的存在者，有可能不按照道德法则的要求去行动，或者说不受道德法则的规定或强制。这就使得道德法则对人来说只具有客观必然性，而没有主观必然性。康德说道：

这个"应当"真正说来是一种意愿，这意愿对每一个理性存在者

---

① Stern, "Does 'Ought' Imply 'Can'? and did Kant Think it Does?", p. 53.

② 参见 Kohl, "Kant and 'Ought Implies Can'", pp. 690–709。

都会有效，其条件是只要理性在那里没有阻碍地是实践的；而那些像我们一样还通过作为另一类动机的感性受到刺激的存在者，在他们那里，理性单独为了自己而会去做的事情并不总是会发生。对他们来说，行动的那种必然性就只叫作"应当"，而主观必然性就区分于客观必然性了。（4:449）

正因为如此，道德法则才对人表现为命令或"应当"，从而具有了某种强制性。可见，道德法则作为一种命令或"应当"，只是针对作为有限理性存在者的人的，它表达的是客观的道德法则与人类意志的主观方面的不完善之间的关系。

康德进一步指出，若把世界划分为理知世界和感性世界，那么从每一个单一世界的角度来看，也并不存在"应当"——因为对于理知世界的存在者来说，意愿总与道德法则是一致的，因而对他来说根本不需要"应当"；而对于感性世界的存在者来说，他是完全受自然法则支配的，因而对他来说根本没有"应当"。因此，只有对那种同时把自己看作属于两个世界的存在者来说，才有"应当"存在。"道德的这个应当是他自己作为理知世界的成员的必然的意愿，而且只是就他同时把自己看作感官世界的一个成员而言，才被他设想为应当。"（4:455）因此，"应当"体现的是人同时处于理知世界和感性世界，并从两个世界的视角来看待自己。

既然在康德那里，道德法则作为具有客观必然性的命令或"应当"，并不一定具有主观上的必然性（毕竟人们还是有不按照"应当"来行动的可能性的），那么我们该如何理解"能够"这一概念呢？康德在《纯粹理性批判》中的一段话能够给我们提供线索。他说：

于是，这个"应当"就表达了一种可能的行动，这行动的根据不是别的，而只是单纯的概念；相反，一个单纯自然行动的根据任何时候都必须是一个现象。于是，当这个"应当"被指向这种行动时，这种行动当然就必须在自然条件之下是可能的……（A548/B576）

从这段引文可以看出，"应当"表达了一种在感性世界中或者在经验条件下产生行动的理性命令，而"能够"表达的就是"应当"的命令在感性世界或自然条件下发生的一种可能性。除了在这段话中，康德还在很多地方把"能够"理解为"可能的"或"可能性"。请看如下段落：

1）所以，纯粹理性虽然不是在其思辨的运用中但却是在某种实践的运用中，也就是在道德的运用中，包含经验可能性的原则，即这样一些行动的原则，这些行动在人类历史中有可能以合乎道德规范的方式被见到。这是因为，既然理性命令这样一些行动应当发生，那么这些行动也必定能够发生，所以某种特殊种类的系统统一即道德的统一必定是可能的……（A807/B835）

2）我们应当力求促进至善（所以它毕竟必然是可能的）。（5：125）

3）纯粹实践理性的一种需要乃基于一种义务，即是使某种东西（至善）成为我的意志的对象，以便尽我的一切力量去促成它。但我在这里必须预设它的可能性，从而也预设这种可能性的条件，亦即上帝、自由和不死，因为我通过我的思辨理性不能证明它们，尽管也不能反驳它们。（5：142）

4）但是，这个法则的主观效果，即与它相适合并且通过它也是必然的那个促成实践上可能的至善的意向，毕竟至少预设这种至善是可能的……（5：143）

5）对于思维方式来讲，革命必须是人所必要的，因而也是可能的；而对于感官方式（感官方式为革命设置了障碍）来讲，逐渐的改良必定是人所必要的，因而也是可能的。（6：47）

既然这里的"能够"应当被理解为"可能性"，那么进一步的问题是，我们又该如何理解这种"可能性"呢？"可能性"虽然是康德哲学中的一个重要范畴，但他并没有直接给它下定义，而是强调要在其运用中对其加以说明（A82/B108）。在《纯粹理性批判》中，康德区分了逻辑的可能性和现实的可能性。在他看来，逻辑的可能性表现为或然判断，它"仅仅表达出逻辑可能性（而不是客观可能性），也就是表达出使这样一个命题有效的自由选择，即只是任意地把它接受到知性中来"（A75/B101）。也就是说，只要一个概念在形式上是可思维的、一个判断在逻辑上是不矛盾的，那么它就是可能的。然而，这种逻辑上的可能性是抽象的，它并不关注这种可能性是否能够最终实现。例如，设想一个完全是白色的物体在逻辑上是可能的，但是这样的物体实际上是不存在的，因而这种可能性并不是真正的可能性。康德更加关注现实的可能性，即现实的客体与该客体的概念相符合。在他看来，客体都是在时空中被直观到的，因此现实的可能性都必须是在感性世界中存在的。同样，道德上的"能够"如果是一种现实的可能性，那么它也必须是有可能在感性世界中发生的。"既然行动一方面虽然在一个本身并不是自然法则而是自由法则的法则之下，因而属于理知的存在者的行为，但另一方面也作为感官世界中的事件而属于显象，所以一个实践理性的种种规定将唯有与感官世界相关才能够发生。"（5:65）这就是说，由道德法则或"应当"所规定的行动虽然是理性行为者的行动，但这种行动必须在感官世界中才是可能的，或者说才是"能够"发生的。

对于"应当"和"能够"在康德道德哲学中的关系，研究界存在两种不同的解读。一种解读是从人的能力出发来看待"应当"与"能够"的关系，从行为者的能力出发来判断"应当"是否合理。具体来说，这种解读认为，"应当"所要求的，必须是行为者实际上有能力完成的；如果行为者的能力"不能够"完成"应当"的要求，那么"应当"的要求就是不合理的。这种理解被称为强式解读。[1]然而，这种理解并不符合康德道德哲学，因为康德明确拒斥从能力出发来裁决"应当"的做法。他说道：

> 伦理义务必须不是按照赋予人的遵循法则的能力来评价，而是相反，道德能力必须按照无条件的发布命令的法则来评价；因而，不是

---

[1] 参见 Stern, "Does 'Ought' Imply 'Can'? and did Kant Think it Does?", p. 45。

按照我们关于人是怎样的经验性知识来评价，而是按照关于人依据人性的理念应当是怎样的理性知识来评价。（6：405）

也就是说，"应当"作为一种命令，它的有效性和客观性并不依赖于行为者的物理能力，而只是被视为纯粹实践理性的规定。因此，这种从行为者的能力出发的解读误解了"能够"和"应当"的关系。

人们可能会继续指出，如果 OIC 原则是成立的，那么从逻辑上来看，它的逆否命题也应当是成立的，即"不能够意味着不应当"也应当成立。若此，则强式解读仍然是对的。[①]这种解读没有看到，在康德那里，"能够"（或"可能性"）与"不能够"（或"不可能性"）并非处在一个层面上，二者具有不同的经验条件或基础。康德关注的是，在经验世界寻找并确立"应当"得以实现的条件；若这些条件得以确立，那么该命题就是成立的。当然，康德也并不否认经验世界中存在着使得"应当"变得"不可能"的其他特殊条件，但这些条件并不导致"应当"变为"不应当"，因为导致"不可能性"的条件和导致"可能性"的条件并非同一类条件，这也导致"可能性"和"不可能性"并非在同一层面的问题。

另一种理解被称为弱式解读。该解读模式认为，在康德那里，OIC 原则只是主张道德法则能够告诉我们应当怎么做，而且它也与我们的能力相适应；或者说，我们有能力和条件按照道德法则的要求去行动。但是，它并不包含上面的强式解读的意思，即"除非我们能够履行它，否则就没有行为是正当的"[②]。这种解读强调，虽然"应当"预设和要求了与其实现相应的能力，但后者并不能构成对前者的限制。赫尔曼也支持这种观点。在她看来，我们有义务去做的行为，对我们来说不过是有可能去做的行为。[③]这种弱式的解读方式是符合康德的立场的，康德也多次做过类似的论述。例如：

---

①　例如，著名新康德主义者科斯嘉德就支持这种观点。参见 Korsgaard, *Fellow Creatures*, Oxford University Press, 2018, p. 217.

②　Stern, "Does 'Ought' Imply 'Can'? and did Kant Think it Does?", pp. 56—57.

③　参见赫尔曼：《道德判断的实践》，第 163—164 页。

1）义务命令我们做这件事，而义务也仅仅命令我们做自己力所能及的事。（6:47）

2）如果道德法则命令我们现在应该是更善一些的人，那么，不可避免的结论就是，我们也必然能够这样做。（6:50）

这些段落都表明，"应当"要求行为者做的事情，都是与行为者的能力相适应的，是行为者能够做的，虽然他并不一定会这样做。而这种理解并不同于上述强式理解，它用"能够"来限制"应当"，认为凡是行为者做不到的，就是不应当的。

尽管如此，斯特恩（R. Stern）和赫尔曼的弱式解读也是不完善的。在康德那里，"应当"所要求的自然条件下的可能性，不仅涉及行为者的能力，也涉及外在于行为者的自然条件。在本章的第二部分，我将从一般的自然条件、人的一般禀赋或能力的角度指出，在经验世界中，"应当"所要求的事情是能够发生的。这体现了"能够"作为可能性是现实的可能性，而非仅仅是逻辑的可能性或想象的可能性。在第三部分中，我们将从特殊的自然条件和人的特殊能力和自由选择的角度指出，"能够"作为一种可能性是区别于必然性的，它并不保证"应当"的要求在经验世界中一定具有实存性，"应当"所要求的事情也可能不发生。

8.2 "应当"意味着"能够"

有一种观点认为，既然在康德那里，OIC 表达的是道德法则的命令在感性世界发生的可能性而非现实性，那么对于这种可能性，只要人们相信它就可以了，至于它是否能够在世界中发生，人们完全可以置之不理。这种看法被称为"单纯信念要求"。它认为，"'应当'作为理性原则包含的，不多于对'什么后果是可能的'的主观信念"[1]。然而，这种看法并不符合

---

① Kohl, "Kant and 'Ought Implies Can'", p. 694.

康德的立场。在康德那里，如果一件事情是"应当"所要求的，那么它必定在经验中是可能的，因此并不能被理解为一种单纯的"主观信念"。他说道：

> 1）在一种基于"义务"概念的理论中……如果我们的意志的某种作用并不也在经验（无论它是被设想为完成的，还是被设想为一直接近完成的）中可能，那么，企求这种作用就不是义务。（8:276-277）

> 2）道德作为无条件地颁布命令的、我们应当依之行动的法则的总和，自身就已经是一种在客观意义上的实践。而在人们承认这个"义务"概念的权威之后，还要说毕竟做不到，这显然是荒唐的。因为在这种情况下，这个概念就自行从道德中取消了（ultra posse nemo obligatur［没有人有义务去做超出能力的事情］）。（8:370）

这两段话充分表明，"应当"一方面不会要求人们去做在经验或自然中完全不可能的事情，另一方面也不会命令人去做完全超出其能力范围的事情。也就是说，在康德那里，OIC 原则并不仅仅是一种主观信念，无论是在一般的自然条件下，还是在人的一般能力那里，它都是有其现实基础的。

首先，"应当"所要求的可能性在一般自然条件下是能够发生的。这里的"一般自然条件"是指从整体上来看的自然世界，它一方面由自然规律所支配，另一方面又成为道德"应当"所要求的行为能够发生的场所。由于在康德的理论框架内，"应当"的根据来自理知世界，而"能够"指的是在感官世界中发生的可能性，因此要想使得理知世界的要求在经验世界中发生并不是件容易的事情。康德也清楚地看到了这一点，因为"道德上的善是某种按照客体来说超感性的东西，因而不可能为它在感性直观中找到某种相应的东西，所以，从属于纯粹实践理性的法则的判断力看来就承受着一些特殊的困难。这些困难乃是基于，一条自由法则应当被运用于作为事件的行动，而这些事件却是在感官世界中发生的，因而就此来说属于自然"（5：68）。要解决这些困难，康德就必须找到沟通自由与自然、理知世界与感性世界的桥梁。在《道德形而上学奠基》中，康德指出，虽然理知世界包含自律原则，而感性世界包含他律原则，但这两个世界并不是完全割裂的。在他看来，由于理知世界包含着感性世界的根据，因此，人作为行为者虽然身处感性世界之中，但是仍然可以依据理知世界的要求在感性世界中行动。康德说道：

> 由于这个知性世界包含着感官世界的根据，从而也包含着感官世界的规律的根据，因而就我的意志来说（它完全属于知性世界）是直接立法的，因而也必须被设想为这样的知性世界。所以，我将把自己看作理智。尽管从另一方面来看我如同一个属于感官世界的存在者，我却仍然把自己看作服从知性世界的法则的存在者，即服从在自由理念中包含着知性世界的法则的理性，因而服从意志的自律的。所以，我必然会把知性世界的法则视为对我的命令，并把符合这种原则的行动视为义务。（4：454）

既然理知世界包含着感性世界的根据，那么使得理知世界的要求在感性世界中发生，就是可能的了。

在《实践理性批判》中，康德进一步把感性世界或自然世界看作理知世界或自由世界的一个模型。"模型"这个术语来自希腊语"tupao"，意思是"表现或描画"。康德使用这个术语就是想表明，自然世界的合法则性能够表现或描画自由世界的合法则性。[①] 具体来说，在认识活动中，知性提供规则，感性直观给出经验对象，先验想象力通过图形在知性和感性之间进行协调，从而为自然立法，或者说使自然世界具有合法则性。而在道德实践中，自然世界的合法则性可以表现或描画自由世界中道德的合法则性，

---

① 参见 Kleist, "The Freedom to Design Nature: Kant's Strong Ought → Can Inference in 21st Century Perspective", *Cosmos and History: The Journal of Natural and Social Philosophy* 2005, 1(2), p. 217.

这种表现或描画是通过知性这一中介来实现的。康德说道：

> 道德法则除了知性（不是想象力）之外，就没有别的促成其在自
> 然对象上的运用的认识能力了，而知性能加给一个理性理念的并不是
> 一个感性图型，而是一个法则，但却是这样一个能够在感官对象上得
> 到展示的法则，因而是一个自然法则（但只是就其形式而言），是为了
> 判断力的法则。因此，我们可以把这法则称为道德法则的模型。（5:69）

这就是说，知性作为制定规则的能力，一方面给自然世界提供了法则，
另一方面也给实践理性提供了法则。只不过，在后一种情况下，知性提供
的法则是使得道德法则能够在自然中得到展示的法则，因而是一个自然法
则。人们进而可以把这个法则看作道德法则的模型。因此，从模型论的观
点看，道德法则也是一个自然法则，只不过它不涉及法则的内容，而只涉
及其形式。这样，人们也可以把自然世界看作道德世界的模型。"因此，把
感官世界的自然用作一个理知的自然的模型，这也是允许的，只要我不把
直观和依赖于直观的东西转用到后一种自然上，而是仅仅把一般合法则性
的形式（其概念甚至出现在最普通的理性应用中，但不是在于别的任何意
图，而仅仅是为了理性的纯粹实践应用才能够先天确定地被认识）与之相
联系。因为法则本身就此而言是一样的，不管它们会从何处取得自己的规
定根据。"（5:70）如果自然法则是道德法则的模型，那么如果存在道德法
则或"应当"的要求，那么行为者在行动的时候，就要问一问自己，"你打
算采取的行动如果应当按照你自己也是其一部分的自然的一条法则发生的
话，你是否能够把它视为通过你的意志而可能的"（5:69）。总之，在康德
那里，虽然理知世界和自然世界是迥然有别的，但是从知性世界包含着感
官世界的根据，以及自然世界是理知世界的模型来看，道德法则所要求的
"应当"还是能够在自然世界中发生的。

人们或许会追问，既然康德认为理知世界包含感性世界的根据，那么
前者包含后者所具有的质料要素，从而"应当"也包含"能够"所蕴含的

经验要素或质料要素吗？对于这个问题，研究界存在两种观点。一种观点认为，理知世界是完全形式化的，并不包含经验世界的质料要素，因而来自理知世界的"应当"也不包含感性世界的质料要素。另一种观点则从两个层面来理解道德法则。第一个层面是单数的道德法则或绝对命令，其存在不依赖于其他任何目的或对象，它只是一种抽象的、完全形式化的法则。第二个层面的道德法则是复数的道德法则，这种道德法则一方面需要符合第一个层面的形式性的道德法则的要求，另一方面又需要考虑具体的、特殊的情况，因而它们既是普遍的，又是具体的和有内容的。如果第一个层面的道德法则表现为绝对命令式的话，那么第二个层面的道德法则就表现为符合绝对命令的具体法则，如"不许自杀""不做虚假承诺"等。①

其次，"应当"所要求的可能性对于人的一般自然能力来说也是能够发生的。这里的一般自然能力，是指大自然所赋予的、一般人都具有的禀赋。康德认为，大自然在赋予人类以各种禀赋时，都是以合目的的方式进行的（4：395—396）。因此，如果道德法则要求人们在经验的自然世界中通过行动而实现一个意图或目的，我们就必须认为人的禀赋或能力是能够实现它的（6：47，380；8：287）。譬如，如果人的本性注定是要追求至善的，那么"他的各种认识能力的程度，尤其是这些认识能力彼此之间的比例关系，也必须被假定为是适合这一目的的"（5：146）。这里的困难在于，康德并没有明确说明人到底具有哪些自然禀赋或能力，能够使得"应当"的要求在自然条件下发生。但是，从康德道德哲学的基本框架出发，我们发现，康德至少预设了理性和意志这两个相互关联的自然禀赋。理性作为原理的能力，它在实践层面可以颁布道德法则，纯粹理性"单凭自身就是实践的，并给予（人）一条我们称之为道德法则的普遍法则"。而意志作为一种依照对法则的表象而去实现一定对象或客体的欲求能力，是"一种要么产生出与表象相符合的对象，要么规定自己本身去造成对象（无论自然能力是否

---

① 我在这里倾向于支持第二种观点，详细理由参见拙文《论一种康德式的至善后果主义》，载《哲学研究》2018 年第 6 期，第 88—94 页。

充足）亦即规定自己的因果性的能力"（5:15）。就二者的关系来看，康德指出，大自然赋予人以理性，其目的或使命不是产生一个作为其他意图的手段的意志，而是产生一种自然的本身就善良的意志。也就是说，纯粹实践理性通过道德法则来规定意志，从而使得意志成为善良意志。而意志作为推动人去行动的欲求能力，虽然会受到感性偏好的影响，但是它能够出于敬重而对道德法则产生一种"自由的服从"，这种敬重和服从使得理性对偏好的强制成为可能。进而，如果意志出于尊重而只选择按照理性不依赖于爱好的要求来行动，那么意志无非就是实践理性了。康德有时也把人的这种能够按照道德法则去行动的禀赋称为"人格性的禀赋"，它是一种"易于接受对道德法则的敬重，把道德法则当作任性的自身充分的动机的素质"（6:27-28）。

既然理性是产生善良意志的能力，意志是按照理性的规定去产生一定效果的欲求能力，那么这里还必须预设一些关于道德实践的理论知识，即一个行为者要具有一定的因果推理能力，使得他能够一方面知道他应当做什么，或者说知道道德"应当"的要求是什么，另一方面也知道他所处的一般自然条件是什么。只有这样，才能真正保证"应当"在自然条件下的可能性。也就是说，行为者需要对一般的自然条件和自己的一般能力有所了解，知道自己"在自然法则设定的限度内能够实现什么"①。当然，在康德那里，这个关于实践的理论知识并不需要什么特别的前提条件就能够获得，因为"为了使我的意愿成为道德上善的，我应当做什么，对此我根本用不着远见卓识的机敏"（4:403）。普通的人类理性"就会在所面临的一切情况下很好地懂得去分辨什么是善、什么是恶，什么符合义务、什么违背义务"（4:404）。因此，即便行为者无法知道使得"应当"成为可能的全部自然条件和其全部禀赋或能力，但是他所具有的关于道德实践的一般能力和知识已经能够保证"应当"在经验条件下的可能性了。

综上，对康德来说，无论是一般性的自然条件，还是行为者的一般能

---

① Kohl, "Kant and 'Ought Implies Can'", p. 695.

力，都能够保证"应当"的要求在经验条件下的可能性。这也反驳了那种
认为 OIC 原则仅仅是一种主观信念的解读方式。

8.3 "应当"与"不能够"和"能够不"

与"主观信念"相反的另一种错误解读认为，在康德那里，"应当"所
要求的，就必然是能够实际发生的。这种解读被称为"充分实现要求"。[①]
很明显，这种观点混淆了可能性和现实性之间的重要区别。如前所述，OIC
原则中的"能够"只表达一种经验条件下的可能性而非现实性，"能够发生"
或者说"有可能发生"并不意味着"一定会发生"。与这种解读相关的另一
个错误观点认为，既然在自然条件下没有发生"应当"所要求的行为，那
么这种行为就是不可能的，从而"应当"的要求也是不合理的，因此康德
坚持 OIC 原则就是错误的。实际上，康德并不否认有些"应当"在自然条
件下并没有实际发生，但是他否认现实性的缺乏必然会与 OIC 原则相冲突。

在康德看来，有两类原因会导致有可能发生的行为或结果最终并没有
发生，一类是自然条件和行为者能力的特殊限制，另一类是行为者选择的
任意性。其中，自然条件和行为者能力的特殊限制体现的是"不能够"，而
行为者选择的任意性体现的是"能够不"。

康德指出，"应当"虽然在道德上具有必然性，但在自然或物理条件下
则具有偶然性。由于"应当"所要求的行为必须是发生在自然条件下的行
为，那么这种行为就受到自然条件的制约。虽然一般的自然条件允许某类
行为发生，但是某些特殊的或严苛的自然条件则会导致行为无法发生。因
此，从自然的角度看，"应当"的要求就是偶然的。康德指出：

> 在这里，行动作为义务的客观必然性是与这行动作为事件当其根
> 据在自然中而不在自由（即理性的因果性）中时就会具有的那种必然

---

① 参见 Kohl, "Kant and 'Ought Implies Can'", p. 694。

性相对立的，而且道德上绝对必然的行动在物理上被视为完全偶然的（也就是说，那应当必然发生的事情却常常不发生）。(5:403)

究其原因，是因为大自然对人并不慷慨，它给人提供的条件往往是"继母般的"贫乏或苛刻，导致人们无法贯彻自己的意图（4:394; 5:146）。因此，虽然有些事情是行为者应当做的，但是特殊的外在自然条件的限制导致应该做的事情并不能发生。例如，某地发生洪灾，一个小学生被洪水卷入其中，生命危在旦夕；我碰巧路过并发现了他，我意识到自己"应当"立即营救这个落水者，并且我认为自己也能救出他，毕竟我曾受过专业游泳训练，甚至还获得过重大游泳比赛的冠军；而且我也曾经见义勇为，成功搭救过几个落水者。但是，我跳下水才发现，周遭的环境太过恶劣，翻腾的激流让我根本无法接近落水者，即便我使出全身力气能够抓住他，也无法把他顺利带上河岸，我甚至还可能和他一起被激流卷走。在这种情况下，我不得不放弃营救落水者的计划，返回岸上，眼睁睁看着落水者被洪水淹没。这个案例表明，虽然在一般情况下，人们都"应当"帮助身处困境并需要帮助的人，但是有时候，特殊、苛刻的自然条件会让这种"应当"无法充分实现。因此，对康德来说，一种有效的"应当"只是意味着特定种类的行为是可能的，但是并不意味着某个特殊行为的可行性。在具体的自然条件下，一个特殊行为的可行性是偶然的，甚至是依赖运气的。[①] 但是，我们不能依据特殊条件下"应当"的不可能性就断定这个"应当"是不合理的，因为在康德那里，"应当"的有效性并不来自经验的自然条件，而是来自先天的实践理性颁布的道德法则。科尔（M. Kohl）全面地总结了"应当"和自然条件之间的这种关系。他说道：

何种特殊自然条件可以实际地获得，因此何种经验效果可以从我们的意图中被实际地产生，从应当寻求产生影响的慎思选择的角度来

---

① 赫尔曼：《道德判断的实践》，第163—164页。

看，是从未完全地被预见的。然而，这些自然条件"在规定意志本身时并不具有任何作用"。在康德看来，我们运用意愿能力去选择正确的理由，并不屈服于相同的经验偶然的自然能力的运用。这解释了，为什么康德认为，我们对道德应当的意识告诉我们可以总是选择正当的（道德）理由，但这不是我们能够成功地产生任何特殊的自然效果的理由。①

除了自然的偶然因素外，康德还认为，"应当"虽然具有道德上的必然性，但它在行为者能力的特殊限制方面也是偶然的。前面已经指出，一般来说，"应当"所要求的行为也是行为者在自然条件下有能力完成的行为。但是，由于行为者的实际自然能力各不相同，甚至一个行为者的自然能力在不同时期也是不同的，因此，行为者的一些能力的特殊限制会制约"应当"在现实中的可行性。例如，我和一个朋友约好今天早上在某个咖啡馆见面。以往我们曾约过多次，每次我都能准时到达。但是，今天早上由于意外，我在去咖啡馆的路上把脚扭伤了，导致我无法按时赴约。这里，虽然我依照往常的经验知识计算出，我正常行走是能够实现承诺的，但是我无法预料或计算出我今天遭遇的特殊状况，它导致我无法按时赴约。可见，行为者特殊的自然能力的不同会制约"应当"实现的可能性。当然，这里，人的自然能力的特殊限制并不是人不去履行义务或者"应当"的要求的借口；相反，即使有各种能力的特殊限制，人仍然需要尽最大的努力去依照"应当"的要求去行动，即使行动不能产生人想要的结果，也不妨碍行动本身具有的道德价值。

> 即使由于命运的一种特殊的不利，或者由于继母般的自然贫乏的配备，这种意志完全缺乏贯彻自己的意图的能力，如果它在尽了最大的能力之后依然一事无成，所剩下的只是善的意志（当然不仅仅是一

---

① Kohl, "Kant and 'Ought Implies Can'", p. 700.

个纯然愿望，而是用尽我们力所能及的一切手段），它也像一颗宝石那样，作为在自身就具有其全部价值的东西，独自就闪耀光芒。（4：394）

这也充分表明，康德虽然承认人的能力的特殊限制会导致"应当"的要求在经验世界中可能并不实现，但是，这个并不发生的后果并不决定由"应当"规定的行为的道德价值，更不能成为判断"应当"是否合理的根据。

第二类情况与自然的特殊条件和行为者自然能力的特殊限制不同，而与行为者的自由任性相关。也就是说，行为者的自由任性的主观选择也会导致"应当"的必然性要求在行为者主体那里变成偶然的，因为人的自由任性既可以选择按照道德法则行动，也可以选择不按照道德法则行动。当人主动选择不按照道德法则去行动时，"应当"的要求在现实中就会落空。在《单纯理性限度内的宗教》中，康德把人的这种不按照道德法则行动的倾向称为"恶的倾向"，并把它看作一种不可以被想象为"与生俱有"的，而是被设想为由人"自己招致"的倾向（6：28-29）。也就是说，不按照"应当"的要求去行动的恶的倾向是人自由选择的结果。康德把这种倾向划分为三个层次，即"第一，人性在遵循已被接受的准则方面的软弱无力，或者说人的本性的脆弱；第二，把非道德的动机与道德的动机混为一谈的倾向（即使这可能是出于善的意图并在善的准则之下发生的），即不纯正；第三，接受恶的准则的倾向，即人的本性或者人心的恶劣"（6：29）。康德更加看重"人心的恶劣"这一层次，因为它主动地"把出自道德法则的动机置于其他（非道德的）动机之后"（6：30）。康德也把这种恶劣或败坏叫作"人心的颠倒"，即它作为一种自由任性的运用，把道德次序弄颠倒了。

可见，如果说自然的特殊条件和行为者自然能力的特殊限制会导致"应当"的要求在经验世界中"不能够"实现的话，那么任意的自由选择会导致"应当"的要求在经验世界中"能够不"实现，因为后者本身就预设了行为者既有依照道德法则去行动的可能性，也有不依照道德法则去行动的可能性。这使得"应当"的要求同时具有了客观必然性和主观偶然性这两种特征。

　　这里值得进一步追问的是，既然这两类原因会导致"应当"发生的事情却并没有发生，那么人们应对这些"不可能"的行为或后果负责任吗？对于责任，康德说它是服从理性的绝对命令式的一个自由行动的必然性。这里的命令式"是一条规则，其表象使主观偶然的行动成为必然的，因此把主体表现为一个必然被强迫（使之不得不）与这条规则相一致的主体"，而绝对的命令式"绝不是间接地、通过一个凭借行动能够达到的目的的表象，而是通过这个行动本身（其形式）的纯然表象，因而是直接地把该行动设想为客观必然的，并使之成为必然的……绝对命令的可能性的根据就在于：它们与人性的任何其他规定（通过这种规定，就可能给任性加上一种意图）都没有关系，而只与任性的自由有关"（6：222）。很明显，康德更多的是从"应当"的角度来思考责任问题的，认为它与绝对命令的要求有关，其有效性既不来源于"能够达到的目的的表象"，也不在于它"适宜于达到任何一个预定的目的"。因此，第一类原因，即自然和人的能力的特殊限制所造成的不可能，是与责任无关的。也就是说，只要行为者按照"应当"的要求去做，其行为就已经具有道德价值了，至于结果如何是受自然条件的偶然因素影响的，也是行为者无法控制的，因此从中无法产生责任问题。不过，对于第二类原因，即由自由任性的主观选择而导致的不可能，康德明确指出这是一种恶，是一种"人心的颠倒"，行为者需要为此负责任。也就是说，既然行为者主动选择了作恶，那么他就应当承担相应的责任。这两类原因所造成的责任的不同，也体现了康德道德哲学的一个根本立场，即道德善恶的评价只适用于自由选择，而不适用于自然本性。

　　值得强调的是，自然的特殊条件、人的特殊自然能力和人的自由选择等因素会导致"应当"的要求在现实中落空，但是这并不与康德坚持的OIC原则相冲突。这是因为，当康德认为"应当"发生就意味着"能够"发生时，他是从自然的一般条件和人的一般能力来看待的；当康德说"应当"发生并不意味着"必然"发生时，他是从自然的特殊条件、人的特殊能力和人的自由选择方面来看待的。

8.4 "应当意味着能够"与"两个世界"

综上所述，我们基本能够确定 OIC 原则在康德哲学中的应有解读模式：对于作为有限的理性存在者的人，OIC 原则不仅预设了"应当"作为命令具有的客观必然性，还通过揭示自然的一般条件和人的一般能力而预设了其在自然条件下的"可能性"；同时，也不否认由于自然的特殊条件、人的特殊自然能力及自由选择所导致的"不可能性"。

人们或许会有如下质疑：既然 OIC 原则既意味着可能性，又不否认不可能性，那么这二者之间的关系是什么样的呢？可能性与不可能性在概率上是怎样的？进而，如果 OIC 原则既意味着可能，又意味着不可能，那么这个原则岂不是一句"正确的废话"？如果从经验世界的角度看，可能性与不可能性之间的概率关系根本无法确立，毕竟它们受到偶然因素的影响和制约。然而，康德并不是从这个角度来思考问题的，他并不关心"应当"所要求发生之事在现实中发生的可能性或不可能性的概率是多少。他首先关注的是"应当"在经验世界中的可能性问题，然后关注的是哪些偶然因素会导致"应当"在经验世界中的不可能性。在这里，"应当"与"能够"（或"可能性"）的关系才是主要的，他主张从"应当"的角度理解"能够"，而不是从"能够"出发去论证"应当"的合理性。而他对"不可能性"的论述，只是想从相反的角度指出，那些经验性的偶然性条件所导致的不可能性，也并不与 OIC 原则相冲突。因此，康德并不是在说"道德应当既意味着可能性，也意味着不可能性"这样"正确的废话"。

这里仍然存在两个与 OIC 原则有关的问题，即，OIC 原则在康德的哲学体系中具有什么样的意义？康德和当代学者对 OIC 原则的理解和运用有没有区别？对这两个问题的探讨，有助于我们更加全面地了解康德的哲学体系以及 OIC 原则的多种用法。

从前述可知，OIC 原则体现了康德关于两个世界的完整态度。一方面，由于"应当"属于理知世界的命令，而"能够"涉及经验世界的自然条件，因此，OIC 原则体现了康德关于两个世界的立场。康德自己也说道："因此之故，一个理性存在者必须把自己视为理智（因此，不是从它的低级力量方面来看），不是视为属于感官世界的，而是视为属于知性世界的；因此，它具有两个立场，它可以从这两个立场出发来观察自己，认识应用其力量的法则，从而认识它的一切行为的法则。首先，就它属于感官世界而言，它服从自然法则（他律）；其次，就它属于理知世界而言，它服从不依赖于自然的、并非经验性的而是仅仅基于理性的法则。"（4:452）也就是说，当我们说 OIC 原则只适用于作为有限理性存在者的人时，我们已经采用了两个世界的观点看待人了，因为只有人既属于感性世界，同时又属于理知世界。另一方面，OIC 原则也体现了康德试图沟通这两个世界的尝试。在康德那里，两个世界的立场只具有阶段性意义，他最终的目的不是割裂两个世界，而是要把两个世界统一起来。虽然经验世界涉及自然的因果性，理知世界涉及自由的因果性，二者在性质上是颇为不同的，但是二者也并非是完全割裂的。在康德看来，虽然经验世界并不包含理知世界的原因，但理知世界并非不包含经验可能性的原则。通过 OIC 原则，我们发现，自然世界可以作为理知世界的模型而存在，属于理知世界的"应当"在自然世界中并非是不可能的。这样，康德就通过 OIC 原则架起了沟通两个世界的桥梁。康德在如下一段话中明确表明了他的这种意图：

> 纯粹理性虽然不是在其思辨的运用中但却是在某种实践的运用中，也就是在道德的运用中，包含经验可能性的原则，即这样一些行动的原则，这些行动在人类历史中有可能以合乎道德规范的方式被见到。这是因为，既然理性命令这样一些行动应当发生，那么这些行动也必定能够发生，所以某种特殊种类的系统统一即道德的统一必定是可能的。然而，这种系统的自然统一按照理性的思辨原则是不可能被证明的，因为理性虽然就一般自由而言具有原因性，但并非就全体自然而言具有原因性，而理性的道德原则虽然能产生自由的行动，但不

能产生自然律。因此，纯粹理性的这些原则在其实践的尤其是道德的
运用中具有客观实在性。（A807/B835）

在这段话中，康德不仅明确提出了 OIC 这一原则，还利用这一原则来
实现自由与自然、理知世界与感性世界的统一。如果康德对两个世界的划
分是其哲学体系的根本特征的话，那么 OIC 原则对于我们理解两个世界的
区别与联系，乃至理解其整个哲学体系都具有重要意义。[①]

正因为康德对 OIC 原则的论述是与其哲学体系密切相关的，这使得他
与许多当代研究者对 OIC 原则的运用具有了明显区别。首先，许多当代学
者地把 OIC 原则当作一个独立的原则，用它来讨论诸如内在主义与外在主
义、自由意志与决定论等问题。[②] 然而在康德那里，OIC 原则首先并非是一
个独立的原则，他对 OIC 原则的解读无法脱离他关于两个世界的基本观点。
其次，有些当代学者更多地关注行为者的能力，强调用行为者是否有能力
来完成"应当"的要求来判断"应当"是否合理，或者说用能力来裁剪"应
当"。[③] 与这些学者不同，康德虽然也指出人的禀赋或能力对实现"应当"
具有重要意义，但是他明确否认了从能力出发来确定"应当"是否合理的

[①] 参见 Kleist, "The Freedom to Design Nature: Kant's Strong Ought → Can Inference in 21st Century Perspective", p. 214。

[②] 参见 Kohl, "Kant and 'Ought Implies Can'", pp. 707–709; Frankena, "Obligation and Ability", in Black ed., *Philosophical Analysis*, Ithaca, 1950, pp. 148–165; Armstrong, "'Ought' Conversationally Implies 'Can'", *The Philosophical Review* 1984, 93, pp. 249–261; Fischer, "'Ought-Implies-Can', Causal Determinism and Moral Responsibility", *Analysis* 2003, 63(3), pp. 244–250; Anomaly, "Internal Reasons and the Ought-Implies-Can Principle", *The Philosophical Forum* 2008, pp. 469–483; Vranas, "I Ouhgt, Therefore I Can", *Philosophical Studies* 2007, 136, pp. 167–216；杨松:《"'应该'蕴含'能够'"（OIC）原则与义务》，第 102—107 页。

[③] 参见 Graham, "'Ought' and Ability", *The Philosophical Review* 2011, 120(3), pp. 337–382; Griffin, *Value Judgement: Improving Our Ethical Beliefs*, Oxford University Press, 1996, p. 105; Frankena, "Obligation and Ability", pp. 148–165; Wedwood, "Rational 'Ought' Implies 'Can'", *Philosophical Issues* 2013, 23, pp. 70–92; Timmermann, "Sollen und Können: 'Du kannst, den du sollst' und 'Sollen impliziert Können' im Vergleich", *Philosohiegeschichte und logische Analyse* 2003, 6, pp. 113–122; Stern, "Does 'Ought' Imply 'Can'? and did Kant Think it Does?", pp. 42–61。

做法。在他看来，"应当"作为纯粹实践理性颁布的命令，其有效性并不依赖于人是否具有实现它的能力。最后，还有一些当代哲学家在讨论 OIC 原则时，更多地聚焦于"应当"，他们"要么关注'应当'的客观意义（就一个行为者依赖于世界的实际状态来说，她应当做什么），要么关注所谓的'应当'的主观意义（就一个行为者依赖于她主观合理性地相信的东西来说，她应当做什么）"①。然而正如前所述，在康德那里，OIC 原则既不依赖于外部世界的实际状态，也不依赖于行为者的主观信念，但是它与外部世界和行为者的能力密切相关。一方面，外在于人的一般自然条件和内在于人的一般能力条件能够保障"应当"在经验条件下的可能性。另一方面，经验世界的特殊状态和人的特殊能力往往会导致"应当"的要求在现实世界中落空，因而它也不是必然能够实际发生的。总之，虽然康德对"应当"和"能够"的论述刺激了 OIC 原则的当代关注和运用，但是这种关注和运用在许多方面都不同于康德。②

8.5 "应当意味着能够"与至善后果的可能性

人们通常把康德的 OIC 原则理解为"你应当做什么，就意味着你能够做什么"。然而通过前面的讨论可知，这种观点只看到了问题的一个方面，即凡是"应当"所要求的，就是有可能发生的；它没有看到问题的另一个方面，即即便是"应当"所要求的，在很多情况下也是有可能不发生的。如果把前面的这两个结论用在康德式的至善后果主义上，我们就可以发现，第二个结论可以帮助我们解决一个经验性的问题，即由于各种特殊的原因，

---

① 参见 Kohl, "Kant and 'Ought Implies Can'", p. 709; Graham, 'Ought' and Ability", pp. 337-382；白文君：《论康德的道德应当》，载《内蒙古社会科学（汉文版）》2007 年第 5 期，第 64—67 页。

② 卡恩（S. Kahn）详细归纳了目前学界提出的 5 种支持 OIC 原则和 18 种反对 OIC 原则的观点，其中多数观点都和康德对 OIC 原则的运用无关。参见 Kahn, *Kant, Ought Implies Can, the Principle of Alternate Possibilities, and Happiness*, Rowman & Littlefiel, 2019, pp. 35–116。

无论是在过去还是在现在，甚至在可见的未来，至善都还没有实际地存在或发生过。也就是说，虽然人有义务促进至善，但是由于各种特殊的原因，至善还是有可能不发生的。因此，即便至善在经验中并没有存在或发生过，这也并不和康德的 OIC 原则相冲突。

当然，这里的问题主要涉及 OIC 原则的第一个方面，即既然人有义务促进至善，那么至善就应当是有可能发生的。在这个问题上，仅仅利用 8.2 讨论的保证 OIC 原则得以可能的那些条件好像是不够的。在 8.2 中，我指出，自然的一般条件和人的一般能力是能够保证"应当"的要求在经验世界中的实现可能性的。然而从康德的文本中可知，这两种条件并不能保证至善目的的实现。在康德那里，实现至善的可能性还需要其他不同的条件，这些条件包括对积极自由、灵魂不朽和上帝存在的设定。对此，我们现在需要考察以下两点：其一是，康德如何论证这些作为实现至善之可能性的条件；其二是，康德对这些公设的讨论是否与 OIC 原则相冲突。因而，康德式的至善后果主义把促进至善作为道德义务的主张就既是后果主义的，又是康德式的。

第 7 章曾经指出，"至善"在康德那里可以有两种理解，一种是在个体意义上作为德性与幸福的综合统一，另一种是在社会意义上作为未来的完善世界。但是，无论从哪个角度来看，至善都不是人靠自己的努力就能够保证其实现的。

在《实践理性批判》的辩证论中，康德着重考察了第一种意义上的至善，即作为德性与幸福的综合统一的至善。康德认为，人由于其有限性，靠自身的能力并不足以造成幸福与德性的精确匹配。其原因如下：首先，由于人的意志与道德法则的完全适合是至善的至上条件，而这种适合在有限的人生中无法实现，"意志与道德法则的完全适合就是神圣性，是没有一个感官世界的理性存在者在其存在的某一时刻能够达到的一种完满性"（5:122）。因此，只有假设人的有限生命可以延长，也就是只有假设灵魂不朽，才有可能保证至善在无限的过程中是有可能的。其次，即便一个人总是依照道德法则去行动，但他自己也无法保证与其德性相匹配的幸福能够实现；毕竟，幸福作为经验要素，是不完全依赖于道德法则的，它还受自然条件的影响。

> 幸福是尘世中的一个理性存在者的状态，对这个理性存在者来说，就他的实存的整体而言，一切都按照愿望和意志进行，因而所依据的是自然与他的整个目的，以及与他的意志的本质性规定根据的协调一致。现在，道德法则作为一条自由的法则，是通过应当完全不依赖于自然及其与我们的欲求能力（作为动机）的协调一致的那些规定根据而发布命令的；但是，在尘世中行动着的理性存在者毕竟并不同时是世界和自然本身的原因。因此，在道德法则中没有丝毫的根据，来使一个作为部分属于世界，因而依赖于世界的存在者的道德性和与之成比例的幸福之间有一种必然的联系。这个存在者正因此而不能通过自己的意志成为这个自然的原因。而且就他的幸福而言，他也不能从自己的力量出发使这个自然与他的实践原理完全一致。（5：124）

我们也很容易看到，在现实世界中，"有道德的人不幸福"以及"幸福的人不道德"这种现象比比皆是。因此，康德认为，如果一个人能够依照道德法则的规定而行动，同时又期望获得与之相匹配的幸福，那么他就必须要假定上帝存在，并假定上帝具有全善、全知和全能的属性。这样的上帝作为世界的统治者，能够保证德福之间的精确匹配在他的关怀下发生。再次，为了保证至善实现的可能性，还必须假设"积极的自由"概念，因为只有它才能保证人这种有限的存在者也能够作为一个理知世界的成员而存在，从而对自己的意志具有必然的规定性。这样，康德把不朽、自由和上帝存在看作实践理性的必然公设。只有以它们为前提条件，才能保证至善作为德性与幸福的综合统一在个体那里具有实现的可能性。他说道：

> 这些公设就是不死的公设、积极地来看（作为一个就其属于理知世界而言的因果性）的自由的公设和上帝存在的公设。第一个公设产

生自持存与道德法则的完整践履相适应这个实践上的必要条件；第二
个公设产生自相对于感官世界的独立性和按照一个理知世界的法则规
定其意志的能力，亦即自由这个必要的前提条件；第三个公设产生自
通过预设独立的至善亦即上帝的存在来给这样一个理知世界成为至善
提供条件的必要性。（5:132）

除了在个体层面上讨论至善及其实现条件之外，康德还把至善看作社
会性的，把它看作人类历史发展的未来的完善阶段。作为启蒙思想家，康
德虽然不否认人类历史中存在各种缺陷，但他还是对人类的未来充满希望，
并认为人类历史是朝着改善而发展的，必然会达到或者接近达到一个完善
的阶段，这个阶段就是至善。这样，从历史目的论来看，人类历史发展的
终极目的就是至善，它作为终极目的，代表着幸福和德性、自然和道德、
自然目的和道德目的的真正统一。他说道：

> 尽管如此，不论这个理念如何超出我们的领悟力，它毕竟在实践
> 方面与理性密切相关。即便我们假定人在此生也处在最佳境地的道德
> 自然状态，亦即不断地向着最高的（被定为他的目标的）善进步和逼
> 近的状态，他也毕竟不能（即使意识到其意念的不变性）把满足与对
> 其状态（无论是道德状态还是自然状态）的一种永恒绵延的变化的展
> 望结合起来。因为他现在所处的状态，与他准备进入的状态相比，毕
> 竟始终是一种灾祸；而向着终极目的的一种无止境进步的表象，毕竟
> 同时是对一个无穷系列的灾祸的展望，这些灾祸虽然被更大的善所战
> 胜过，却毕竟不会带来满足。唯有通过最终有朝一日达到终极目的，
> 人才能设想这种满足。（8:335）

也就是说，至善是人类历史的一个处于未来的完美阶段。虽然人们在
现实中还无法经验到它，但是作为调节性理念，它已经给人类历史提供了
意义和前进的方向。如果没有"至善"这一理念，人类历史就处于漫无目

的的混乱之中，从而无法体现人的自由和尊严。很明显，这里的至善不同于从个体出发讨论的至善。在后者中，康德十分强调要对世界进行二元划分，认为至善在个体那里作为德性与幸福的综合统一超越了现实的感性世界，并且需要假设不朽、自由和上帝存在这些前提条件。而在历史哲学中，康德不再强调世界的二元性，认为只有一个世界，而至善作为自然与自由的最高统一，作为人类社会的终极目的，是人类世界的一个完善或理想的阶段，它不再属于超越的世界了。约威尔正确地看到了这一点。他说道：

> 在前两部批判中，康德倾向于把至善思考为分离的世界，超出我们的世界……然而，从第三批判开始，康德的概念变化了。至善自身变成了"创造的终极目的"，即，这个世界的积累过程，其实现被认为是"地上的上帝国"。尽管它无限遥远，却包含真实，在道德意志与经验实在的综合中、在时间中被实现。至善与世界不再是两个不同的世界，而是同一个世界的两个阶段：现实的与理想的。一句话，至善成了历史目的。[①]

可以看出，康德在历史目的论中通过深化对人的理解来克服不朽的公设。在前两部批判中，康德考察的是作为个体的人。由于作为个体的人在现世的生存是有限或有死的，他根本无法经验到德性与幸福的完全统一。因此，要想真正实现德福一致，就必须设定属于彼岸世界的或者说不在时间中的灵魂不朽。在历史目的论中，道德的主体就从单纯个体的人转变为群体的人，甚至是作为一个物种的人类了。他讨论的重点不再是个人的德性与幸福的关系问题，而是更加关注人的社会化倾向，强调整个人类是如何从野蛮的自然状态进入社会状态，并通过文化创造而最终转化为一个道德整体的。康德频繁地使用"人民""公众""世界公民""公民社会"和"人类"等词汇。而对于人类来说，虽然其中的单个人是有死的，但从整体

---

① Yovel, *Kant and the Philosophy of History*, p. 72.

上看，人还是能够在现实世界中延续的。通过一代代人的努力，人类是可以不断接近自己的终极目的的。可见，历史目的论是康德试图克服二元论、完善批判哲学体系的新尝试。正如何兆武先生所言："若是没有这一条无懈可击而又无法证实的目的论，康德也许就不可能建立起他那如此之完美无瑕的先验哲学的体系。"①

但是，康德也清醒地看到，纵使人们努力地按照道德法则去行动，并把至善当作历史目的来追求，但至善的可能性仍然无法从人那里得到保证。原因在于，即使从全体来考察，人类仍然是有限的，人类在历史中已经表现出了足够多的幼稚和愚蠢，仅靠人类有限的理性，可能永远都无法实现至善。"即便人们有善的目的，经由人手的万物的终结也是愚蠢的；这就是说，为了自己的目的而使用恰恰违背这些目的的手段。智慧，亦即恰当地采用其与万物的终极目的即至善完全符合的措施的实践理性，只是在上帝那里才有；只要不明显违背智慧的理念而行动，或许就是人们能够称之为人的智慧的东西了。"（8:336）因此，康德认为，人们只有保持对上帝或者天意的信仰，才能使至善的可能性得到保障。

所谓"天意"，就是考虑到大自然"在世界进程之中的合目的性，则对于一种更高级的、以人类客观的终极目的为方向并且预先就决定了这一世界进程的原因的深沉智慧，我们就称之为天意"（8:362）。这里的"深沉智慧"指的就是世界的创造者，也可以叫作神明或者上帝。康德认为，这种天意并不能在大自然中通过理性来得到认识和推论，因为它超出了理论认知的范围；但是，作为思考人类历史的一种方式，它在道德的层面上又是必须被思想到的，因而它就是道德信仰的对象。康德说：

1）在道德—实践的观点上（因此那就是完全指向超感世界的），神明的 concursus［参与］这一概念却是完全适宜的并且甚而是必要的。例如在我们的信仰中，只要我们的心意是真诚的，上帝就会以我们不

---

① 何兆武:《关于康德的第四批判》，载《读书》2005 年第 3 期，第 148 页。

能思议的办法来弥补我们自身正义性的缺欠，所以我们决不可放松努力为善。可是，任何人都不应该试图由此出发来解释善行（作为世界上的事件），这一点却是自明的；因为那乃是对于超感世界的一种徒劳无功的理论认识，因而是荒谬的。（8:362）

2）无论我们怎样不肯轻于信仰，但是当绝不可能确凿无疑地预见到根据全部的人类智慧（如果它配得上这个名称的话，就必须只能是朝着道德前进）而采取的某些手段的后果时，我们却必须以实践的方式信仰神智与大自然过程的汇合一致，假如我们不愿意完全放弃自己的终极目的的话。（8:337）

可见，正是由于看到了目的论思想在历史领域的指导意义以及人类历史的阶段性，康德在对历史的研究中格外强调道德信仰的必要性，并把它看作历史目的论的前提或依据。

拉施克（C. Raschke）认为，在历史目的论中，康德应当放弃"上帝"概念，因为在历史中，人作为人类中的一员，可以通过参与历史的无限进程、通过道德的无限积累而达到至善，因此人类已经根本不需要上帝了。而康德对这一概念的坚持，则"又一次显示了对有神论的偏爱。对于我们'可以希望什么'这一问题，康德倾向于回答：'希望上帝意志带来道德的世界。'但是，康德的历史观点暗示了一个更为适合的回答，即'希望人类发展自身会最终产生理性自身设定目的的道德世界'"[①]。拉施克没有看到，对康德来说，人类之所以仍然有必要把至善和上帝当作道德信仰的对象，原因就在于历史的现实性或人类的有限性，即在人类作为一个物种的延续中，到处都充满着人为的幼稚、罪恶和不幸，以至于人们根本无法经验到自然与自由的综合统一，即无法经验到至善以及作为其可能性条件的上帝的实在性，所以必须把它看作道德信仰的对象。

①　Raschke, *Moral Action, God and History in the Thought of Immanuel Kant*, University of Montana Press, 1975, p. 225.

可见，至善无论作为个体意义上的德性和幸福的综合统一，还是作为社会意义上的未来的完善状态，都不是仅仅靠人的努力能够达到的。它需要假设一个超越人的有限性的全能存在者即上帝的存在来保证其实现的可能性。

那么这里的问题是，这样的假设是否和 OIC 原则相冲突呢？毕竟，人们一般认为，OIC 原则表达了"一个人应该做什么，那么他这么做就是可能的"这种思想；而在这里，即便是人有义务去促进实现至善的可能性，但是这个可能性并不是由人而是靠上帝的存在来保证的。若如此，那么促进至善之实现的可能性还是一个真正的义务吗？对于这个问题，我们可以这样回答：在康德那里，OIC 原则并不必然意味着，承担义务的主体也必须是保证义务之实现的主体。也就是说，人即便是承担促进至善义务的主体，但是至善实现的可能性并不一定仅仅依赖于人。就像 8.2 所讨论的那样，除了人的一般能力外，自然的一般条件也是保证 OIC 原则实现的必要条件。而对于促进至善的义务来说，加上上帝存在这一前提条件，也并不与 OIC 原则相冲突，因为在康德那里，依照义务去行动的主体并不一定就是保证义务得到实现的主体。从人有义务促进至善的角度来说，完全可以把"应当"和"能够"的承担者设想为不同的主体。我们知道，这里的"应当"是针对人这种有限的理性存在者来说的，因为对于完全的理性存在者和无理性的存在者，都不存在"应当"这一问题（4:414）。但是，对于"能够"来说，康德并没有明确指出，它必须在人这种有限的理性存在者那里才能发生。因此，人有义务促进至善，并设想另一个存在者来保证至善"能够"实现，这并不与 OIC 原则相冲突。

8.6 小　结

通过讨论康德的 OIC 原则及其与至善义务的关系，我们可以得出如下结论：1）在康德那里，"应当"表达的是道德法则对作为有限理性存在者的人的命令，而"能够"是指"应当"在现实世界发生的可能性。在一般情况下，OIC 原则同时预设了自然条件和人的能力条件，其中自然的一般条件和人的一般能力条件能够保证"应当"在经验世界中发生。2）在一种康德式的至善后果主义理论中，促进至善的义务并不与 OIC 原则相冲突，但它具有特殊性，即它预设了不同于自然条件和人的能力条件的其他前提条件，如自由、不朽和上帝存在。因此，说人有义务促进至善，并不是说至善是人凭借一次行动就能实现的，也不是说它仅仅依靠人类自身的努力就能实现。3）综合上述两点，我们可以断言，一种康德式的至善后果主义完全可以把促进至善之实现的义务看作一个真实而非虚幻的义务，而实现至善的可能性也并非毫无根据的臆想，且植根于实践理性对未来的完美社会的必要要求以及对其前提条件的公设之上。

9. 结　语

我已经指出，在近现代伦理学中，人们通常把康德伦理学划归为义务论，甚至把义务论等同于康德主义。然而，通过对当代新康德主义伦理学、康德式后果主义伦理学的探讨，我发现，康德伦理学与后果主义伦理学并不处在完全对立的两极，二者完全有进行融合的空间。就康德来说，他并不是完全排斥目的的极端义务论者，因为在他看来，作为理性存在者的人的实践活动从来都是有目的的，如果没有目的，就不会有真正的实践活动。道德法则和义务虽然规定着行动的道德价值，但这并不等于说要取消目的。因此，正如第1章所引用的当代新康德主义者赫尔曼所说，把康德式的伦理学纳入义务论，既误解了它的哲学雄心，又使它背负不合理的道德预设。

本书的第2—5章讨论了各种版本的康德式后果主义；同时还指出，它们对我们重新思考康德伦理学与后果主义的关系具有重要的启示和借鉴意义。首先，它有助于改变那种所谓康德伦理学与后果主义完全不相容的严格义务论的传统观点。其次，它们也增加了后果主义的多样性，并且有助于克服后果主义曾遭受的困境和责难。再次，研究者们在建构自己的康德式后果主义的过程中，同许多非后果主义的当代新康德主义者如科斯嘉德、希尔、赫尔曼、迪恩等人就康德伦理学展开了全面的探讨和争论，极大地促进了康德伦理学研究的当代发展。

但是，本书也明确指出，这些版本的康德式后果主义也都各具缺点，并且都以不同的方式偏离了康德的原初立场，以至于被很多批评者认为，他们所谓的"康德式的后果主义"根本不是"康德式的"。

在第 6—8 章，本书尝试提出一种新的康德式后果主义，即通过讨论被许多当代新康德主义者所忽视的"至善"概念，提出一种"康德式的至善后果主义"；并试图证明，它不仅符合康德伦理学的原初主张，而且有助于我们更加全面地理解康德伦理学及其与后果主义的关系。本书指出，所谓"康德式的至善后果主义"，就是一种把康德式的至善看作最终的后果或事态，并把它看作评价行为、决策或规则的道德价值的唯一根据的理论。

这种康德式的至善后果主义在价值论上的独特内涵表现在：1）它强调"至善"理念在建构后果主义价值论中的重要性，认为至善作为理想的道德世界，作为客观的终极价值，是一切道德上有价值的东西的全体，也是一切行为、决策或规则所要实现的终极目的。2）康德式的至善后果主义的至善价值并非质料的经验性概念，而是一个由纯粹实践理性规定的终极目的，它虽然在现实世界中从来没有完全实现过，但它作为被纯粹理性所设定的先天客体，作为后果价值，是一种理想的事态，而非实际的事态。3）至善价值虽然先于具体的道德法则而得到确立，但它并不先于纯粹的道德法则而得到确立。因此，它并非是非道德或前道德的。4）至善价值论超越了行为者中心和行为者中立的对立，因为它坚持从个体性和社会性这两个角度理解至善，认为至善作为理想的事态，既是个体的终极价值，也是社会的终极价值。

康德式的至善后果主义在规范论上有如下三个特殊内涵：1）它主张，道德上有价值的行为就是那种能够最大限度地促进实现至善的可能性的行为。因此，在评价行为的道德价值的时候，完全可以把"是否有助于最大化促进至善"作为评价标准。2）它评价的直接对象并不是行为本身，而是行为所依赖的意志的准则。我们甚至可以把它称为"准则后果主义"，它也可以被看作一种特殊的规则后果主义。3）它认为，至善作为终极价值，既可以作为决定程序，也可以作为评价程序。

本书也提炼出了康德式至善后果主义的主要特征：1）它是康德式的，是从康德对至善及其与道德法则的关系的论述中提炼出来的，并没有试图改变康德伦理学的原初立场。2）它是后果主义的，强调从作为终极目的或价值的至善的角度出发理解行为和规则的道德性。3）最重要的是，它超越了义务论和后果主义的对立。

这种康德式的至善后果主义至少具有如下理论意义：1）对于康德伦理学来说，它有助于阐发康德的至善价值理论，有助于超越狭隘的义务论立场，挖掘康德伦理学对后果主义的包容性。2）对于后果主义伦理学来说，探讨康德式的至善后果主义，有助于解决它所面临的一个困境，即价值的非道德性问题，为我们重新思考后果主义及其价值论提供了有益的参考。3）相对于前面提到的其他版本的"康德式后果主义"来说，至善后果主义是更加"康德式的"，因为它直接来自康德对至善及其与道德法则的关系的论述，而非来自对康德伦理学的改造或重构。

这种康德式的至善论后果主义对于我们分析和解决一些棘手的道德争论也具有重要的意义。例如，在处理"电车难题"或"杀一人而救多人"的案例时，这种至善后果主义既不坚持"任何情况下都不能杀人"的极端义务论，也不坚持单纯从计算人数角度出发而主张"完全可以为救多人而杀一人"的直接后果主义；而是既主张每个人都赞同所有人的生命由于其尊严都必须得到尊重，同时也允许为保障和促进所有人的生命而牺牲一些人的生命。在至善后果主义看来，这里的牺牲不像直接后果主义认为的那样，是为了保障一些不相关的"其他人"或"更多人"的生命而被直接计算出来的。相反，这里的牺牲从"至善"概念出发，把保障"所有人"而非"其他人"或"更多人"的生命当作目的；这也是每个有理性的人都赞同的，包括那些被牺牲者。这就是说，那些出自被牺牲者的"自愿"或"同意"的牺牲，并没有把被牺牲者仅仅当作工具而非目的来对待。它既符合"人是目的"的道德要求，也符合"至善"的道德理想。

最后，有必要再次重申的是，康德并没有明确提出任何类型的后果主义理论，康德本人也不是一个后果主义者。但这并不妨碍我们指出，康德伦理学并不排斥所有形式的后果主义，因而对其进行后果主义解读是完全可能的。

参考文献

一、外文版康德文献

1. *Kritik der reinen Vernunft*, Felix Meiner, 1956.

2. *Kants Werke*, Band 1−9, De Gruyter, 1968.

3. *Political Writings*, trans. H. Nisbet, Cambridge University Press, 1970.

4. *The Metaphysics of Morals*, trans. M. Gregor, Cambridge University Press, 1996.

5. *Lectures on Ethics*, trans. P. Heath, Cambridge University Press, 1997.

6. *Critique of Pure Reason*, trans. P. Guyer and A. Wood, Cambridge University Press, 1998.

7. *Religion within the Boundaries of Mere Reason*, trans. A. Wood, Cambridge University Press, 1998.

8. *Critique of the Power of Judgment*, trans. P. Guyer, Cambridge University Press, 2000.

9. *Groundwork of the Metaphysics of Morals*, trans. M. Gregor and J. Timmermann, Cambridge University Press, 2012.

10. *Critique of Practical Reason*, trans. M. Gregor, Cambridge University Press, 2015.

二、其他外文版文献

1. Anomaly, J. "Internal Reasons and the Ought-Implies-Can Principle", *The Philosophical Forum* 2008.

2. Armstrong, W. "'Ought' Conversationally Implies 'Can'", *The Philosophical Review* 1984, 93.

3. Auxter, T. *Kant's Moral Teleology*, Mercer University Press, 1982.

4. Bradley, B. "Against Satisficing Consequentialism", *Utilitas* 2006, 18.

5. Beck, L. *A Commentary on Kant's Critique of Practical Reason*, Chicago University Press, 1960.

6. Beiser, F. C. "Moral Faith and the Highest Good", in P. Guyer ed., *The Cambridge Companion to Kant and Modern Philosophy*, Cambridge University Press, 2006.

7. Bennett, J. "Negation and Abstention: Two Theories of Allowing", *Ethics* 1993, 104.

8. Broome, J. *Utility, Ethics and Economics. Vol. 1*, Edward Elgar, 1996.

9. Brouwer, H. "Thinking by Drawing: An Interview with Shelly Kagan", *Erasmus Journal for Philosophy and Economics* 2018, 11.

10. Cummiskey, D. "Kantian Consequentialism", *Ethics* 1990, 100.

11. Cummiskey, D. *Kantian Consequentialism*, Oxford University Press, 1996.

12. Darwall, S. "Agent-centered Restrictions from the Inside Out", *Philosophical Studies* 1986, 50(3).

13. Darwall, S. "Hume and the Invention of Utilitarianism", in S. Alexander ed., *Hume and Hume's Connexions*, Pennsylvania State University Press, 1995.

14. Dean, R. "Cummiskey's Kantian Consequentialism", *Utilitas* 2000, 12.

15. Dean, R. *The Value of Humanity, in Kant's Moral Theory*, Oxford University Press, 2006.

16. Donagan, A. *The Theory of Morality*, Chicago University Press, 1977.

17. Draper, K. "Rights and the Doctrine of Doing and Allowing", *Philosophy and Public Affairs* 2005, 33.

18. Engstrom, S. "Happiness and the Highest Good in Aristotle and Kant", in S. Engstrom and J. Whiting eds., *Aristotle, Kant, and the Stoics: Rethinking*

Happiness and Duty, Cambridge University Press, 1996.

19. Fischer, J. "'Ought-Implies-Can', Causal Determinism and Moral Responsibility", *Analysis* 2003, 63(3).

20. Forschler, S. "Kant and Consequentialist Ethics: The Gap Can Be Bridged", *Metaphilosophy*, 2013, 44(1−2).

21. Foot, P. "Euthanasia", *Philosophy and Public Affairs* 1977, 6.

22. Frankena, W. *Ethics*, Prentice-Hall, 1963.

23. Frankena, W. "Obligation and Ability", in M. Black ed., *Philosophical Analysis*, Ithaca, 1950.

24. Gibbard, A. "Hare's Analysis of 'Ought' and Its Implication", in D. Seanor and N. Fotion eds., *Hare and Critics: Essays on Moral Thinking*, Oxford University Press, 1988.

25. Graham, P. "'Ought' and Ability", *The Philosophical Review* 2011, 120(3).

26. Griffin, J. *Value Judgement: Improving Our Ethical Beliefs*, Oxford University Press, 1996.

27. Guyer, P. "End of Reason and End of Nature: The Place of Teleology in Kant's Ethics", *Journal of Value Inquiry* 2002, 36.

28. Hare, R. M. *Freedom and Reason*, Clarendon, 1963.

29. Hare, R. M. *Moral Thinking: Its Levels, Method, and Point*, Clarendon, 1981.

30. Hare, R. M. *Political Morality*, Clarendon, 1989.

31. Hare, R. M. "Universal Prescriptivism", in P. Singer ed., *A Companion to Ethics*, Blackwell, 1991.

32. Hare, R. M. "Could Kant Have Been a Utilitarian?", *Utilitas* 1993, 5.

33. Hare, R. M. "Ethical Theory and Utilitarianism", in A. Sen and B. Williams eds., *Utilitarianism and Beyond*, Cambridge University Press, 1982.

34. Harsanyi, J. "Morality and the Theory of Rational Behaviour", in A. Sen and B. Williams eds., *Utilitarianism and Beyond*, Cambridge University Press, 1982.

35. Harsanyi, J. "Problems with Act-utilitarianism and with Malevolent Preference", in D. Seanor and N. Fotion eds., *Hare and Critics: Essays on Moral Thinking*, Oxford University Press, 1988.

36. Harsanyi, J. "John Rawls's Theory of Justice: Some Critical Comments", in M. Fleurbaey ed., *Justice, Political Liberalism, and Utilitarianism: Themes from Harsanyi and Rawls*, Cambridge University Press, 2007.

37. Herman, B. *The Practice of Moral Judgement*, Harvard University Press, 1993.

38. Herman, B. "A Mismatch of Methods", in D. Parfit, *On What Matters, II*, Oxford University Press, 2013.

39. Hills, A. "Happiness in the Groundwork", in J. Timmermann ed., *Kant's Groundwork of the Metaphysics of Morals: A Critical Guide*, Cambridge University Press, 2009.

40. Hill, T. *Human Welfare and Moral Worth: Kantian Perspective*, Oxford University Press, 2002.

41. Hoewing, T. *The Highest Good in Kant's Philosophy*, De Gruyter, 2016.

42. Hooker, B. "Rule-Consequentialism", *Mind* 1990, 99.

43. Hooker, B. "Consequentialism", in J. Skorupski ed., *The Routledge Companion to Ethics*, Routledge, 2010.

44. Hurley, P. "Agent-centered Restriciton: Clearing the Air of Paradox", *Ethics* 1997, 108.

45. Hurley, P. *Beyond Consequentialism*, Oxford University Press, 2009.

46. Jacobson, D. "Utilitarianism without Consequentialism: The Case of John Stuart Mill", *The Philosophical Review* 2008, 117(2).

47. Kagan, S. "Does Consequentialism Demand too Much? Recent Work on the Limits of Obligation", *Philosophy and Public Affairs* 1984, 13(3).

48. Kagan, S. *The Limits of Morality*, Oxford University Press, 1989.

49. Kagan, S. "Kantianism for Consequentialists", in A. Wood ed. and trans., *Groundwork for the Metaphysics of Morals*, Yale University Press, 2002.

50. Kagan, S. "Response to My Critics", *Philosophy and Phenomenological Research* 51.

51. Kain, P. "Self-legislation in Kant's Moral Philosophy", *Archiv für Geschichte der Philosophie* 2004, 86.

52. Kamm, F. "Non-consequentialism, the Person as an End-in-itself, and the Significance of Status", *Philosophy and Public Affairs* 1992, 21.

53. Kamm, F. *Intricate Ethics: Rights, Responsibilities, and Permissible Harm*, Oxford University Press, 2006.

54. Kleingeld, P. "What do the Virtuous Hope for? Re-reading Kant's Doctrine of the Highest Good", in H. Robinson ed., *Proceedings of the Eighth International Kant Congress*, Marquette University Press, 1995.

55. Kleingeld, P. "Kant on 'Good', the Good, and the Duty to Promote the Highest Good", in T. Hoewing ed., *The Highest Good in Kant's Philosophy*, De Gruyter, 2016.

56. Kleingeld, P. and M. Willaschek, "Autonomy without Paradox: Kant on Self-legislation and the Moral Law", *Draft* 2017.

57. Kleist, E. "The Freedom to Design Nature: Kant's Strong Ought→Can Inference in 21st Century Perspective", *Cosmos and History: The Journal of Natural and Social Philosophy* 2005, 1(2).

58. Kohl, M. "Kant and 'Ought Implies Can'", *The Philosophical Quarterly* 2015, 65(261).

59. Korsgaard, C. *Creating the Kingdom of Ends*, Cambridge University Press, 1999.

60. Korsgaard, C. "Natural Goodness, Rightness, and the Intersubjectivity of Reason: Reply to Arroyo, Cummiskey, Moland, and Bird-Pollan", *Mataphilosophy* 2011, 42(4).

61. Mack, E. "Deontic Restrictions Are not Agent-relative Restrictions", *Social Philosophy and Policy* 1998, 15.

62. Marwede, F. "Kant on Happiness and the Duty to Promote the Highest

Good", in T. Hoewing ed., *The Highest Good in Kant's Philosophy*, De Gruyter, 2016.

63. McCarthy, D. "Harming and Allowing Harm", *Ethics* 2000, 110.

64. Mill, J. S. "Utilitarianism", in H. R. West ed., *The Blackwell Guide to Mill's Utilitarianism*, Blackwell, 2006.

65. Morgan, S. "Can There Be a Kantian Consequentialism?", in J. Suikkanen and J. Cottingham eds., *Essays on Derek Parfit's* On What Matters, Wiley-Blackwell, 2009.

66. Nagel, T. *The View from Nowhere*, Oxford University Press, 1986.

67. O'Neill, O. *Constructions of Reason: Explorations of Kant's Practical Philosophy*, Cambridge University Press, 1989.

68. Parfit, D. *Reasons and Persons*, Oxford University Press, 1986.

69. Parfit, D. *On What Matters, I, II*, Oxford University Press, 2011, 2013.

70. Pasternack, L. "Restoring Kant's Conception of the Highest Good", *Journal of the History of Philosophy* 2017, 55(3).

71. Pippin, R. "A Mandatory Reading of Kant's Ethics?", *Philosophical Quarterly* 2001, 51(204).

72. Railton, P. *Fact, Values, and Norms: Essays toward a Morality of Consequence*, Cambridge University Press, 2003

73. Raschke, C. *Moral Action, God and History in the Thought of Immanuel Kant*, University of Montana Press, 1975.

74. Rawls, J. *A Theory of Justice*, Harvard University Press, 1999.

75. Rawls, J. *Lectures on the History of Moral Philosophy*, ed. B. Herman, Harvard University Press, 2000.

76. Reath, A. "Two Conceptions of the Highest Good in Kant", *Journal of the History of Philosophy* 1988, 26.

77. Reath, A. *Agency and Autonomy in Kant's Moral Theory: Selected Essays*, Clarendon, 2006.

78. Ridge, M. "Consequentialist Kantianism", *Ethics* 2009, 23.

79. Ridge, M. "Climb Every Mountain", in J. Suikkanen and J. Conttingham eds., *Essays on Derek Parfit's* On What Matters, Wiley-Blackwell, 2009.

80. Riley, J. "Rule Utilitarianism and Liberal Priorities", in M. Fleurbaey ed., *Justice, Political Liberalism, and Utilitarianism: Themes from Harsanyi and Rawls*, Cambridge University Press, 2007.

81. Rorty, A. O. *Essays on Aristotle's Ethics*, University of California Press, 1980.

82. Ross, J. "Should Kantians Be Consequentialists?", in J. Suikkanen and J. Cottingham eds., *Essays on Derek Parfit's* On What Matters, Wiley-Blackwell, 2009.

83. Sarkar, H. *Kant and Parfit: The Groundwork of Morals*, Taylor & Francis, 2019.

84. Scanlon, T. M. "Contractualism and Utilitarianism", in A. Sen and B. Williams eds., *Utilitarianism and Beyond*, Cambridge University Press, 1982.

85. Scheffler, S. "Agent-centred Restrictions, Rationality, and the Virtues", *Mind* 1985, 94.

86. Scheffler, S. *The Rejection of Consequentialism: A Philosophical Investigation of the Consideration Underlying Rival Moral Conceptions*, Clarendon, 1982.

87. Scheffler, S. "Doing and Allowing", *Ethics* 2004, 114.

88. Sidgwick, H. *The Methods of Ethics*, Palgrave Macmillan, 1962.

89. Silber, J. "Kant's Conception of the Highest Good as Immanent and Transcendent", *The Philosophical Review* 1959, 68(4).

90. Silber, J. "The Importance of the Highest Good in Kant's Ethics", *Ethics* 1963, 73.

91. Slote, M. and P. Pettit, "Satisficing Consequentialism", *Proceeding of the Aristotelian Society, Supplementary Volumes* 1984, 58.

92. Steinbock, B. and A. Norcross, *Killing and Letting Die*, 2nd edn., Fordham

University Press, 1994.

93. Stern, R., "Does 'Ought' Imply 'Can'? and did Kant Think it Does?", *Utilitas* 2004, 16(1).

94. Stratton-Lake, P. "David Cummiskey, Kantian Consequentialism", *Philosophical Quarterly* 1999, 49.

95. Suikkanen, J. and J. Cottingham, "Essays on Derek Parfit's *On What Matters*", Wiley-Blackwell, 2009.

96. Timmermann, J. "Why Kant Could not Have Been a Utilitarian", *Utilitas* 2005, 17(3).

97. Timmermann, J. "Sollen und Können: 'Du kannst, den du sollst' und 'Sollen impliziert Können' im Vergleich", *Philosohiegeschichte und logische Analyse* 2003, 6.

98. Timmons, M. *Moral Theory: An Introduction*, Rowman & Littlefield, 2013.

99. Troyer, J. *The Classical Utilitarians: Bentham and Mill*, Hackett, 2003.

100. Vranas, P. "I Ouhgt, Therefore I Can", *Philosophical Studies* 2007, 136.

101. Wedwood, R. "Rational 'Ought' Implies 'Can'", *Philosophical Issues* 2013, 23.

102. Wood, A. *Kant's Moral Religion*, Cornell University Press, 1970.

103. Wood, A. "Humanity as End in Itself", in D. Parfit, *On What Matters, II*, Oxford University Press, 2013.

104. Wood, A. *Kantian Ethics*, Cambridge University Press, 2008.

105. Xiaofei, Liu. "A Robust Defence of the Doctrine of Doing and Allowing", *Utilitas* 2012, 3.

106. Yovel, Y. *Kant and the Philosophy of History*, Princeton University Press, 1980.

三、中文版康德文献

1.《历史理性批判文集》, 何兆武译, 商务印书馆, 1990 年。

2.《实践理性批判》，韩水法译，商务印书馆，1999 年。

3.《判断力批判》，邓晓芒译，杨祖陶校，人民出版社，2002 年。

4.《实践理性批判》，邓晓芒译，杨祖陶校，人民出版社，2003 年。

5.《单纯理性限度内的宗教》，李秋零译，中国人民大学出版社，2003 年。

6.《纯粹理性批判》，邓晓芒译，杨祖陶校，人民出版社，2004 年。

7.《康德著作全集》1—9 卷，李秋零编译，中国人民大学出版社，2003—
  2010 年。

8.《道德形而上学奠基》，杨云飞译，人民出版社，2013 年。

四、其他中文版文献

1. 白文君：《论康德的道德应当》，载《内蒙古社会科学（汉文版）》2007 年
   第 5 期。

2. 贝克：《〈实践理性批判〉通释》，黄涛译，华东师范大学出版社，2011 年。

3. 边沁：《道德与立法原理导论》，时殷弘译，商务印书馆，2000 年。

4. 布兰特：《功利主义的问题：真正的和所谓的》，晋运锋译，载《世界哲
   学》2011 年第 1 期。

5. 达尔沃：《第二人称观点：道德、尊重与责任》，章晟译，译林出版社，
   2015 年。

6. 德马科、福克斯编：《现代世界伦理学新趋向》，石毓彬等译，中国青年
   出版社，1990 年。

7. 樊立蒙、顾肃：《个体完整性、以行动者为中心的特权与后果主义的回
   应》，载《南京社会科学》2020 年第 3 期。

8. 范志均、刘建娥：《康德、元伦理学与后果论》，载《东南大学学报（哲
   学社会科学版）》2019 年第 4 期。

9. 费格尔：《历史的道德旨趣：康德关于历史符号的理论》，孟令鹏译，载
   《云南大学学报（社会科学版）》2004 年第 4 期。

10. 葛四友：《分配正义新论：人道与公平》，中国人民大学出版社，2019 年。

11. 龚群、靳娇娇：《后果最大化与日常道德的限制》，载《东南大学学报（哲学社会科学版）》2019 年第 1 期。

12. 郭大为：《政治的至善：康德的永久和平思想与当代世界》，载《云南大学学报（社会科学版）》2004 年第 4 期。

13. 海萨尼：《海萨尼博弈论论文集》，郝朝艳等译，平新乔校，首都经济贸易大学出版社，2003 年。

14. 赫尔曼：《道德判断的实践》，陈虎平译，东方出版社，2006 年。

15. 何兆武：《关于康德的第四批判》，载《读书》2005 年第 3 期。

16. 金里卡：《当代政治哲学》，刘莘译，上海译文出版社，2011 年。

17. 科斯嘉德：《创造目的王国》，向玉乔等译，中国人民大学出版社，2013 年。

18. 克勒姆林：《作为可能世界的至善——康德的文化哲学和体系建筑术的关系》，邓安庆译，载《云南大学学报（社会科学版）》2006 年第 3 期。

19. 邝芷人：《康德伦理学原理》，文津出版社，1992 年。

20. 拉福莱特主编：《伦理学理论》，龚群主译，中国人民大学出版社，2008 年。

21. 龙倩：《试析康德伦理学的后果论特征》，载《北华大学学报（社会科学版）》2015 年第 3 期。

22. 卢坡尔：《伦理学导论》，陈燕译，中国人民大学出版社，2008 年。

23. 卢梭：《论科学与艺术》，何兆武译，上海人民出版社，2007 年。

24. 罗尔斯：《正义论（修订版）》，何怀宏、何包刚、廖申白译，中国社会科学出版社，2009 年。

25. 罗尔斯：《罗尔斯论文全集》，陈肖生等译，吉林出版集团有限责任公司，2013 年。

26. 罗森：《古典功利主义：从休谟到密尔》，曹海军译，译林出版社，2018 年。

27. 马尔霍兰：《康德的权利体系》，赵明、黄涛译，商务印书馆，2011 年。

28. 密尔：《功利主义》，徐大建译，商务印书馆，2014 年。

29. 墨菲：《康德：权利哲学》，吴彦译，中国法制出版社，2010年。

30. 莫尔根：《理解功利主义》，谭志福译，山东人民出版社，2012年。

31. 内格尔：《平等与偏倚性》，谭安奎译，商务印书馆，2016年。

32. 诺奇克：《无政府、国家和乌托邦》，姚大志译，中国社会科学出版社，2008年。

33. 奥尼尔：《理性的建构：康德实践哲学探究》，林晖、吴树博译，复旦大学出版社，2013年。

34. 帕菲特：《论重要之事》，阮航、葛四友译，北京时代华文书局，2015年。

35. 森、威廉姆斯：《超越功利主义》，梁捷等译，复旦大学出版社，2011年。

36. 斯坎伦：《我们彼此负有什么义务》，陈代东等译，人民出版社，2008年。

37. 斯马特、威廉斯：《功利主义：赞成与反对》，牟斌译，中国社会科学出版社，1992年。

38. 索伦森：《义务论——功利主义的宠儿与奴仆》，肖妹译，载《哲学分析》2010年第2期。

39. 汶红涛：《从契约到功利：休谟与近代政治哲学的转向》，载《南昌大学学报》2021年第2期。

40. 西季威克：《伦理学方法》，廖申白译，中国社会科学出版社，1993年。

41. 解本远：《后果主义的严苛性异议》，载《首都师范大学学报》2012年第3期。

42. 休谟：《道德原理探究》，王淑芹译，中国社会科学出版社，1999年。

43. 休谟：《人性论》，关文运译，郑之骧校，商务印书馆，2006年。

44. 徐向东编：《后果主义与义务论》，浙江大学出版社，2011年。

45. 徐向东编：《实践理性》，浙江大学出版社，2011年。

46. 亚里士多德：《尼各马可伦理学》，廖申白译，商务印书馆，2003年。

47. 余纪元：《亚里士多德伦理学》，中国人民大学出版社，2011年。

48. 杨松：《"'应该'蕴含'能够'"（OIC）原则与义务》，载《北京师范大学学报（社会科学版）》2014年第2期。

49. 翟振明：《康德伦理学如何可以接纳对功利的考量》，载《哲学研究》

2005 年第 5 期。

50. 赵明:《实践理性的政治立法》,法律出版社,2009 年。

51. 张会永:《批判哲学的定向标——康德哲学中的道德信仰》,光明日报出版社,2011 年。

52. 张会永:《通向至善之途——康德的历史目的论探析》,载《浙江学刊》2011 年第 5 期。

53. 张会永:《西方伦理学中的三种幸福观》,载《中国社会科学报》2017 年5 月。

54. 张会永:《康德的两种道德目的概念:兼论一种康德式后果主义的可能性》,载《学术月刊》2018 年第 6 期。

55. 张会永:《论一种康德式的至善后果主义》,载《哲学研究》2018 年第6 期。

56. 张会永:《康德应当是一个功利主义者吗?——评黑尔对康德伦理学的功利主义解读》,载《湖南师范大学学报(社会科学版)》2019 年第4 期。

57. 张会永:《两种康德式的后果主义》,载《哲学动态》2019 年第 5 期。

58. 张会永:《应当意味着能够吗?——从康德的观点看》,载《哲学分析》2022 年第 3 期。

59. 张会永:《以行为者为中心的约束与康德式后果主义——以舍利·卡根为例》,载《哲学动态》2023 年第 6 期。

60. 茱莉亚:《后果主义》,余露译,华夏出版社,2016 年。

后 记

本书是在我主持的国家社会科学基金一般项目"康德与后果主义伦理学研究"（项目批准号：15BZX098）的结项成果的基础上修改完成的。在课题研究和书稿出版的过程中，我得到了诸多师友的支持和帮助。

首先要感谢白文君、钟英法、丁五启和蒋国保等课题组成员的参与和支持。他们不辞劳远，赶到厦门大学来参加课题研讨会，提出了很多极具参考价值的观点和思路，使得课题研究得以顺利展开。

在课题研究和撰写书稿的过程中，一些内容曾以学术论文的方式得以发表。它们分别是：《西方伦理学中的三种幸福观》（载《中国社会科学报》2017年5月），《论一种康德式的至善后果主义》（载《哲学研究》2018年第6期），《康德的两种道德目的概念：兼论一种康德式后果主义的可能性》（载《学术月刊》2018年第6期），《康德应当是一个功利主义者吗？——评黑尔对康德伦理学的功利主义解读》（载《湖南师范大学学报（社会科学版）》2019年第4期），《两种康德式的后果主义》（载《哲学动态》2019年第5期），《应当意味着能够吗？——从康德的观点看》（载《哲学分析》2022年第3期），《以行为者为中心的约束与康德式后果主义——以舍利·卡根为例》（载《哲学动态》2023年第6期）。杂志社编辑和审稿专家的认可极大地增强了我完成课题的信心。此外，在这些年间，我也曾带着这些论文以及一些至今未能发表的论文参加了不少学术研讨会，得到了许多师友的批评和指正。鉴于人数众多，这里就不一一列出了，但我对他们的感激之情并未因之减少！

2017年，我有幸获得国家留学基金管理委员会的资助，到美国亚利桑那大学哲学系访学一年。我的合作导师是蒂蒙斯（Mark Timmons）教授，他是国际知名的元伦理学家和康德道德哲学研究专家。访学期间，我除了旁听蒂蒙斯和另一位康德研究专家斯密特（Houston Smit）的课程，还参加了他们举办的康德哲学午餐会。这个午餐会每周五中午举行，持续2个半小时，阅读和讨论的内容涉及最新的康德哲学研究文献和康德的经典文本。通过学习和交流，我了解到了国外研究康德式后果主义的最新成果和动态，并构思了一种与之竞争的康德式至善后果主义。当我把论文《论一种康德式的至善后果主义》提交给蒂蒙斯评阅时，他赞赏了论文的思路和论证，并提出了一些改进意见。在此，我要向蒂蒙斯教授深表谢意！我和当时同在亚利桑那大学哲学系访学的葛四友教授也有很多交流，深深受惠于他的启发和帮助！

课题的结项书稿《康德式后果主义伦理学》于2020年上半年完成，在申请结项的过程中得到了几位匿名审稿人的肯定，结项等级为"优秀"。同时，审稿人也提出了一些中肯的修改意见，为我接下来的修改提供了有益的帮助，在此也要向他们表示感谢！

必须感谢厦门大学社会科学研究处的领导和工作人员。他们不仅鼓励和督促我进一步修改和完善书稿，还积极协助我以此成果申报《国家哲学社会科学成果文库》。虽然最终未能成功入选文库，但经过长时间的反复修改，书稿已经比结项时显得更加完善了。此外，也正是社科处提供的资助才使得书稿能够顺利出版！

非常感谢我的博士后合作导师韩水法先生，正是他帮我把书稿推荐给了商务印书馆。上海分馆的鲍静静总编辑和责编朱健老师都为书稿的出版付出了极大的辛劳，在此向他们深表谢意！

最后，我要感谢我的家人们，因为正是有了他们的支持和帮助，我才能够安心地进行研究和写作！

张会永

2023年10月于厦门乐活岛寓所

图书在版编目（CIP）数据

康德式后果主义伦理学/ 张会永著. — 北京：商
务印书馆，2024
ISBN 978 － 7 － 100 － 23193 － 0

Ⅰ.①康…　Ⅱ.①张…　Ⅲ.①伦理学—研究　Ⅳ.
① B82

中国国家版本馆 CIP 数据核字（2023）第 213386 号

康德式后果主义伦理学

张会永　著

商　务　印　书　馆　出　版
（北京王府井大街36号　邮政编码 100710）
商　务　印　书　馆　发　行
北京盛通印刷股份有限公司印刷
ISBN　978 － 7 － 100 － 23193 － 0

2024 年 4 月第 1 版　　开本 670×970　1/16
2024 年 4 月第 1 次印刷　　印张 21¾

定价：108.00 元